高职高专经管类专业实践创新教材

成本核算与管理

张志勇　曾升科　胡翠 ◎ 主编
黄惠　黄玲　邓春娟 ◎ 副主编

清華大学出版社
北京

内 容 简 介

本书对接产业新技术、新工艺、新规范和财务会计类专业教学标准要求，以真实生产项目为载体，注重理论与实践相结合，旨在帮助学生形成成本费用归集与分配、产品成本核算、成本分析控制的职业能力。本书内容与岗位需求紧密相连，通过真实生产项目，帮助学生掌握专业知识，提升岗位能力，更好地适应职业与岗位需求。本书具有以下特点：对接工作岗位，注重职业能力培养，邀请企业参与编写，将学习内容与企业工作内容紧密结合；以学生为中心，满足个性化需求，采用“项目驱动、任务导向”模式，配备丰富的教学资源；重视价值引领，落实立德树人根本任务，培养学生践行社会主义核心价值观的自觉性。

本书适用于高等职业院校财务会计类专业学生及从事成本核算与管理工作的相关人员。

图书在版编目(CIP)数据

成本核算与管理 / 张志勇，曾升科，胡翠主编. 北京 ：清华大学出版社，2024.10. --(高职高专经管类专业实践创新教材). --ISBN 978-7-302-67473-3

Ⅰ. F231.2

中国国家版本馆 CIP 数据核字第 2024ZV7998 号

责任编辑：强　溦
封面设计：傅瑞学
责任校对：刘　静
责任印制：刘　菲

出版发行：清华大学出版社
网　　址：https://www.tup.com.cn，https://www.wqxuetang.com
地　　址：北京清华大学学研大厦 A 座　　**邮　　编**：100084
社 总 机：010-83470000　　**邮　　购**：010-62786544
投稿与读者服务：010-62776969，c-service@tup.tsinghua.edu.cn
质量反馈：010-62772015，zhiliang@tup.tsinghua.edu.cn
课件下载：https://www.tup.com.cn，010-83470410
印 装 者：三河市人民印务有限公司
经　　销：全国新华书店
开　　本：185mm×260mm　　**印　　张**：16.75　　**字　　数**：383 千字
版　　次：2024 年 10 月第 1 版　　**印　　次**：2024 年 10 月第 1 次印刷
定　　价：49.00 元

产品编号：106361-01

前言

当前各行业企业竞争不断加剧，成本成为影响企业盈利水平的主要因素之一。企业希望通过精细化、智能化的成本核算与控制降低经营成本，扩大盈利空间，增加竞争优势。新兴信息技术的不断涌现为传统财务行业带来机遇与挑战，企业对成本管理的人才需求发生新变化，技能需求的重心从成本核算转变为成本分析，希望通过成本分析为企业的成本管理与决策提供更为科学的依据。

本书以《“十四五”职业教育规划教材建设实施方案》提出的“遵循职业教育教学规律和人才成长规律”为依据，通过职业院校与龙头企业联合，以真实生产项目、典型工作任务等为载体，体现产业发展的新技术、新工艺、新规范、新标准；以职业教育专业简介(2022年修订)明确指出的高职财务会计类专业应该面向企事业单位、会计与税务等中介服务机构培养能够从事企业成本核算与管控等工作的高素质技术技能人才为标准，设计与企业成本会计工作内容一致的学习内容，将企业真实的成本计算数据转换为学习情境，注重理论与实践相结合，帮助学生掌握成本费用归集与分配、产品成本计算、成本分析控制的职业岗位能力，最终增强学生的岗位适应能力和可持续发展能力。

本书具有以下特点。

1. 对接工作岗位，注重职业能力培养

本书邀请重庆侨立水务有限公司参与编写，基于企业日常的成本核算与管理工作过程设置学习情景，将学习内容与企业工作内容紧密结合，将企业成本核算与管理工作中的新技术纳入教材体系，引导职业理念，帮助学生树立职业目标、熟悉工作内容。同时，本书将数据分析工具与成本核算管理相结合，增加了 Excel 软件成本核算和分析的运用，提高成本分析管理的科学性，培养学生的信息化思维和信息化技能，提高学生的就业竞争力和职业胜任能力。

2. 以学生为中心，满足个性化需求

根据高等职业院校学生学情及认知规律，本书以项目驱动、任务导向为主要模式，表现形式上融情景、体验、拓展、互动于一体，打造生动、立体的教材，提高学生的学习兴趣及主动性。本书配套重庆市精品在线课程，配有电子教案、课件及习题答案，可满足学生个性化的学习需求。

3. 重视价值引领，落实立德树人根本任务

党的二十大报告指出，要全面贯彻党的教育方针，落实立德树人根本任务。本书将知识传授、能力培养和价值塑造有机融合，注重培养学生的会计职业素养，融入爱岗敬业、环保节约、质量优先等元素，注重培养学生践行社会主义核心价值观的自觉性，将习近平新时代中国特色社会主义思想、二十大精神进课堂、进教材的要求落到实处。

本书第一部分为成本核算基础，项目一由张志勇教授编写，项目二由胡翠副教授编写，项目三、项目五由黄惠老师编写，项目四由黄玲副教授编写，项目六由重庆侨立水务有限公司张柏林编写，项目七、项目九由邓春娟副教授编写，项目八由胡婷婷老师编写；第二部分为成本分析与管理，项目十、项目十一由曾升科副教授编写，项目十二由李伟老师编写，项目十三由胡翠副教授编写。

在编写本书过程中参阅了一些国内外有关著作和观点，得到了颇多启发，在此谨向这些作者致以谢意。本书的出版，得到了清华大学出版社的大力支持，在此表示衷心的感谢。由于编者水平有限，书中难免存在疏漏和不足之处，敬请广大读者给予谅解并多提宝贵意见。

编　者

2024 年 4 月

目录

第一部分　成本核算基础

第二部分　成本分析与管理

第一部分

成本核算基础

成本核算与管理基础知识

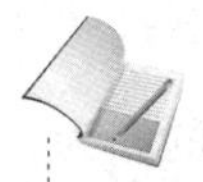

【知识目标】

1. 理解产品成本的内涵与作用；
2. 掌握成本会计的职能与作用；
3. 掌握生产费用的分类与意义。

【技能目标】

1. 能够阐述支出、费用、成本三者之间的关系；
2. 能够阐述成本会计工作组织形式及原因；
3. 能够阐述成本核算的基本程序与账户设置。

【素质目标】

1. 具有爱岗敬业的岗位精神；
2. 具有沟通、协调的团队工作能力；
3. 具有良好的分析问题与文字表达能力。

案例与思考

张诚、李新、王彬是大学的同学，大学毕业后经过几年的努力，有了一定的资金积累，于是三人约定回到家乡创业，开办一家家具生产公司。经过选址、工商注册、税务登记、购买设备、员工培训等相关准备工作后，工厂正式开工运营。开业前，三人没有招聘相应的会计人员，自己分别担任会计、出纳及主管。由于三人不是会计专业毕业，开业后他们才发现公司的材料费用、人工费用以及各项费用与支出的核算管理，各种型号家具的成本核算、产品价格制定等都依赖会计工作，必须聘请成本会计工作人员进行相关核算工作。

作为会计人员，结合他们的实际，你能从专业的角度为他们提出哪些合理化的建议？

任务一 认识成本

一、成本的经济内涵

基于不同的经济环境和行业特点，人们对成本的内涵有不同的理解。但成本的经济

内容归纳起来有两点是共同的:一是成本的形成是以某种目标为对象的;二是成本是为实现一定的目标而发生的耗费,没有目标的支出是一种损失,不能叫作成本。本书以制造企业的成本核算与管理为主要内容。在会计核算中,为了某一特定目标而发生的能以货币形式表现的耗费都可以统称为成本,而产品成本是指企业为了生产产品或提供劳务而发生的各项耗费与支出。

成本是耗费与补偿的统一体,它既是生产耗费的反映,又是生产补偿的标准。因此,从理论上说,产品成本是企业在生产过程中已经耗费的、用货币额表现的生产资料的价值与相当于工资的劳动者为自己劳动所创造的价值的总和。这种成本可称为"理论成本"。

然而,在实际工作中,成本的开支范围是由国家通过有关法规制度来加以界定的。为了促使企业加强经济核算、节约资源耗费、减少生产损失,对于不形成产品价值的损失性支出,如废品损失、停工损失等,不是产品的生产性耗费,而是纯粹的损失,列入了产品成本。可见,产品成本的开支范围与理论成本是有偏离的。企业应根据国家规定的成本开支范围,进行成本核算与管理,防止乱摊成本,以利于准确评价和分析成本,挖掘降低成本的潜力。

我国现行会计制度规定,企业应采用制造成本法计算产品成本,将企业生产经营过程中所发生的全部耗费分为产品制造(生产)成本和期间费用两大部分。产品的制造成本是指为制造产品而发生各种费用总和,包括直接材料费用、直接人工费用和全部制造费用。期间费用则包括管理费用、销售费用和财务费用。在制造成本法下,期间费用不计入产品成本,而是直接计入当期损益。

随着商品经济的不断发展,成本概念的内涵和外延仍在不断变化。目前流行的成本定义是:成本是指为了一定目的而支付的或应支付的用货币测定的价值牺牲。该定义的外延十分广泛,远远超出了产品成本概念的范围,还包括劳务成本、开发成本、质量成本、资金成本等。

二、成本的作用

成本的经济内涵决定了成本在经济管理工作中具有十分重要的作用。

(一) 成本是补偿生产耗费的尺度

维持企业再生产是发展经济的必然要求,要维持企业再生产,就必须使企业在产品生产过程中的耗费得到足额的补偿,足额的补偿又必须以产品成本这个客观尺度作为标准,否则企业就会发生资金周转困难,不能按原有的规模进行再生产,更谈不上扩大再生产。因此,对企业经营者来说,合理与科学的成本核算直接关系企业的生存与发展。

(二) 成本是综合反映企业工作质量的重要指标

成本是一项综合经济指标,企业经营管理的工作情况可以通过成本反映出来。某企业如果个别成本高于社会成本,该企业可能存在生产技术落后、原材料消耗量大、资源浪费多、生产效率低、管理方法落后、管理制度不健全等问题。如果企业个别成本低于社会成本，则说明该企业生产效率高、原材料消耗合理或偏低、企业管理水平高、管理方法先进、该企业利润会大于社会平均利润，该企业有潜力扩大再生产。因此，成本是综合反映企业工作质量的重要指标。

（三）成本是制定产品价格的重要因素

在商品经济中，产品价格是产品价值的货币表现。产品价格的制定应体现价值规律的要求，使产品价格大体符合价值。制定产品价格的影响因素众多，成本是影响价格制定的一项重要因素。

（四）成本是企业进行经营决策的重要依据

企业要在市场中保持竞争力，争取扩大市场占有率，就要研究个别成本与社会成本的差异，了解企业生产成本、产量、市场占有率处于同行业何种水平，找出企业在材料消耗、劳动效率、企业管理水平方面存在的问题，提高企业管理水平，为作出新的经营决策提供依据。

三、支出、费用和成本的关系

（一）支出

支出是企业在经济活动中发生的一切耗费与开支，表现为资产的流出或负债的增加。支出一般强调现金流，通常可分为以下七类。

(1) 资本性支出是指支出的效益同几个会计年度相关的支出，如企业购置固定资产、无形资产和其他资产等的支出。

(2) 收益性支出是指支出的效益仅同本会计年度相关的支出，也叫生产经营支出，按用途可细分为生产支出、销售支出、管理支出和筹资支出。

(3) 所得税支出是指企业根据税法规定因利润而缴纳的所得税。

(4) 对外投资支出是指企业对外进行股权、债权以及其他投资而发生的支出。

(5) 营业外支出是指企业发生的、与正常生产经营活动无关的各项支出。

(6) 偿债支出是指企业清偿债务而发生的支出。

(7) 利润分配性支出是指在利润分配环节发生的支出。

（二）费用

费用是指企业在一定期间内为生产经营活动而发生各种耗费，一般是指生产经营费用，包括生产费用和经营管理费用。前者是指为生产产品而发生的各种耗费，后者是指组织管理生产经营而发生的耗费。费用强调期间，并不一定有现金流出。

（三）成本

成本是指为实现特定目的而发生的资金耗费，如购建资产有资产成本，生产产品有产品成本，进行作业有作业成本等。这里的成本一般是指狭义的制造成本，是指为生产一定种类和数量的产品而发生的各种耗费的总和。

（四）支出与费用的关系

在上述七类支出中，资本性支出为生产经营准备条件，随着其作用的发挥能够逐渐转

化为生产费用或期间费用；收益性支出也为生产经营准备条件，甚至就是生产经营过程中的资金耗费，因此也能够转化为甚至直接表现为生产费用或期间费用；所得税支出则表现为或转化为所得税费用；而对外投资支出、营业外支出、偿债支出与利润分配性支出都与本企业的生产经营无关，不能转化为生产费用或期间费用，也与所得税费用和销货成本无关，因此属于不能转化为费用的支出。

另外，支出以收付实现制为确认基础，而费用以权责发生制为确认基础。

（五）生产费用与产品成本的关系

支出转化为费用，费用对象化为成本。以产品为对象归集相关的生产费用，就构成了产品成本。因此，生产费用的发生是形成产品成本的基础，而产品成本是对象化的生产费用。

生产费用反映的是企业在一定时期内实际发生的生产费用，而产品成本反映的是该期间所生产的产品应该负担的生产费用，二者在外延上可能并不一致。某个时期发生的生产费用，可能一部分归属于当期产品成本，另一部分随在产品结转，归属于以后期的产品成本。而某时期的产品成本可能既包含本期发生的生产费用，也包含由期初在产品结转而来的以前期已发生的生产费用。因此，企业在某一时期实际发生的生产费用总和，不一定等于该期完工产品成本的总和。

任务二 认识成本会计

一、成本会计的历史演进

成本会计是随着社会经济的发展而逐步形成并不断演进的。其发展的历程大致可划分为以下四个阶段。

（一）萌芽时期(19 世纪 80 年代以前)

在资本主义萌芽初期，工业以家庭手工业为主，材料与劳动基本上都取自于己，人们很少关心成本问题。随着社会经济的发展，工厂取代了家庭手工业，生产变成了购买原材料、支付工资的形式，这使成本核算成为必要。人们开始对生产过程中发生的直接费用进行计算和汇总，在此基础上考虑间接费用，估计大致的成本。这种极为粗略的计算为成本核算打下了基础。16 世纪 30 年代，意大利毛纺商开始设立成本费用明细账，进行费用的归集和计算，这被人们认为是成本会计的萌芽。18 世纪，英国一些制鞋厂和制袜厂逐步构建了分批成本核算法和分步成本核算法的雏形，但此时仍未形成一套完整的方法与理论体系，还属于成本会计的萌芽时期。

（二）奠基时期(19 世纪 80 年代到 20 世纪 20 年代)

19 世纪末，资本主义从自由竞争走向垄断，企业规模不断扩大，企业间竞争加剧，生产成本日益受到重视。该时期成本会计发展迅速，人们对材料及人工处理的方法进行了改进，开始应用材料卡、工时卡、工作命令、领料单、人工汇总表等，对制造费用的分配方法也进行了有益的探索，解决了各种间接费用的分配问题。这时的成本核算同复式记账科目结合起来，成本记录与会计账簿一体化，形成了一套较为完备的计算与核算产品实际成本的方法和理论体系。不过，该时期的成本会计基本上还局限于成本核算，只是财务会计的一个组成部分。

（三）快速发展时期（20 世纪 20 年代到 20 世纪 70 年代）

20 世纪初，随着泰罗制被广泛采用，与其科学管理方法直接联系的标准成本、预算控制、差异分析等技术方法被引入会计，成为成本会计的组成部分。从此，成本会计的内容不再只是成本核算，而是扩展到了成本预算、成本控制和成本分析。第二次世界大战以后，资本主义经济发生了新变化，企业规模不断扩大，跨国公司大量涌现，生产经营日趋复杂。同时，军工技术民用使新产品层出不穷，产品更新换代加快，竞争十分激烈，企业只有生产物美价廉的产品才能在竞争中生存。价廉，就要求降低成本，而如果想要大幅度降低成本，就必须从产品设计、工艺、组织、生产等各个环节加以谋划，使产品成本达到最低。企业不仅要做好成本的日常控制与核算，还要做好成本预测、决策和预算，把成本控制的重点移到事前。另外，企业还要做好事后分析与考核，为事前、事中成本控制服务。在这一期间，成本会计的内容大幅扩展，成本谋划与控制成为工作的重心。

（四）现代发展时期（20 世纪 70 年代以后）

20 世纪 80 年代前后，在以信息技术、新能源技术、新材料技术等为代表的新技术革命的推动下，企业生产经营的自动化程度和技术装备水平空前提高。而为适应多元且易变的市场需求，企业开始按顾客订单组织生产，采用柔性制造系统，多品种、小批量、生产快速转换、产品迅速交货成为新的生产形态。同时，适时生产制度、全面质量管理等管理革命也接踵发生。这些变化猛烈地冲击着旧的成本模式，并为新的成本方法提供了条件。在此背景下，作业成本法应运而生，使成本会计发展到了一个新阶段。

二、现代成本会计的内容

由成本会计的历史演进可知，成本会计的理论与实务随着社会经济的发展而不断深化，因此不同时期成本会计的内容不同。现代成本会计的内容主要包括以下七个方面。

（一）成本预测

成本预测是根据成本数据和其他相关资料，运用一定的方法，对企业未来的成本水平及其发展趋势做出科学的估计。成本预测是进行成本决策和编制成本计划的基础，也是辅助成本控制的手段。

（二）成本决策

成本决策是在成本预测的数据基础上，结合其他有关资料，对制定的各种成本可行性方案进行分析、比较，从中选出最优方案，确定目标成本的过程。成本决策是编制成本计划的前提，也是实现事前成本控制、提高经济效益的重要途径。

（三）成本计划

成本计划是根据成本决策制定的目标成本，规定在计划期内为完成生产经营任务所需要支出的具体成本、费用，确定各个成本对象的成本水平，并提出为达到目标成本水平

所应采取的各种措施。成本计划通常包括生产成本及期间费用预算、商品产品总成本及单位成本计划、可比产品成本降低计划及完成计划的措施等。成本计划是成本决策的具体化，是进行成本控制、成本分析和成本考核的依据。

（四）成本控制（狭义）

狭义的成本控制是指在生产经营过程中，根据预先制定的成本标准和费用预算，对实际发生的各项成本费用进行审核、控制，及时反馈差异并分析其原因，进而采取纠正措施，以保证成本计划的实现。成本控制的范围涉及企业生产经营的各环节、各部门，控制的内容包括企业人力、物力、财力的消耗及每一项费用和开支。

（五）成本核算

成本核算是对生产经营过程中实际发生的成本、费用按一定的方法进行对象化计算，并进行相应账务处理的过程。成本核算是成本会计最基本的工作，核算过程也具有一定的成本控制功能。通过成本核算提供的资料，可以反映成本计划的完成情况，为编制下期成本计划、进行未来的成本预测和成本决策提供依据。

（六）成本分析

成本分析是根据成本计划、成本核算提供的资料和其他相关资料，通过与本期计划成本、上年同期实际成本、本企业历史先进成本水平、国内外先进企业的成本等进行比较，分析成本水平与构成的变动情况，研究成本变动的因素和原因，挖掘降低成本的潜力。成本分析一般在事后进行，主要内容包括全部产品成本计划完成情况分析、可比产品成本计划完成情况分析、单位产品成本分析、制造费用预算执行情况分析、主要经济技术指标变动对成本影响的分析、国内外同类产品成本对比分析等。通过成本分析，可以为成本考核提供依据，为未来成本的预测与决策及编制新的成本计划提供资料。

（七）成本考核

成本考核是指企业将计划成本或目标成本进行分解，制定企业内部的成本考核指标，分别下达给各内部责任单位，明确它们在完成成本指标时的经济责任，并定期对成本计划的执行结果进行评定和考核。成本考核应注意划清责任，应与奖惩制度相结合，要以能充分调动员工的积极性为原则。

成本会计的各项内容是相互联系、相互补充的有机整体。其中，成本核算是成本会计的基础，为其他成本工作提供资料。如果没有成本核算，成本的预测、决策、计划、控制、分析和考核就无法进行，也就没有成本会计。只进行成本核算和分析的成本会计是狭义的成本会计；对成本进行预测、决策、计划、控制、核算、分析和考核的成本会计是现代广义的成本会计，又称为广义成本控制，实际上也就是成本管理。限于课时，本书研究的是狭义的成本会计，并以产品成本核算的内容为主。

站在更广的角度，成本控制是成本管理者对成本形成过程及成本影响因素进行规划、调节，使成本按照预期方向发展的过程。这个过程包括事前成本控制（成本预测、成本决策、成本计划）、事中成本控制（狭义成本控制）和事后成本控制（成本核算、成本分析、成本考核）。在企业的永续经营中，成本控制的过程不断地循环往复，每一次的事后成本控制并非终结，而是下一轮成本控制的起点。

三、成本会计的任务与对象

（一）成本会计的根本任务

成本会计的根本任务是促进企业尽可能节约生产过程中物化劳动和活劳动的消耗，不断提高经济效益。

（二）成本会计的具体任务

（1）通过成本预测和决策，争取企业生产经营效益的最优化。

（2）根据成本决策制定的目标成本，编制成本计划，作为企业降低成本、费用的努力方向，作为成本控制、分析和考核的依据。

（3）根据成本计划、相应的消耗定额和有关的法规制度，控制各项成本、费用，促使企业执行成本计划，节约费用，降低成本。

（4）正确、及时地进行成本核算，反映成本计划的执行情况，为企业生产经营决策提供成本信息。

（5）分析和考核各项消耗定额和成本计划的执行情况，调动企业职工生产经营的积极性，促使企业改进生产经营管理，挖掘降低成本、费用的潜力，提高经济效益。

（三）成本会计的对象

从狭义的角度出发，制造企业一般可以把成本会计的对象概括为企业生产经营过程中发生的生产经营业务成本和期间费用。

四、成本会计工作的组织

（一）成本会计机构

成本会计机构是指从事成本会计工作的职能单位，它是企业会计机构中的一部分。影响成本会计机构设置的因素主要有两个：一是业务类型和经营规模；二是与财务会计机构的关系。企业的业务类型和经营规模决定着成本会计工作的业务复杂程度。一般而言，工业企业、施工企业的成本会计工作比其他类型的企业复杂，规模越大的企业成本会计工作越复杂。成本会计与财务会计既有联系，又有区别。因此，成本会计机构与财务会计机构既可合并设置，也可分别设置，视情况而定。综合两种因素来看，大中型企业通常在专设的会计机构下单设成本会计科、组、室等；规模小、会计人员少的企业通常在会计部门中指定专人（专职或兼职）处理成本会计工作。

成本会计机构内部的组织分工，可以按成本会计的职能分工，如把厂部成本会计科分为成本预测决策组、成本计划控制组、成本核算组和成本分析考核组；也可以按成本会计的对象分工，如分为产品成本组、经营管理费用组和专项成本组；还可以按成本项目分工，如材料组、工资组、制造费用组和期间费用组。无论如何分工，都应按分工建立相应的成本会计岗位责任制，使每一项成本会计工作都有人负责。

（二）成本会计工作的组织形式

企业内部各级成本会计机构之间的组织分工，有集中核算和分散核算两种方式。在集中核算方式下，企业的全部成本会计工作主要由厂部的成本会计机构集中处理；车间等其他单位中的成本会计机构或人员只负责登记原始记录和填制原始凭证，对其进行初步的审核、整理和汇总，为厂部的下一步工作提供资料。在这种方式下，车间等其他单位大多只配备专职或兼职的成本会计人员。集中核算方式的优点是可以减少核算层次和人员，便于集中使用计算机来处理数据。但这种核算方式不便于实行责任成本核算，不利于调动各层次的积极性，不便于各车间、班组掌握和控制成本费用，一般适用于成本会计工作较为简单的企业。

在分散核算方式下，各车间等单位的成本计划、控制、核算和分析工作分别由相应车间等单位的成本会计机构或人员进行，成本考核工作由上一级成本会计机构对下一级成本会计机构逐级进行。厂部成本会计机构负责对下级机构或人员进行业务上的指导和监督，并处理厂部发生的成本费用，对全厂成本进行预测、决策、综合计划、控制、汇总核算、分析和考核。分散核算方式的优缺点与集中核算方式刚好相反，一般适用于成本会计工作较为复杂、各部门独立性较强的企业。

（三）成本会计人员

处理成本会计工作的人员可能是专设的成本会计机构中的人员，也可能是一般会计部门中被指定专职或兼职处理成本会计业务的人员。前者常见于大企业，后者常见于小企业。成本会计机构的负责人是成本会计工作的领导者和组织者。成本会计机构应在负责人（会计主管）的领导下，拟定本企业的成本会计制度或办法，并督促成本会计人员和有关职工贯彻执行。成本会计人员有权要求企业有关单位和职工认真执行成本计划，严格遵守有关法规制度；有权参与制订企业生产经营计划和各项定额，参与与成本有关的生产经营管理会议；有权督促检查企业有关单位对成本计划和有关法规制度的执行情况。

（四）成本会计的法规和制度

1.《中华人民共和国会计法》

《中华人民共和国会计法》是我国会计工作的基本法，有关会计（包括成本会计）的一切法规、制度都应依据它来制定。

2. 国家统一的会计制度

国家统一的会计制度包括国家统一的会计核算制度、国家统一的会计监督制度、国家统一的会计机构和会计人员制度、国家统一的会计工作管理制度等。

3. 企业内部的财务会计制度和成本核算办法

各企业应根据自身的生产经营特点和管理的要求，制定本企业的财务会计制度和成本核算制度、规程与办法。这是指导企业进行成本会计工作的直接的、具体的依据。

任务三 产品成本核算的基本要求

一、成本核算的基本要求

成本核算的基本要求是“算管结合，算为管用”。所谓“算管结合，算为管用”，就是成本核算应当与加强企业经营管理相结合，所提供的成本信息应当满足企业经营管理和决策的需要。成本核算应该做到：分清主次，区别对待，主要从细，次要从简，简而有理，细而有用。

二、正确划分费用界限

产品成本核算的关键在于费用的汇集与分配。在此过程中，应正确地划分各种费用的界限。

（一）划清生产经营支出与非生产经营支出的界限

在企业的七类支出中，只有收益性支出（即生产经营支出）才有可能直接表现为生产费用或期间费用；当期发生的非生产经营支出应通过有关账户处理，不得随便挤入成本、费用的开支范围。

（二）划清本月费用与非本月费用的界限

以前发生的资本性支出和收益性支出使本期受益的，要确认应计入本月费用的份额。对于当期发生的生产经营支出，也要贯彻权责发生制的原则，划清本月费用与非本月费用的界限。

（三）划清生产费用与期间费用的界限

对于本月费用，要划清生产费用与期间费用的界限，后者应记入“管理费用”“财务费用”“销售费用”等账户。

（四）划清基本生产与辅助生产的界限

对于生产费用，要划清基本生产与辅助生产的界限，后者应使用“辅助生产”账户核算，提供给基本生产的服务成本应按一定的方法与程序分配结转。

（五）划清重要基本生产费用与次要基本生产费用的界限

对于基本生产，要划清重要基本生产费用与次要基本生产费用的界限。前者单设成本项目，发生时直接记入“基本生产”账户；而后者不单设成本项目，发生时先记入“制造费用”账户，期末再分配结转到“基本生产”账户。

（六）划清各产品成本核算对象的费用界限

对于基本生产的直接材料、直接人工、制造费用等消耗，应在各产品成本核算对象之间合理地分配。

（七）划清合格品与废品的费用界限

如果企业废品较多，需要单独核算废品损失，“基本生产”账户所归集的金额要在合格品与不可修复废品之间合理分配，不可修复废品的生产成本应转入“废品损失”账户；而可修复废品的修复成本在发生时就应与正常的产品生产消耗相区分，单独归集在“废品损失”账户。当然，废品净损失仍属于产品生产成本，最终应转回“基本生产”账户。

（八）划清完工产品与在产品的费用界限

对于汇集于某一产品成本核算对象的料、工、费等（包括月初结存和本月发生），应在

完工产品与月末在产品之间合理分配，从而计算出完工产品成本。

三、正确确定财产物资的计价和价值结转的方法

对于各种财产物资的计价和价值结转，都应采用既合理又简便的方法。如果国家有统一规定，应采用国家统一规定的方法。各种方法一经确定，应保持相对稳定，不能随意改变，以保证成本信息的可比性。要防止任意改变财产物资的计价和价值结转的方法，借以人为调节成本和费用的错误做法。

四、完善成本会计的基础工作

（一）做好原始记录

原始记录是一切会计工作的基础，企业应组织有关人员认真做好各种原始记录的登记、传递、审核和保管工作，以便正确、及时地为成本核算和其他有关方面提供所需的原始资料。与成本核算相关的原始记录主要有以下几种。

1. 设备使用方面的原始记录

设备使用方面的原始记录包括设备交付使用单、设备运转记录、设备维修记录、事故登记表等。

2. 材料物资方面的原始记录

材料物资方面的原始记录包括收料单、领料单、限额领料单、领料登记簿、切割单、代用材料单、补料单、材料退库单、材料耗用汇总表、材料盘点报告单、工具请领单、工具借缴登记簿等。

3. 劳动方面的原始记录

劳动方面的原始记录记录职工的人数、工资级别、考勤、工时消耗和利用、工资结算等情况，如工资卡片、考勤簿、停工单等。

4. 各项支出的原始记录

各项支出的原始记录反映水、电、劳务以及办公费等的开支情况，如各种发票、借据、账单等。

5. 产品方面的原始记录

产品方面的原始记录反映在产品结存、半成品转移、产成品入库、产品质量检验等情况，如工作票、进程单、产量明细表、废品通知单、产品入库单等。

（二）健全财产物资的计量验收

要使原始记录正确，计量验收必须准确。计量是利用一定的计量器具（如仪器、仪表、量具、容器、衡器等）对各种财产物资的收入、发出和结存进行数量方面的确定。验收是对各种财产物资（如材料、在产品、半成品、产成品等）的收发、结存和转移进行品种、规格、数量、质量等方面的检验、核对与查实。

做好计量验收工作应注意以下几方面：一要健全相关制度，不留漏洞；二要经办人员精通业务并高度负责；三要根据财产物资的不同，配备恰当的计量器具，选择合适的计量与验收方法；四要做好计量器具的保管、修理与定期校验，确保其良好的状态；五要设立专

职的质检机构;六要做好财产物资的盘点与清查,等等。

(三) 加强定额管理

定额是企业对生产经营过程中各项活动消耗的人力、物力、财力规定的应遵守和达到的数量标准。它是编制成本计划、控制成本开支、进行成本分析与考核的依据,也常常被作为成本核算中费用分配的标准。

定额管理是控制消耗、降低成本的有效手段。企业应根据当前的设备条件和技术水平,充分考虑职工的积极因素,制定出先进可行的原材料、燃料、动力、工时等的消耗定额,以及设备利用、物资储备、资金占用、费用开支等方面的定额。

定额制定后,要实行严格的定额管理。定额应保持相对稳定,不宜经常变动。但随着生产技术条件的变化和管理水平的提高,也应适时修改定额,以符合实际情况。

(四) 制定合适的内部结算价格

在计划管理基础较好的企业,为了分清企业内部各单位的经济责任,便于分析和考核内部各单位成本计划的完成情况,可建立企业内部价格制度,对原材料、燃料、动力、工具、配件、半成品和劳务等都制定出合适的内部结算价格。

企业通常以计划单位成本(或定额单位成本)作为内部结算价格。在企业内部物资转移或劳务提供时,先按计划价格进行结算;待月末计算出实际成本后,再计算实际成本与计划成本的差异,由相应单位对其承担责任。这样既便于核算,又便于划清企业内部各单位的经济责任。

在实际工作中,也有一些企业在计划成本的基础上加上一定的内部利润作为内部结算价格。这种结算价格只适用于利润中心之间的结算,对于成本中心之间的结算并不合适。

(五) 严格各项规章制度

实施有效的成本控制,需要有科学合理的规章制度作为保证。企业内与成本会计相关的规章制度主要包括计量验收制度、定额管理制度、岗位责任制度、考勤制度、质量检验制度、设备管理与维修制度、材料收发领用制度、物资盘存制度,以及其他各种成本管理制度。各种规章制度的内容应随着生产经营的变化而不断改进和完善。

五、完善成本责任制度

为了提高成本核算的质量,保证各责任单位成本的考核水平,必须完善成本责任制度,以进一步降低成本,提高经济效益,具体包括建立健全责任成本制度、内部成本管理体系、成本考核制度、责任奖惩制度等。

六、按照生产特点和成本管理的要求选择适当的成本核算方法

产品成本是在生产过程中形成的,产品的生产工艺特点不同,产品成本核算对象也就不同,因此选择的成本核算方法也不一样。成本核算方法选择恰当与否,直接影响产品成本核算结果的准确性。

任务四 生产费用要素与产品成本项目

一、生产费用要素

（一）费用要素的定义

费用要素是企业在生产经营过程中发生的各种耗费按照经济内容（或性质）所做的分类，包括劳动对象方面的费用、劳动手段方面的费用和活劳动方面的费用。不同企业的费用的具体构成往往不同，企业可根据自身情况按照重要性原则进一步划分若干个费用要素，以下是比较常见的八个费用要素。

1. 外购材料

外购材料是指企业耗用的一切从外部购进的材料，包括原材料、主要材料、辅助材料、半成品、包装物、低值易耗品、修理用备件等。

2. 外购燃料

外购燃料是指企业耗用的一切从外部购进的燃料，包括固体、液体、气体燃料。

3. 外购动力

外购动力是指企业耗用的从外部购入的各种动力，如电力、蒸汽等。

4. 职工薪酬

职工薪酬是指企业为获得职工提供的服务或解除劳动关系而给予各种形式的报酬、补偿以及其他相关支出，包括工资、社会保险费、住房公积金、职工福利费、工会经费、职工教育经费以及非货币性福利等。

5. 折旧费和摊销费

折旧费和摊销费是指企业计提的各种固定资产的折旧和无形资产、长期待摊费用的摊销。

6. 利息费用

利息费用是指企业应计入期间费用的利息支出减去利息收入后的净额。

7. 税金

税金是指企业交纳的应计入管理费用的各种税金，如房产税、印花税等。

8. 其他费用

其他费用是指不属于以上各要素的所有其他费用，如邮电费、差旅费、办公费等，通常发生额较少、不太重要，没有必要单独列为一个要素。

按以上费用要素反映的费用，称为要素费用。通过划分费用要素来分类核算企业的费用有以下作用。

（1）便于分析企业各种费用的结构和水平。

（2）便于编制材料采购资金计划、劳动工资计划和其他费用预算。

（3）便于计算工业净产值和国民收入。

（二）生产费用要素的含义

生产费用是指企业制造部门为生产产品而发生的各种资金耗费，生产费用要素是指生产费用按其经济内容进行的分类。企业费用要素是针对企业全部部门的耗费所做的分类，而生产费用要素仅针对企业制造部门的耗费进行分类，两者在内容和各费用项目的重要性等方面存在差异，因此生产费用要素的构成与企业费用要素的构成大体相同但略有区别。

二、费用按经济用途分类

（一）计入产品成本的生产费用

1. 直接材料

直接材料也称原材料，是指直接用于产品生产并构成产品实体的原料、主要材料、外购半成品以及有助于产品形成的辅助材料。

2. 燃料及动力

燃料及动力也称直接燃料及动力，是指直接用于产品生产的各种燃料和动力费用。

3. 直接人工

直接人工是指直接从事产品生产的工人的职工薪酬。

4. 制造费用

对于管理上需要单独反映、控制和考核的费用，以及产品成本中比重较大的费用，可以专设成本项目；否则，为了简化核算，可不必专设成本项目。

（二）计入当期损益的期间费用

1. 管理费用

管理费用是指企业行政管理部门为组织和管理生产经营活动而发生的各种费用。

2. 销售费用

销售费用是指企业在销售商品和材料、提供劳务的过程中发生的各种费用。

3. 财务费用

财务费用是指企业为筹集生产经营所需资金等发生的各项费用。

三、生产费用的其他分类

（一）生产费用按与生产工艺的关系分类

计入产品成本的生产费用按与生产工艺的关系可以分为直接生产费用和间接生产费用。直接生产费用是指由于生产工艺本身引起的、直接用于产品生产的各项费用，如产品生产过程中直接耗用的原材料、生产工人的薪酬和机器设备的折旧费等。间接生产费用是指与生产工艺没有直接联系、间接用于产品生产的各项费用，如车间机物料消耗、车间厂房折旧费等。

（二）生产费用按计入产品成本的方法分类

按计入产品成本的方法，计入产品成本的各项生产费用可以分为直接计入费用和间接计入费用。直接计入费用是指可以分清是哪种产品所耗用、可以直接计入某种产品成本的费用，如生产某种产品耗用的材料费。间接计入费用是指不能分清是哪种产品所耗用、不能直接计入某种产品成本，而必须按照一定标准分配计入有关各种产品成本的费用，如甲、乙产品共同耗用的材料费。

任务五　成本核算的账户设置及核算程序

一、成本核算账户的设置

为了核算产品成本，企业要设置“生产成本”“制造费用”等一级账户。为了分别核算基本生产车间的产品成本和辅助生产车间的产品或劳务成本，还应在“生产成本”账户下，分别设置“基本生产成本”和“辅助生产成本”两个二级账户。企业也可以根据需要，不设置“生产成本”账户，而直接把“基本生产成本”和“辅助生产成本”设置为一级账户，其目的在于减少核算工作量。本书将按分设“基本生产成本”和“辅助生产成本”两个一级账户的模式进行阐述。

（一）“基本生产成本”账户

基本生产是指为完成企业主要生产目的而进行的商品产品生产。“基本生产成本”账户核算生产各种产成品、半成品而发生的各项费用。该账户要按产品品种、批别等产品成本核算对象分别设置基本生产明细账，也称产品成本核算单。基本生产明细账中的金额要按产品成本项目划分专栏，分别登记。

基本生产车间在产品生产中发生的直接材料、直接人工等重要且专设了成本项目的费用，直接或分配记入“基本生产成本”账户的借方及其有关明细账中对应的成本项目。而对没有为其专设成本项目、只是作为制造费用处理的耗费，应先通过“制造费用”账户归集，最后将汇集的制造费用总额按一定的标准分配给各相关产品成本核算对象，结转记入“基本生产成本”账户的借方及其有关明细账中的制造费用成本项目。

已完工并验收合格的产成品、半成品，应从“基本生产成本”账户的贷方转入“库存商品”“自制半成品”“主营业务成本”等账户的借方，“基本生产成本”账户的月末余额，就是基本生产的在产品成本。

（二）“辅助生产成本”账户

辅助生产是指为基本生产和管理部门服务而进行的产品生产或劳务供应。“辅助生产成本”账户核算辅助生产各种产品或劳务而发生的各项费用。

对于生产产品的辅助生产，其核算与基本生产类似，“辅助生产成本”账户按各产品设置明细账，在明细账中划分成本项目以归集各项费用。对于辅助生产车间发生的除直接材料、直接人工等重要项目外的其他耗费，先通过“制造费用”账户归集，再将汇集的总额以一定标准分配计入各产品的成本。月末在结转完工产品成本之后，如果“辅助生产成本”账户还有余额，则表示在产品成本。

对于提供劳务的辅助生产，“辅助生产成本”账户通常按车间进行明细核算，在明细账中划分费用项目以归集各项费用。此时一般不需要配套使用“制造费用”科目，发生的制造费用直接记入辅助生产明细账中的具体费用项目。月末辅助生产劳务成本应按受益原则在各受益对象之间分配，分配结转后“辅助生产成本”账户不再有余额。

（三）“制造费用”账户

制造费用是企业制造部门发生的，因为次要而又繁杂，应计入产品成本但没有为其单设成本项目的各项生产费用。“制造费用”账户应按车间进行明细核算。各项制造费用发生时，先记入“制造费用”账户的借方及其相关明细账，月末再将汇集的制造费用总额按一定的标准分配结转给有关对象，如基本生产或辅助生产的各产品、废品损失及停工损失等。除采用年度计划分配率分配法外，“制造费用”账户在月末分配结转后一般无余额。

（四）其他相关账户

在多步骤生产且实行半成品仓库管理时，应该设立“自制半成品”账户。企业若需单独核算废品损失和停工损失，还应增设“废品损失”和“停工损失”账户。对于期间费用，应分别设立“销售费用”“管理费用”“财务费用”账户进行核算。

二、产品成本核算的基本程序

产品成本核算是一个复杂的过程，但在这个过程中，不同企业往往遵循类似的程序。一般而言，产品成本核算的基本程序包括以下几个步骤。

（一）确定成本核算对象与方法

根据企业生产特点和成本管理要求，正确确定产品成本核算对象，选择产品成本核算方法。

（二）划分成本项目

根据企业生产特点和成本管理要求，合理地划分产品成本项目。

（三）设置成本核算账户

设置成本核算所需的各种账户，应根据产品成本核算对象设置生产成本明细账。生产成本明细账应按成本项目设置专栏，以反映成本的构成情况。

（四）审核与控制生产费用

根据国家规定的成本、费用开支范围和企业内部的财务会计制度及成本费用核算办法，对生产费用进行严格的审核与控制，确定各项费用是否应该开支，开支的费用是否应该计入产品成本等。

（五）归集与分配生产费用

根据审核无误的原始凭证编制各种费用分配表，将相关的生产费用在各成本核算对象之间进行归集与分配，编制记账凭证并登记总账、各生产成本明细账和有关的其他明细账。

（六）计算完工产品与月末在产品成本

将由生产成本明细账汇集起来的生产费用（包括期初结存和本期发生）在完工产品与在产品之间分配，计算出完工产品总成本和单位成本。

（七）结转完工产品成本

产品生产完毕后，转入仓库，将产品对应的成本转入“库存商品”等账户。

复习与思考

1. 什么是成本？如何理解理论成本、现实成本、财务成本和管理成本？
2. 试述产品成本核算的基本程序。
3. 如何正确划分各种费用界限？
4. 如何做好成本会计的基础工作？

项目小结

本项目的主要内容为认识成本、认识成本会计、产品成本核算的基本要求、生产费用要素与产品成本项目、成本核算的账户设置及核算程序，具体内容结构如图 1-1 所示。

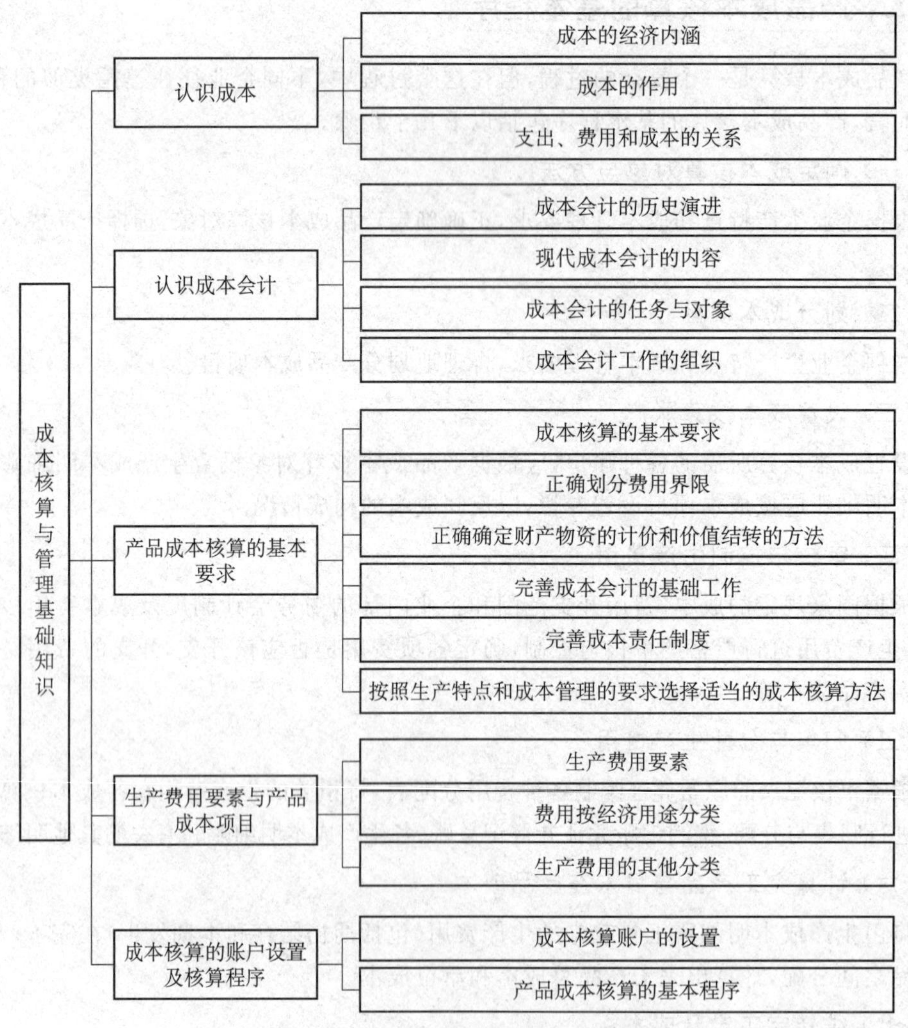

图 1-1　成本核算与管理基础知识内容结构

练习与实训

知识检测

评价表

<table>
<tr><td>评价项目</td><td>评价指标</td><td colspan="4">评价结果</td></tr>
<tr><td rowspan="3">学习目标
评价</td><td>知识目标</td><td>□优质完成</td><td>□良好完成</td><td>□基本完成</td><td>□未完成</td></tr>
<tr><td>技能目标</td><td>□优质完成</td><td>□良好完成</td><td>□基本完成</td><td>□未完成</td></tr>
<tr><td>素质目标</td><td>□优质完成</td><td>□良好完成</td><td>□基本完成</td><td>□未完成</td></tr>
<tr><td rowspan="2">练习与实训</td><td>知识检测</td><td colspan="2">得分：________</td><td colspan="2">正确率：________</td></tr>
<tr><td>实训操作</td><td>□优质完成</td><td>□良好完成</td><td>□基本完成</td><td>□未完成</td></tr>
<tr><td colspan="6">自我总结与评价：</td></tr>
</table>

项目二

生产要素费用的归集与分配

【知识目标】

1. 了解要素费用的内容；
2. 掌握发出材料的计价方法；
3. 掌握职工薪酬的计算方法；
4. 掌握材料费用、动力与燃料费用、职工薪酬费用、其他费用的归集与分配方法。

【技能目标】

1. 能够正确处理实务中各要素费用归集与分配的核算工作；
2. 能够编制各种要素费用分配表；
3. 能够正确完成各要素费用分配的账务处理。

【素质目标】

1. 形成良好的成本意识；
2. 理解并具备会计职业道德。

案例与思考

长江管道有限责任公司(简称“长江管道公司”)是一家管道制造企业,产品主要有金属管道、非金属管道等各类建筑装修管道,主攻国内市场，2023 年全年实现销售收入25 000万元。为开拓国际市场、打开销路,公司决定开展定制业务,根据客户订单生产。海外市场部负责人胡一飞找到公司财务部门和生产技术部门求助:“能不能根据客户要求,马上核算出某款管道的成本是多少？选用哪一种原材料最好？材料成本是多少？人工需要增加吗？新增的模具费用怎样计算？折旧费用怎样分摊?”

请你作为会计人员回答这些问题。另外,除了上述费用,费用成本里面还包含哪些费用?

任务一 归集与分配的原则和方法

生产要素费用是企业在生产经营过程中发生的按经济内容划分的各种耗费,一般包括劳动对象方面的费用、劳动手段方面的费用和活劳动方面的费用。不同企业的费用的具体构成往往不同，企业可根据自身情况按照重要性原则进一步地划分若干个要素，比较常见的有外购材料、外购燃料、外购动力、职工薪酬、折旧和摊销、利息费用、税金及其他费用八个要素。

一、生产要素费用归集与分配的原则

企业在生产经营过程中需要发生各种费用，目的是完成预计的生产任务，维持企业正常的运转，实现目标利润。在账务处理中，发生的各种费用必须计入相关的成本、费用账户。企业应当根据生产经营特点，以正常生产能力水平为基础，按照资源耗费的方式确定合理的分配标准。生产要素费用的分配需体现以下原则。

(1) 受益性原则，即谁受益、谁负担，受益多少、负担多少。

(2) 及时性原则，即要及时将各成本费用分配给受益对象，不应将本应在上期或下期分配的成本费用分配给本期。

(3) 成本效益性原则，即成本分配所带来的效益要远大于分配成本本身所产生的费用。

(4) 基础性原则，即成本分配要以完整、准确的原始记录为依据。

(5) 管理性原则，即成本分配要有助于企业加强成本管理。

二、生产要素费用归集与分配的方法

企业发生的生产费用最终都将计入产品成本，各企业的实际生产情况不同，计入程序也有所不同。一般情况下，企业发生的生产费用最终都将计入某产品“基本生产成本”账户的“直接材料”“直接人工”“制造费用”成本项目，企业也可根据自身情况增加成本项目。

根据计入产品成本账户的方法不同，企业的生产费用可分为直接费用和间接费用。直接费用是指为某一特定产品所消耗、能够根据原始凭证直接计入该产品成本的费用。一般而言，工业企业生产产品所耗用的、构成产品实体的原材料和生产工人的计件工资，都是直接费用。间接费用是指由某几种产品共同耗用，费用发生时先归集，再选择合适的分配方法分配计入各产品成本的费用。

直接费用和间接费用的区分并不绝对，一种费用是否属于直接费用，取决于该费用能否直接计入产品生产成本。在生产一种产品的企业或车间中，产品的全部生产费用都可以直接计入该种产品成本，因而都是直接费用。在生产多品种产品的企业，产品的生产费用有的为某一种产品所耗用，有的为几种产品所共同耗用，对于能确定的为某种产品所耗用的直接费用直接计入，对于几种产品所共同耗用的间接费用要采用一定的方法分配计入。

生产要素费用归集与分配的核心在于：凡是属于直接费用的，应直接计入产品成本；属于间接费用的，经归集与分配后计入产品成本。

间接费用都需要在期末选择合适的方法分配计入各产品成本，则生产要素费用的分配与核算可按以下步骤进行。

(1) 确定待分配的费用，即几种产品共同耗用的费用。

(2) 确定分配对象。

(3) 确定分配方法，即按什么标准将费用分配至共同耗用的产品成本，方法的选择一定要符合各产品对共同耗用费用的实际消耗情况。

(4) 计算分配率，计算公式如下：

$$某费用分配率=\frac{待分配费用}{各分配对象的分配标准之和}$$

$$各分配对象的分配标准之和=\sum 各产品的产量\times 单位产品的分配标准$$

(5) 进行费用分配，各产品应承担的费用计算公式如下：

某分配对象应承担的费用＝该分配对象的总分配标准×费用分配率

各生产要素费用的分配都适用于上述步骤，不同要素费用分配时所采用的分配方法(分配标准)有所差异，需根据实际消耗情况进行选择。

任务二 材料费用的归集与分配

一、材料的内容

(一) 材料的含义

材料是企业生产中的劳动对象，是生产过程中必不可少的物资要素。物质要素一般分为两大类：一类是在生产过程中直接取自于自然界的劳动对象，一般称为原料，如冶炼金属的矿砂、用以纺织的棉花、制造面粉的小麦；另一类是以经过工业加工的产品作为劳动对象，一般称为材料，如各种钢材。在实际工作中经常把两者合并起来统称为原材料。

(二) 材料的分类

材料在产品生产过程中所起的作用是不同的，有的经过加工后构成产品的主要实体，这种材料是主要材料。其余各种材料只在生产过程中起辅助作用，称为辅助材料。在实践中，企业使用的材料名目繁多，如果简单地将其归为上述两种，既不利于材料管理，也不利于材料核算。因此，一般将材料按其用途分为以下几大类。

1. 原料及主要材料

原料及主要材料是指企业从外部采购或以其他方式取得的，经过加工后构成产品实体的各种主要原料和材料，如机械制造企业中使用的钢材等金属材料、冶炼企业使用的矿石，以及纺织企业使用的原棉和各种棉纱等。

2. 辅助材料

辅助材料是指从外部购进或通过其他方式取得的，在生产中不构成产品主要实体，只起到一定辅助作用的各种材料。辅助材料在生产中的具体作用不同，有的与产品的主要材料相结合有助于产品形成，如染料、漂白粉和油漆等；有的供劳动资料消耗，如起润滑、防护作用的润滑油和防锈剂等；还有的为正常劳动提供条件，如各种清洁用具和照明灯具等。

3. 外购半成品

外购半成品是指企业从外部购入，可继续加工形成产品实体或直接装配成产品的物品，如装配在洗衣机上的微型电动机等。

4. 修理用备件

修理用备件是指从企业外部购入、为修理本企业机器设备和运输工具所专用的各种零件及配件，如齿轮、轴承、阀门、轮胎等。

5. 低值易耗品

低值易耗品是指通过外部购入、自制或委托加工等方式形成的，单项价值在规定限额以下，或使用期限不满一年，不能作为固定资产核算的各种用具物品，如管理用具、玻璃器皿、劳动保护用品等。

6. 包装物

包装物是指通过外部购入、自制或委托加工等方式形成的，为包装本企业产品、随同产品一起出售或者在销售产品时租借给购货单位使用的各种包装容器，如桶、箱、瓶、坛、袋等。

企业一般通过“原材料”账户对材料进行核算，包括原料及主要材料、辅助材料、外购半成品、修理备用件；通过“周转材料”账户对低值易耗品和包装物进行核算。

二、材料费用的归集

材料费用是指企业在产品生产过程中消耗各种材料而发生的费用。材料费用是构成产品成本的要素，发生的材料费用通常列入“基本生产成本”账户的“直接材料”成本项目。

（一）正确归集材料费用的基础工作

正确归集材料费用是分配的前提，因此在归集材料费用时应做好以下几项工作。

1. 正确计算收入材料的实际成本

材料的实际成本包括采购成本、加工成本和其他成本。除少数自制外，企业的材料大部分通过采购取得。外购材料的成本即材料采购成本，是指企业的材料从采购到入库前所发生的全部支出，包括买价、运输费、装卸费、保险费、仓储费、运输途中的合理损耗、有关税金及入库前的挑选整理费用等。

2. 加强企业领料、退料管理

实务中，企业产品的生产过程也是各种材料的消耗过程，在生产过程中领用材料的品种数量很多。为明确各单位的经济责任，便于正确归集与分配材料费用，降低材料的消耗，在领用材料时应办理必要的手续。领料应由专人负责，经有关人员签字审核后，才能办理领料手续。

领用材料时使用的原始凭证主要包括领料单、限额领料单、退料单等。企业应根据领用材料的具体情况，选择恰当的领料凭证。

领料单是一种一次使用的领发料凭证。领料单应由领料部门编制，需要包含领料部门、领料用途、领料日期、材料名称、数量、金额以及相关责任人的签章等信息。领料单填制并经审批后，可据此办理领料手续。领料单一般一式三联：一联由仓库连同发出的材料退给领料部门备查；一联由仓库送交会计部门，据此进行材料费用核算；一联留仓库，据此登记材料卡片或材料明细账。领料单的格式如表 2-1 所示。

表 2-1　领料单

领料部门：　　　　　　　　　　　　　　　　　　　　编号：
领料用途：　　　　　　　年　　月　　日　　　　　　仓库：

材料类别	材料编号	材料名称	材料规格	计量单位	数量		单价/元	领料金额/元
					请领	实发		

记账：　　　　　发料：　　　　　审批：　　　　　领料：

限额领料单是一种为了控制成本、减少浪费，在规定的有效期间和领料额度内，可以多次使用的累计发料凭证，适用于经常需要申领并规定有消耗定额的各种材料的领用。限额领料单一式二联，经计划部门和供应部门签章后，一联送交领料单位据此领料，另一联送仓库据此发料。限额领料单的格式如表 2-2 所示。

表 2-2　限额领料单

领料部门：　　　　　　　　　　　　　　　　　　　　编号：
领料用途：　　　　　　　年　　月　　日　　　　　　仓库：

材料类别	材料编号	材料名称	材料规格	计量单位	领用限额	实际领用	单价/元	金额/元
日期	数量		领料人	发料人	退料			限额结余
	请领	实发			数量	退料人	收料人	

生产部门负责人：　　　　　　　　　　　　　　　　　仓库负责人：

月末，各部门应对本部门未消耗完的材料办理退料手续。对于下月不再使用的材料，应编制退料单，并将材料退回仓库；对于本部门已领未用、下月还继续耗用的材料，应办理“假退料”手续，即材料实物仍然留在生产车间，同时编制本月的退料单和下月的领料单各一份，表明该材料本月已退库，同时又作下月的领料出库。退料单的格式如表 2-3 所示。

表 2-3 退料单

退料部门：

原领料用途： 编号：

退料原因： 年 月 日 仓库：

材料类别	材料编号	材料名称	材料规格	计量单位	数量		单价/元	退料金额/元
					退库	实收		

记账： 收料： 审批： 退料：

成本核算的相关原始凭证为企业内部凭证。各企业可根据自身产品生产过程对材料的消耗情况及成本管理制度等，确定领料单、限额领料单、退料单等自制原始凭证的内容。

3. 建立健全企业存货盘存制度

企业材料的收、发、存数量需要通过盘存来确定。企业通常可以采用永续盘存制和实地盘存制两种方法对存货进行盘存。

（1）永续盘存制。永续盘存制又称账面盘存制，是通过设置存货物资明细账，根据会计凭证，对各项存货物资的收入、发出情况逐笔或逐日进行连续登记，并随时结算出存货账面结存数的一种方法。账面期末结存金额的计算公式为

账面期末结存金额＝账面期初结存金额＋本期增加额－本期减少额

采用永续盘存制可增加对材料的收发控制，对材料发出的计量比较准确，并能随时了解各种存货的收入、发出和结存情况，有利于加强对存货的管理；但当企业材料品种较多、收发业务比较频繁的时候，财务工作人员的工作量较大。

（2）实地盘存制。实地盘存制又称定期盘存制，是对各项存货只登记增加数（收入），不登记减少数（发出），通过对期末库存存货物资的实物盘点，倒推出减少数（发出）的方法。本期发出存货金额的计算公式为

本期发出存货金额＝账面期初结存金额＋本期增加额－期末盘点结存金额

实地盘存制方便、简单、易于掌握，但不能揭示材料管理工作中的缺陷与失误、不便于掌握库存情况。该制度适用于存货收发业务频繁且存货价值不高的企业。

（二）材料发出成本的确定方法

在材料收、发、存的日常核算业务中，材料成本可以按实际成本计价，也可以按计划成本计价。如果材料采用计划成本计价，会计期末需计算材料成本差异率，将发出材料的计划成本调整为实际成本。材料计价方式一经确定，不得随意变更。材料计价方式变更属于会计政策变更。

1. 材料发出按实际成本计价

材料按实际成本计价是指每种材料的收、发、结存都按采购过程中发生的实际支出进行计价。按实际成本对材料进行日常核算的企业，其发出材料成本可采用先进先出法、加

权平均法、移动加权平均法和个别计价法四种方法来确定。

(1) 先进先出法是假定先收到的存货先发出或先收到的存货先耗用,并根据这种假定的存货流转次序对发出存货和期末存货进行计价的一种方法。

(2) 加权平均法是根据期初存货结余和本期收入存货的数量及进价成本,期末一次计算存货的全月一次加权平均单价,作为计算本期发出存货成本和期末结存价值的单价,求得本期发出存货成本和结存存货价值的一种方法。

(3) 移动加权平均法是指每次收货后,立即根据库存存货数量和总成本核算出新的平均单价或成本的一种方法。

(4) 个别计价法是以每次(批)收入存货的实际成本作为计算各该次(批)发出存货成本的依据。

一般情况下,企业规模较小,材料的品种规格不多且收入不太频繁,材料可按实际成本计价。

2. 材料发出按计划成本计价

材料按计划成本计价是指每种材料的收、发、结存都按预先确定的计划单位成本核算,并将实际成本和计划成本之间的差异单独计算反映;月末通过计算发出材料应分摊的差异,将发出材料的计划成本调整为实际成本。有关材料成本差异率的计算公式如下:

$$材料成本差异率=\frac{月初结存材料成本差异+本月购入材料成本差异}{月初结存材料计划成本+本月购入材料计划成本}\times 100\%$$

发出材料应承担的材料成本差异=发出材料的计划成本×材料成本差异率

发出材料的实际成本=发出材料的计划成本+发出材料应承担的材料成本差异

【例 2-1】

长江管道公司采用计划成本进行材料的日常核算。月初结存甲材料的计划成本为 80 万元,材料成本差异为超支 20 万元。当月购入甲材料一批,实际成本为 110 万元,计划成本为 120 万元。当月领用甲材料的计划成本为 100 万元。要求:计算当月领用甲材料的实际成本。

解析:

$$甲材料的材料成本差异率=\frac{20-10}{80+120}\times 100\%=5\%$$

当月领用甲材料应承担的材料成本差异=100×5%=5(万元)

当月领用甲材料的实际成本=100+5=105(万元)

在计划成本法下,企业需要设置“材料采购”“原材料”“材料成本差异”账户核算材料成本。

“材料采购”账户用于核算企业购买材料的采购成本,其借方登记采购材料的实际成本,应根据材料买价和运杂费等付款凭证或其汇总凭证登记;贷方登记验收入库材料的计划成本,应根据收料凭证(入库单)汇总登记。该账户按材料类别和品种设置明细账。

“原材料”账户登记库存材料增减变动和结存的计划成本,其借方登记验收入库材料的计划成本;贷方登记生产经营过程中领用材料的计划成本,应根据领料凭证汇总登记。

“材料成本差异”账户核算实际成本和计划成本的差异,若采购入库时材料的实际成本大于计划成本,则为超支差,登记于本账户的借方;若采购入库时材料的计划成本大于

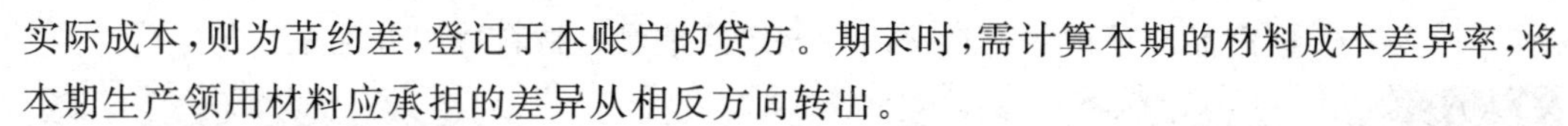

实际成本，则为节约差，登记于本账户的贷方。期末时，需计算本期的材料成本差异率，将本期生产领用材料应承担的差异从相反方向转出。

当企业规模较大，材料的品种规格繁多且收入频繁时，材料收发结存的日常核算可按计划成本计价。相关账户之间的结转关系如图 2-1 所示。

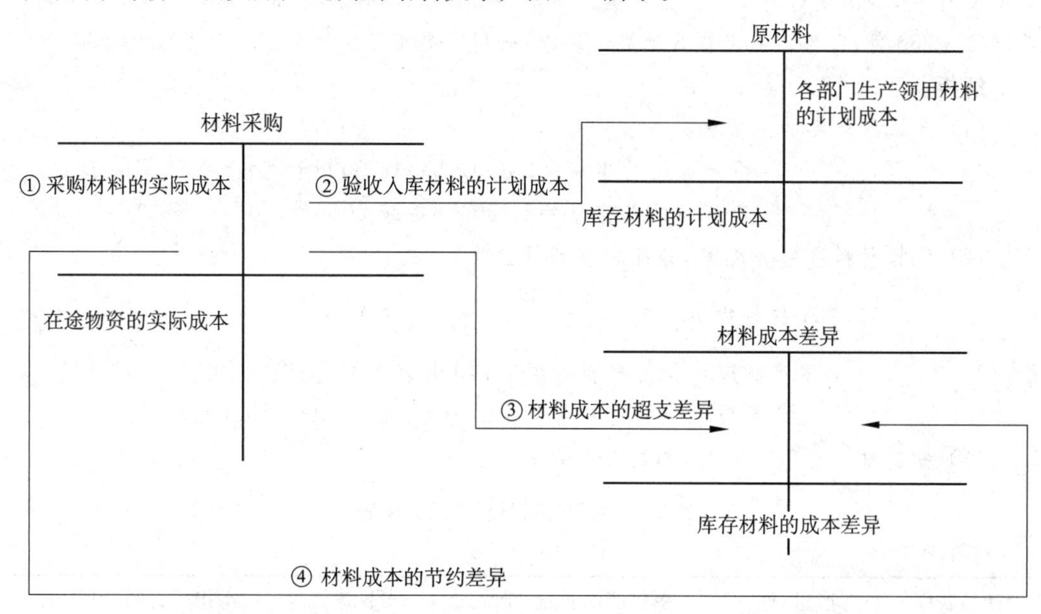

图 2-1　材料成本按计划成本计价方式下相关账户之间的结转关系

三、材料费用的分配

（一）材料费用的分配方法

企业在生产经营过程中，各个部门根据自身需要领用并消耗材料，从而使材料减少，相关的成本、费用、资产价值增加。因此，成本会计人员应根据相关原始凭证和材料领用受益对象，将相关的材料费用分配到各受益部门，记入相关成本费用资产明细账。在实际业务中，材料主要用于产品生产，若某材料为某一种产品所消耗，如 A 产品消耗甲材料 5 000 元，则材料费用直接计入 A 产品的成本账户中；若某材料为多个产品所共同耗用，如 A、B 产品当月共同消耗乙材料 20 000 元，则需采用一定的方法分配后，分别计入 A、B 产品成本账户。

共同耗用材料费用的分配方法主要有产品重量比例分配法、定额耗用量比例分配法、定额费用比例分配法等。在确定分配方法时，应尽可能使分配标准符合各产品材料消耗的实际情况，遵循多耗用多分配、少耗用少分配的原则。

1. 产品重量比例分配法

产品重量比例分配法是以各种产品的重量作为分配标准分配共同发生材料费用的方法。如果企业生产的几种产品共同耗用同种材料，耗用量的多少与产品重量又有直接关系，则可以选用这种方法，其计算公式如下：

$$材料费用分配率=\frac{材料实际消耗费用总额}{各产品的重量之和}$$

某产品应承担的材料费用＝该产品重量×材料费用分配率

【例 2-2】

长江管道公司生产甲、乙两种产品，20××年 5 月生产两种产品共耗用 A 材料 52 000 千克，每千克材料 5 元。当月生产甲产品 2 800 件，每件产品重量 5 千克；当月生产乙产品 3 250 件，每件产品重量 8 千克。要求：采用产品重量比例分配法分配材料费用。

解析：

(1) 计算各产品的总重量。

甲产品的总重量＝2 800×5＝14 000(千克)

乙产品的总重量＝3 250×8＝26 000(千克)

(2) 计算材料费用分配率，分配材料费用。

$$\text{A 材料费用分配率}=\frac{52\ 000\times 5}{14\ 000+26\ 000}=6.5$$

甲产品应承担的材料费用＝14 000×6.5＝91 000(元)

乙产品应承担的材料费用＝26 000×6.5＝169 000(元)

(3) 编制材料费用分配表，如表 2-4 所示。

表 2-4　共同耗用材料费用分配表

材料：A 材料　　　　20××年 5 月

产品名称	产量/件	单位产品重量/千克	分配率	应承担的材料费用/元
甲产品	2 800	5		91 000
乙产品	3 250	8		169 000
合计			6.5	260 000

产品重量比例分配法的分配标准为产品重量，当分配标准为产品产量或产品的面积、体积、长度等时，可以分别称为产量分配法、面积分配法等，其计算公式与上述重量分配法类似。

2. 定额消耗量比例分配法

定额消耗量比例分配法是按各种产品材料消耗定额比例分配材料费用的一种方法，这种方法一般在各项材料消耗定额比较准确的情况下采用。

其计算步骤是：先计算某种产品材料定额消耗量，再计算单位材料定额消耗量应承担的材料费用(即材料费用分配率)，然后计算出某种产品应承担的材料费用。

其计算公式如下：

某种产品材料定额消耗量＝该种产品实际产量×单位产品材料消耗定额

$$\text{材料费用分配率}=\frac{\text{材料实际消耗的费用总额}}{\text{各产品材料定额消耗量之和}}$$

某种产品应承担的材料费用＝该种产品的材料定额消耗量×材料费用分配率

【例 2-3】

长江管道公司 20××年 9 月生产甲、乙两种产品，共同耗用 A 原材料 8 000 千克，每千克 5.4 元，当月生产甲产品 500 件，乙产品 400 件。单件产品原材料消耗定额为甲产品

6千克，乙产品5千克。要求：按原材料定额消耗量比例分配法计算甲、乙产品实际耗用的原材料费用。

解析：

(1) 计算各产品材料定额消耗量。

甲产品材料定额消耗量＝500×6＝3 000(千克)

乙产品材料定额消耗量＝400×5＝2 000(千克)

(2) 计算材料费用分配率，分配材料费用

$$A材料费用分配率=\frac{8\ 000\times5.4}{3\ 000+2\ 000}=8.64$$

甲产品应承担的材料费用＝3 000×8.64＝25 920(元)

乙产品应承担的材料费用＝2 000×8.64＝17 280(元)

(3) 编制材料费用分配表，如表2-5所示。

表2-5　共同耗用材料费用分配表

材料：A材料　　　　20××年9月

产品名称	产量/件	单位定额消耗量/千克	分配率	应承担的材料费用/元
甲产品	500	6		25 920
乙产品	400	5		17 280
合计			8.64	43 200

3. 定额费用比例分配法

定额费用比例分配法是按产品材料定额费用比例分配材料费用的一种方法，它适用于几种产品共同耗用直接材料的种类比较多的情况。其计算公式如下：

某种产品材料定额费用＝该种产品实际产量×单位产品材料费用定额

$$材料定额费用分配率=\frac{待分配的材料实际费用总额}{各种产品材料定额费用之和}$$

某种产品应承担的材料费用＝该种产品材料定额费用×材料定额费用分配率

【例2-4】

长江管道公司20××年10月生产A、B两种产品，共同耗用丙材料3 500千克，每千克8元。A产品实际产量为400件，单位产品材料定额费用为20元；B产品实际产量为600件，单位产品材料定额费用为24元。要求：采用材料定额费用比例分配法分配材料费用。

解析：

(1) 计算各产品材料定额费用。

A产品材料定额费用＝400×20＝8 000(元)

B产品材料定额费用＝600×24＝14 400(元)

(2) 计算材料费用分配率，分配材料费用。

$$材料定额费用分配率=\frac{3\ 500\times8}{8\ 000+14\ 400}=1.25$$

A产品应分配的材料费用＝8000×1.25＝10 000(元)

B产品应分配的材料费用＝14 400×1.25＝18 000(元)

(3) 编制材料费用分配表，如表 2-6 所示。

表 2-6　共同耗用材料费用分配表

材料：丙材料　　　　　　　　20××年 10 月

产品名称	产量/件	单位产品定额费用/元	分配率	应承担的材料费用/元
A 产品	400	20		10 000
B 产品	600	24		18 000
合计			1.25	28 000

对于某些特定产品的材料费用分配也可采用按直接费用比例法、系数分配法(标准产量比例分配法)等，分配方法的选择取决于产品对材料的实际消耗方式。

(二) 材料费用分配的账务处理

在实际工作中，材料费用的分配是通过编制材料费用分配表进行的。在分配过程中，直接用于产品生产的各种原材料费用，应记入“基本生产成本”总账及其所属明细账的“直接材料”成本项目；用于辅助生产的原材料费用，应记入“辅助生产成本”总账及其所属明细账的费用(或成本)项目；基本生产车间管理耗用的原材料费用，应记入“制造费用”总账及其所属明细账；职能部门管理耗用的原材料费用，应记入“管理费用”账户；产品销售耗用的原材料费用，应记入“销售费用”账户；产品研发过程消耗的材料费用，应记入“研发支出”账户；在建工程耗用的材料费用，应记入“在建工程”账户等。

【例 2-5】

长江管道公司有两个基本生产车间和一个供电车间、一个机修车间。20××年 9 月第一生产车间生产 A 产品和 B 产品，第二生产车间生产 C 产品。第一生产车间 A、B 两种产品共同耗用的原材料按定额费用比例进行分配，两种产品的产量及定额资料如下：A 产品产量 1 000 件，原材料单件消耗定额 30 元；B 产品产量 1 400 件，原材料单件消耗定额 25 元。要求：根据各种领料凭证编制的甲材料费用分配表如表 2-7 所示。

表 2-7　材料费用分配表

材料：甲材料　　　　　　　　20××年 9 月　　　　　　　　单位：元

应借账户		成本或费用项目	产量/件	分配计入				直接计入/元	合计/元
				单位定额费用/元	耗用总费用/元	分配率	分配额/元		
基本生产成本	A 产品	原材料	1 000	30	30 000		36 000	39 000	75 000
	B 产品	原材料	1 400	25	35 000		42 000	31 000	73 000
	小计				65 000	1.2	78 000		
	C 产品	原材料						46 000	46 000
制造费用	第一车间	消耗材料						5 000	5 000
	第二车间	消耗材料						3 130	3 130

续表

应借账户		成本或费用项目	产量/件	分配计入				直接计入/元	合计/元
				单位定额费用/元	耗用总费用/元	分配率	分配额/元		
辅助生产成本	供电车间	材料费						12 000	12 000
	机修车间	材料费						13 500	13 500
管理费用		物料消耗						900	900
合　计							78 000	150 530	228 530

根据材料费用分配表编制会计分录如下。

借：基本生产成本——A 产品　　75 000
　　　　　　　　——B 产品　　73 000
　　　　　　　　——C 产品　　46 000
　　制造费用——一车间　　5 000
　　　　　　——二车间　　3 130
　　辅助生产成本——供电车间　　12 000
　　　　　　　　——机修车间　　13 500
　　管理费用　　900
　贷：原材料——甲材料　　228 530

任务三 外购动力与燃料费用的归集与分配

一、外购动力费用的归集与分配

动力费用是企业在生产经营过程中消耗电力、热力、蒸汽等形成的费用。企业消耗的动力可以通过外购和自制两种方式取得。

外购动力费用是指企业从外部单位购入动力而支付的费用，有的动力直接用于产品生产，如生产产品直接消耗的水、电等；有的动力间接用于产品生产，如生产车间照明、取暖等；有的动力用于企业的经营管理，如行政管理部门耗用的水、电等。因此，外购动力费用应按用途和使用部门进行分配。

（一）外购动力费用的归集

企业当月消耗的外购动力费用，一般以支付给外单位的动力费用为准。

外购动力费用支付核算一般有两种情况：一种是支付外购动力费用时按其用途借记有关成本、费用账户，贷记“银行存款”账户；另一种是支付时通过“应付账款”账户核算，作为暂付款处理，即付款时借记“应付账款”账户，贷记“银行存款”账户，待月末再按照外购动力的用途借记各成本、费用账户，贷记“应付账款”账户。

（二）外购动力费用的分配

外购动力费用按用途进行分配。直接用于产品生产的动力费用，应记入“基本生产成

本”账户；直接用于辅助生产的动力费用，应记入“辅助生产成本”账户；用于车间管理的动力费用，记入“制造费用”账户；用于行政管理部门的动力费用，记入“管理费用”账户；用于销售机构的动力费用，记入“销售费用”账户等。

企业在生产管理过程中可根据自身实际情况确定是否专设“燃料及动力”成本项目。若专设此成本项目，分配时即记入“基本生产成本”账户的“燃料及动力”成本项目；若未设此成本项目，则记入“制造费用”成本项目。

在有仪表记录的情况下，应根据仪表所显示的耗用量以及动力的单价计算；在没有仪表记录的情况下，所发生的外购动力费用应采用一定的分配标准在各受益对象之间进行分配，一般可按照生产工时比例分配法、机器工时比例分配法或定额耗用量比例分配法等进行分配。外购动力费用相关计算公式如下：

$$外购动力费用分配率=\frac{产品生产外购动力费用总额}{各种产品外购动力费用分配标准之和}$$

某种产品应承担的外购动力费用＝该产品外购动力费用分配标准×外购动力费用分配率

【例 2-6】

长江管道公司20××年9月26日通过银行支付外购动力(电)费用17 160元。该月查明各车间、部门耗电度数如下：基本生产车间动力用电12 500度，辅助生产车间动力用电3 700度，基本生产车间照明用电2 300度，辅助生产车间照明用电1 100度，行政管理部门照明用电1 850度。按照机器工时分配计算基本生产车间甲、乙两种产品的动力费用，产品机器工时分别为甲产品1 150工时，乙产品850工时。该企业专设“燃料及动力”成本项目，外购动力费用通过“应付账款”科目结算，该月应付外购电力费用合计17 160元。要求：根据当月各种原始凭证编制外购动力费用分配表，如表2-8所示。

表 2-8 外购动力费用分配表

动力：电　　　　　　　　　　20××年9月

应借账户		成本或费用项目	耗用电量分配			单位成本/(元/度)	分配金额/元
			机器工时/小时	分配率/(度/小时)	分配电量/度		
基本生产成本	A产品	燃料及动力	1 150		7 187.5		5 750
	B产品	燃料及动力	850		5 312.5		4 250
	小计		2 000	6.25	12 500		10 000
制造费用	第一车间	水电费			2 300		1 840
辅助生产成本	机修车间	燃料及动力			4 800		3 840
管理费用		水电费			1 850		1 480
合　计					21 450	0.8	17 160

根据外购动力费用分配表编制会计分录如下。

(1) 9月26日支付电费。

借：应付账款——电费　　　　17 160

　贷：银行存款　　　　17 160

(2) 月底动力费用分配。

借:基本生产成本——A 产品 5 750

——B 产品 4 250

制造费用——一车间 1 840

辅助生产成本——机修车间 3 840

管理费用 1 480

贷:应付账款——电费 17 160

二、燃料费用的归集与分配

燃料是指生产过程中用来燃烧发热的各种材料,燃烧时能产生热能、动力、光能,按形态不同可以分成固体燃料(如煤、炭、木材)、液体燃料(如汽油、煤油、石油)、气体燃料(如天然气、煤气、沼气)。按类型不同可以分成化石燃料(如石油、煤、油页岩、甲烷、油砂)、生物燃料(如乙醇、生物柴油)、核燃料(如铀 235、铀 233、铀 238、钚 239 钍 232)。燃料在生产过程中的作用也不同,有的直接用于产品生产,如铸造车间用的燃料;有的用于生产动力,如发电车间用的燃料;有的用于一般用途,如取暖用的燃料。

燃料实际上也是材料,其费用归集与分配的程序和方法与材料费用归集与分配相同。各部门和用途使用的燃料需根据受益量比例分摊燃料费用。当燃料所占比重较大时,可专设“燃料及动力”成本项目,否则则记入“直接材料”成本项目。其中,直接用于产品生产、专设成本项目的燃料费用,如果分产品领用,属于直接计入费用,应根据领退料凭证直接记入各该产品成本“基本生产成本”账户的“燃料及动力”成本项目;如果是多种产品共同耗用,属于间接计入费用,应采用适当的分配方法,分配记入各有关产品成本的成本项目。

分配的标准一般有产品的重量、体积、所耗原材料的数量或费用,以及燃料的定额消耗量或定额费用等。燃料费用相关计算公式如下:

$$\text{燃料费用分配率}=\frac{\text{产品生产燃料费用总额}}{\text{各种产品燃料费用分配标准之和}}$$

某种产品应分担的燃料费用=该产品燃料费用分配标准×燃料费用分配率

【例 2-7】

长江管道公司生产甲、乙两种产品,因为所耗燃料和动力较多,因此在成本项目中专设“燃料及动力”项目。某月直接用于甲、乙两种产品生产的燃料费用共计 8 100 元,按照燃料的定额费用比例进行分配。根据耗用燃料的产品数量和单位产品的燃料费用定额计算出燃料定额费用为甲产品 6 000 元,乙产品 4 000 元。要求:计算甲、乙产品应承担的燃料费用。

解析:

$$\text{燃料费用分配率}=\frac{8\ 100}{6\ 000+4\ 000}=0.81$$

甲产品应承担的燃料费用=6 000×0.81=4 860(元)

乙产品应承担的燃料费用=4 000×0.81=3 240(元)

编制会计分录如下。

借：基本生产成本——甲产品　　4 860
　　　　　　　　——乙产品　　3 240
　贷：原材料——燃料　　8 100

任务四 职工薪酬费用的归集与分配

一、职工薪酬的内容

职工薪酬是指企业为获得职工提供的服务或解除劳动关系而给予各种形式的报酬或补偿以及其他相关支出。这里所称"职工"比较宽泛，包括三类人员：一是与企业订立劳动合同的所有人员，含全职、兼职和临时职工；二是未与企业订立劳动合同，但由企业正式任命的企业治理层和管理层人员，如董事会成员、监事会成员等；三是虽未与企业订立劳动合同或未由其正式任命，但为其提供与职工类似服务的人员。

（一）职工薪酬的内容

根据《企业会计准则第 9 号——职工薪酬》，职工薪酬主要包括以下几个方面。

1. 职工工资、奖金、津贴和补贴

职工工资、奖金、津贴和补贴是指按照国家规定构成工资总额的计时工资、计件工资、支付给职工的超额劳动报酬和增收节支的劳动报酬，为补偿职工特殊或额外的劳动消耗和因其他特殊原因支付给职工的津贴，以及为保证职工工资水平不受物价影响而支付给职工的物价补贴等。

2. 职工福利费

职工福利费是指企业为职工集体提供的福利，如为补助职工食堂、生活困难等费用，包括发放给职工或为职工支付的以下现金补贴和非货币性集体福利：为职工卫生保健、生活等发放或支付的各项现金补贴和非货币性福利；企业尚未分离的内设集体福利部门发生的设备、设施和人员费用；给职工的生活困难补助以及按规定发生的其他职工福利支出，如丧葬补助费、抚恤费、职工异地安家费、独生子女费等。

3. 社会保险费

社会保险费是指企业按照国家规定的基准和比例计算的向社会保险经办机构缴纳的医疗保险费、养老保险费、失业保险费、工伤保险费和生育保险费。企业为职工购买的各种商业保险也属于职工薪酬。

4. 住房公积金

住房公积金是指企业按照国家《住房公积金管理条例》规定的基准和比例计算的向住房公积金管理机构缴存的住房公积金。

5. 工会经费和职工教育经费

工会经费和职工教育经费是指企业为改善职工文化生活、提高职工业务素质，用于开展工会活动和职工教育及职业技能培训，根据国家规定的基准和比例计算的从成本费用中提取的金额。

6. 非货币性福利

非货币性福利是指企业以自产产品或外购商品发放给职工作为福利，或将企业拥有的资产无偿提供给职工使用，如企业为职工无偿提供的医疗保健服务等。

7. 因解除与职工的劳动关系给予的补偿

因解除与职工的劳动关系给予的补偿是指企业由于实施改制或重组计划、分流安置富余人员、职工不能胜任等原因，在职工劳动合同到期之前解除与职工的劳动关系，或者为鼓励职工自愿接受裁减而提出补偿建议的计划中给予职工的经济补偿。

8. 其他与获得职工提供的服务相关的支出

其他与获得职工提供的服务相关的支出是指除上述七种薪酬以外的其他为获得职工提供的服务而给予的薪酬，如企业提供给职工以权益形式结算的认股权、以现金形式结算但以权益工具公允价值为基础确定的现金股票增值权等。

（二）工资总额的内容

工资总额是指企业在一定时期内直接支付给本单位全部职工的劳动报酬总额。根据国家统计局的规定，工资总额由下列六部分组成。

1. 计时工资

计时工资是指企业按计时工资标准和工作时间支付给职工个人的劳动报酬。计时工资包括：对已做工作按计时工资标准支付的工资；实行结构工资制的单位支付给职工的基础工资和职务（岗位）工资；新参加工作职工的见习工资（学徒的生活费）；运动员体育津贴等。

2. 计件工资

计件工资是指企业对已做工作按计件单价支付的劳动报酬。计件工资包括实行超额累进计件、直接无限计件、限额计件、超定额计件等工资制，按劳动部门或主管部门批准的定额和计件单位支付给职工个人的工资；按工作任务包干方法支付给职工个人的工资；按营业额提成或利润提成办法支付给职工个人的工资等。

3. 奖金

奖金是指企业支付给职工的超额劳动报酬和增收节支的劳动报酬。奖金包括生产奖、节约奖、劳动竞赛奖、机关事业单位的奖励工资、其他奖金。

4. 津贴和补贴

津贴和补贴是指企业为了补偿职工特殊或额外的劳动消耗和因其他特殊原因支付给职工个人的津贴（如保健性津贴、技术性津贴、年功性津贴以及其他津贴），以及为了保证职工工资水平不受物价上涨的影响而支付给职工个人的物价补贴。

5. 加班加点工资

加班加点工资是指企业按国家规定支付给职工个人的加班工资和加点工资。

6. 特殊情况下支付的工资

特殊情况下支付的工资是指企业根据国家法律、法规和政策规定，因病、工伤、产假、计划生育假、婚丧假、事假探亲假、定期休假、停工学习、执行国家或社会义务等原因按计时工资标准或计件工资标准的一定比例支付的工资。此外，特殊情况下支付的工资还包括附加工资、保留工资。

企业进行工资费用的核算时,应审核各项工资支出是否符合国家有关规定,不能将随同工资发放的非工资性支出计入工资费用,以控制工资支出,降低成本费用,应审核各项工资支出的用途,以正确反映各期成本、费用。

为了核算工资费用,企业应设置“应付职工薪酬”账户,该账户属于负债类性质的账户,用来核算企业根据有关规定应付给职工的各种薪酬。该账户应按“工资”“职工福利费”“社会保险费”“住房公积金”“工会经费”“职工教育经费”“解除职工劳动关系补偿”等应付职工薪酬项目进行明细核算。

“应付职工薪酬”账户的贷方登记应发放给职工的薪酬金额、因解除与职工的劳动关系给予的补偿等;借方登记企业按照有关规定向职工支付的工资、奖金、津贴以及从应付职工薪酬中扣除的各种款项等。另外,企业向职工支付福利费,支付工会经费和职工教育经费用于工会运作和职工培训,按照国家有关规定缴纳社会保险费和住房公积金,因解除与职工的劳动关系向职工给予的补偿,也记入该账户的借方。该账户期末贷方余额反映企业应付职工薪酬的结余额。

二、工资费用核算的原始记录

进行工资费用核算时,必须以有关原始记录为依据。不同的工资制度所依据的原始记录不同。例如,计算计时工资费用,应以考勤记录中的工作时间记录为依据;计算计件工资费用,应以产量记录中的产品数量和质量记录为依据。因此,工资费用核算的主要原始记录为考勤记录和产量记录。

(一)考勤记录

考勤记录是登记职工出勤和缺勤情况的原始记录,为计时工资计算提供依据。在考勤记录中,应该登记企业内部每一单位、每一职工的出勤和缺勤的时间。月末,考勤人员应将经过车间、部门负责人检查、签字的考勤记录送交会计部门审核。经过会计部门审核的考勤记录,即可据以计算每位职工的工资。根据出勤或缺勤日数,计算应发的计时工资;根据夜班次数和加班加点时数,计算夜班津贴和加班加点工资;根据病假日数计算病假工资。考勤记录根据各企业考勤方式的不同而有所差异,主要形式有员工考勤表、考勤簿、考勤卡片(考勤钟打卡)、考勤磁卡(刷卡)。考勤记录的格式如表 2-9 和表 2-10 所示。

表 2-9 员工个人考勤记录表

部门: 姓名: 编号:

日期	上午上班		下午上班		正常	事假	病假	旷工	迟到	早退	调休	备注
年 月	上班时间	下班时间	上班时间	下班时间	√	△	○	□	◇	☆	◎	
1 日												
2 日												
3 日												
……												
31 日												

负责人确认: 员工确认:

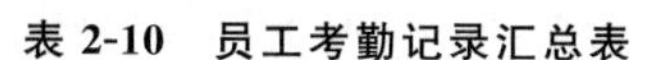

表 2-10 员工考勤记录汇总表

月份：

员工编号	部门	姓名	1	2	3	4	5	……	全勤天数	出勤天数	年假天数	病假天数	事假天数	迟到次数	早退次数	旷工天数	备注

审批人： 制定人：

（二）产量记录

产量记录是登记工人或生产小组在出勤时间内完成产品的数量、质量和耗用工时的原始记录。产量记录是计算计件工资和分配集体计件工资的依据，也是统计产量和工时的依据。认真做好产量记录，不仅为考核工时定额、明确生产工人的责任、考核劳动生产率水平提供正确的依据，而且还可以为在各种产品之间分配与工时有关的费用提供合理的依据。在不同行业、不同生产类型和不同劳动组织的企业或车间里，产量记录的格式和登记程序各有不同。通常使用的产量记录有工作通知单、工作班产量记录、产量登记表、产量明细表等，其中产量登记表的格式如表 2-11 所示。

表 2-11 产量登记表

车间：

员工编号	姓名	时间/班次	产品名称	工序	加工数量	废品数		合格品数量	车间负责人签字
						工废	料废		

三、工资费用的计算

工资的计算是根据企业的工资分配制度分别计算每一位职工的应得工资额。工资是职工薪酬的主要内容，正确计算职工工资是职工薪酬费用归集与分配的基础，也是企业与职工之间进行工资结算的依据。企业可根据具体情况采用不同的工资制度，其中常见的工资制度是计时工资制度和计件工资制度。

（一）计时工资的计算

计时工资是根据考勤记录和规定的工资标准计算每一职工应得的工资额。按具体的计算方法不同，计时工资制度又分为年薪制、月薪制、周薪制、日薪制、钟点工资制等。其中月薪制和日薪制是两种常见的计时工资制度。

1. 月薪制

月薪制是指按职工的月标准工资扣除缺勤工资计算职工工资的一种方法。在月薪制下,无论各月的日历天数是多少,职工每月的全勤工资额相同。每位职工当月的工资额按下列公式计算:

$$月工资额=月标准工资-缺勤应扣工资$$

$$缺勤应扣工资=缺勤天数\times日工资率\times扣款比例$$

公式中的月标准工资是企业根据每位员工的职务、能力等因素综合确定的月工资;缺勤天数的数据来自企业考勤记录;扣款比例为企业规定的不同缺勤类型应扣款的比例,如病假1天扣20%。其中,日工资率是职工每日应得的平均工资。在实际工作中,一般有以下三种计算方法。

(1) 每月按30天计算,计算公式为

$$日工资率=\frac{月标准工资}{30}$$

在按30天计算日工资率的企业中,由于节假日也付工资,因而出勤期间的节假日,也按出勤日算工资。事假、病假等缺勤期间的节假日,也扣发工资。

(2) 每月按20.83天计算,计算公式为

$$日工资率=\frac{月标准工资}{20.83}$$

该方法下,按全年实际出勤日计发工资。全年有365天,其中有52个双休日共104天,11个国家法定节假日,即全年实际出勤日$=365-104-11=250$(天),月平均工作日$=250\div12\approx20.83$(天)。

采用这种方法核算工资的企业,正常双休日和法定节假日不付工资,因而缺勤期间包含的双休日和法定节假日同样也不扣工资。

(3) 每月按实际工作日计算。实际工作日也就是每月实际应工作天数。每月应工作的天数不同,所以每个月的日工资标准也就不同,日工资率计算公式为

$$日工资率=\frac{月标准工资}{本月实际应工作天数}$$

该方法下,双休日、法定节假日同样没有工资,所以双休日、法定节假日缺勤不存在扣发工资的情况。

计算日工资率的三种方法中,前两种方法只要职工月工资标准不发生变化,职工的日工资率就保持不变,计算简单;第三种方法需要每月重新计算日工资率,工作量相对较大,但计算出的职工工资金额比较准确。

【例2-8】

长江管道公司职工小张的月标准工资为2 400元。8月小张请病假3天、事假2天,双休9天,出勤17天。根据小张的工龄,其病假工资按工资标准的90%计算。要求:假设病假和事假期间没有节假日,采用月薪制的不同方法计算日工资率。

解析:按月薪制计算该职工8月的标准工资如下。

① 按30日计算日工资率：

$$日工资率=\frac{2\ 400}{30}=80(元/天)$$

应扣病假工资＝80×3×(100％－90％)＝24(元)

应扣事假工资＝80×2＝160(元)

应付工资＝2 400－24－160＝2 216(元)

② 按20.83日计算日工资率：

$$日工资率=\frac{2\ 400}{20.83}\approx115.22(元/天)$$

应扣病假工资＝115.22×3×(100％－90％)≈34.57(元)

应扣事假工资＝115.22×2＝230.44(元)

应付工资＝2 400－34.57－230.44＝2 134.99(元)

③ 按实际工作日计算日工资率：

当月满勤日数＝31－9＝22(天)

$$日工资率=\frac{2\ 400}{22}\approx109.09(元)$$

应扣病假工资＝109.09×3×(100％－90％)≈32.73(元)

应扣事假工资＝109.09×2＝218.18(元)

应付工资＝2 400－32.73－218.18＝2 149.09(元)

2. 日薪制

日薪制是根据职工每月实际出勤天数和日工资率计算应得工资额的方法。企业的临时职工大多采用日薪制方法核算工资。在日薪制下，由于各月的日历天数不同，各月的全勤工资也不同。职工当月的工资额按下列公式计算：

月工资额＝出勤天数×日工资率＋非工作时间工资

非工作时间工资＝病假天数×日工资率×应发比例

其中，日工资率可按月标准工资除以30天计算，则节假日也应视为出勤计发工资，缺勤期间的节假日视为缺勤不发工资；日工资率也可按月标准工资除以20.83天计算，则节假日不视为出勤，缺勤期间的节假日不扣工资；日工资率还可按实际工作日计算。

【例2-9】

承接例2-8，按日薪制计算该职工该月的标准工资。

解析：

(1) 按30日计算日工资率，日工资率为80元/天。

应付出勤工资＝80×(9＋17)＝2 080(元)

应付病假工资＝80×3×90％＝216(元)

应付工资＝2 080＋216＝2 296(元)

(2) 按20.83日计算日工资率，日工资率为115.22元/天。

应付出勤工资＝115.22×17＝1 958.74(元)

应付病假工资＝115.22×3×90％≈311.09(元)

应付工资＝1 958.74＋311.09＝2 269.83(元)

(3) 按实际工作日计算日工资率，日工资率为 109.09 元/天。

应付出勤工资＝109.09×17＝1 854.53(元)

应付病假工资＝109.09×3×90%≈294.54(元)

应付工资＝1 854.53＋294.54＝2 149.07(元)

从以上计算可以看出，不同工资计算方法的计算结果不同。具体采用哪种方法，可由企业自行确定；方法一经确定，为保证会计信息的可比性，不得随意变更。

(二) 计件工资的计算

计件工资是指根据每个职工(或班组)当月生产的产品实际数量和规定的计件单价计算的工资。

在计算计件工资薪酬时，工人生产的产品中可能存在废品，若是由材料缺陷等客观原因产生的废品，即料废品，则应照付计件工资薪酬；若是由工人加工过失等原因产生的废品，即工废品，则不应支付计件工资薪酬。其计算公式如下：

应付计件工资＝(合格品数量＋料废品数量)×计件单价

计件工资按照结算对象不同，可分为个人计件工资和集体计件工资两种。

1. 个人计件工资的计算

个人计件工资应根据产量记录中登记的每位工人的产品产量乘以规定的计件单价计算，有以下两种方法。

方法一：

应付计件工资 ＝ $\sum$(某工人本月生产某种产品产量 × 该种产品计件单价)

产品产量＝合格品数量＋料废品数量

产品计件单价＝生产单位产品所需的工时定额×该级工人小时工资率

公式中的产品计件单价为工人完成单位工作量应得的工资，一般根据工人的能力具体指定。

方法二：

应付计件工资＝某工人本月生产各种产品定额工时之和×该工人小时工资率

【例 2-10】

长江管道公司一职工本月生产甲、乙两种产品，合格品数量分别为 1 000 件和 800 件，乙产品另产出料废品 10 件。两种产品的工时定额分别为 0.52 小时和 0.7 小时，该职工的小时工资率为 3 元/小时。要求：计算该职工当月的计件工资总额。

解析：

甲产品的计件工资＝0.52×3×1 000＝1 560(元)

乙产品的计件工资＝0.7×3×(800＋10)＝1 701(元)

该职工当月的计件工资总额＝1 560＋1 701＝3 261(元)

2. 集体计件工资的计算

企业中，如果产品生产是按集体(班、组)进行的，则计算计件工资需以集体为对象。其计算步骤分为两步：①按个人计件工资计算方法计算集体计件工资；②采用一定的分配方法将集体计件工资在集体内部各工人之间进行分配。常用的分配方法有两种。

(1) 以计时工资为分配标准在集体各成员之间分配计件工资，其计算公式为

$$工资分配率=\frac{班组计件工资总额}{班组计时工资总额}$$

某职工应得计件工资=该职工计时工资×工资分配率

(2) 以实际工作小时为分配标准在集体各成员之间分配计件工资，其计算公式为

$$工资分配率=\frac{班组计件工资总额}{班组实际工作小时合计}$$

某职工应得计件工资=该职工实际工作小时×工资分配率

通过上述两种分配方法可以看出，以计时工资作为标准进行分配，能够体现技术因素，所以在生产人员技术等级悬殊以及计件工作本身技术含量水平比较高的情况下，采用这种分配方法比较合理；而按实际工作小时作为分配标准进行分配，不能体现技术因素，在生产人员技术等级差别不大或者计件工作技术性不高的情况下，可以采用这种方法。

【例 2-11】

长江管道公司某生产小组由 4 位不同等级的生产工人组成，9 月该生产小组共同完成一项生产任务，共生产甲产品 800 件，计件单价为 15 元。小组中每一工人的工资等级、日工资率和出勤日数如表 2-12 所示。要求：按职工的计时工资总额分配每位职工的计件工资。

表 2-12　集体单位：××生产小组

工人姓名	等级	日工资率	出勤日
何军	2	100	18
李林	2	140	21
王宏	3	140	16
张进	4	180	18

解析：

该生产小组计件工资总额=800×15=12 000(元)

4 位职工的计时工资总额=100×18+140×21+140×16+180×18=10 220(元)

$小组内计件工资分配率=\frac{12\ 000}{10\ 220}\approx 1.17$

何军应分得的计件工资=100×18×1.17=2 106(元)

李林应分得的计件工资=140×21×1.17=3 439.8(元)

王宏应分得的计件工资=140×16×1.17=2 620.8(元)

张进应分得的计件工资=180×18×1.17=3 790.8(元)

此处因计件工资分配率保留 2 位小数，导致计件工资总额未完全分配，留有剩余。在实务中，企业或小组可根据自愿原则采用某种方法对剩余计件工资进行分配。

(三) 加班加点工资、奖金、津贴、补贴的计算

根据《劳动部对〈工资支付暂行规定〉有关问题的补充规定》，凡是安排劳动者在法定工作日延长工作时间或安排在休息日工作而又不能补休的，均应支付给劳动者不低于劳动合同规定的劳动者本人小时或日工资标准 150%、200%的工资；安排在法定休假节日

工作的，应另外支付给劳动者不低于劳动合同规定的劳动者本人小时或日工资标准300%的工资。

加班加点工资、奖金、津贴、补贴需要根据国家有关规定，并结合企业的有关发放办法进行计算。

四、职工薪酬费用的归集

企业的财会部门应根据实际计算出来的职工工资，按照车间、部门分别编制“职工薪酬结算单”，按照职工类别和姓名分行填列应付每一职工的各种工资、代发款项、代扣款项和应发金额，作为与职工进行工资计算的依据。为了掌握整个企业的工资结算和支付情况，还应根据各车间、各部门的职工薪酬结算单等资料，编制职工薪酬结算汇总表，以此作为职工薪酬分配的基础。职工薪酬结算单、职工薪酬结算汇总表相关格式如表2-13、表2-14所示。

表2-13 职工薪酬结算单

部门：　　　　　　　　　　　　　　　　　　　　　　　　　　年　月

编号	姓名	基础工资	绩效工资	加班工资	奖金	津贴	补贴	应扣工资		应发工资	代扣代缴款项			实发工资
								请假	其他		社保	公积金	个税	

部门负责人：　　　　　　　　　　　　　　　　　　　　　　　　制定人：

表2-14 职工薪酬结算汇总表

年　月　　　　　　　　　　　　　　　　　单位：元

部门	类别	基础工资	绩效工资	加班工资	奖金	津贴	补贴	应扣工资		应发工资	代扣代缴款项			实发工资
								请假	其他		社保	公积金	个税	
一车间	工人													
	管理													
二车间	工人													
	管理													
维修部														
行政部														
销售部														

审核：　　　　　　　　　　　　　　　　　　　　　　　　　　制定人：

五、职工薪酬费用的分配

职工薪酬费用的分配是指企业职工的工资薪酬应按职工所生产的产品或所属部门分配计入各种产品成本、经营管理费用等。各部门的职工薪酬结算单、职工薪酬结算汇总表是职工薪酬分配的依据。

为了如实地反映企业与职工之间各项工资薪酬费用的结算情况，企业应设置"应付职工薪酬"账户。该账户属于负债类账户，用来核算企业根据有关规定应付给职工的各种薪酬。"应付职工薪酬"账户应当设置"工资""职工福利费""社会保险费""住房公积金""工会经费""职工教育经费""非货币性福利""辞退福利"等项目进行明细核算。

(一) 职工薪酬费用的分配方法

对于采用计件工资形式支付的产品生产工人工资，一般可以直接计入所生产产品的成本，不需要在各成本核算对象之间进行分配。对于采用计时工资形式支付的工资，如果生产车间(班组)或工人只生产一种产品，可以将工资费用直接计入该种产品成本，不需要分配；如果生产多种产品，则需要选用合理的分配方法，在各成本核算对象之间进行分配。对于按照职工工资总额的一定比例提取的职工福利费、社会保险费等其他职工薪酬，应直接计入或者分配计入所生产产品的成本。

职工薪酬费用的分配方法有生产工时分配法、直接材料成本分配法和系数分配法等。在实际工作中，采用生产工时分配法比较合理。

生产工时分配法的分配标准是产品实际生产工时，在计时工资制度下，生产工时的多少与工资费用的多少直接相关。相关公式如下：

$$计时工资费用分配率=\frac{某车间生产工人工资总额}{各产品实际(定额)工时之和}$$

某种产品应承担的计时工资＝某产品实际(定额)工时×工资费用分配率

【例 2-12】

20××年 9 月长江管道公司基本生产车间生产 A、B 两种产品，生产工人的计件工资分别为：A 产品 24 000 元，B 产品 18 000 元；A、B 两种产品的计时工资共计 64 000 元。A、B 产品的生产工时分别为 5 000 小时和 3 000 小时。要求：按生产工时比例分配职工薪酬。

解析：

$$计时工资费用分配率=\frac{64\ 000}{5\ 000+3\ 000}=8$$

A 产品应承担的计时工资＝5 000×8＝40 000(元)

B 产品应承担的计时工资＝3 000×8＝24 000(元)

根据计算结果编制职工薪酬费用分配表，如表 2-15 所示。

表 2-15 职工薪酬费用分配表

20××年9月

产品名称	计时工资			计件工资/元	工资总额/元
	实际生产工时/小时	分配率/（元/小时）	分配额/元		
A产品	5 000		40 000	24 000	64 000
B产品	3 000		24 000	18 000	42 000
合计		8	64 000	42 000	106 000

（二）职工薪酬费用的账务处理

职工薪酬费用分配计算完成后，应按其发生的地点和用途进行账务处理。直接进行产品生产、专设成本项目的生产工人工资，应记入“基本生产成本”账户及所属明细账的“直接人工”成本项目；生产车间组织和管理人员的工资，应记入“制造费用”账户的借方及所属明细账户中的有关费用项目；进行辅助生产、产品销售、基本建设工程以及企业组织和管理生产经营活动等人员的工资，分别记入“辅助生产成本”“销售费用”“在建工程”和“管理费用”等账户的借方及所属明细账户中的有关成本项目。同时，将已分配的工资总额记入“应付职工薪酬”账户的贷方。

对于企业工资以外的职工薪酬项目，如果政府明确规定了计提基础和计提比例，应按规定标准计提。例如，社会保险与住房公积金，企业每月按规定比例缴存，如工资一样借记相关成本、费用账务，贷记“应付职工薪酬”的二级科目“社会保险费”“住房公积金”。而对于没有明确规定计提基础和计提比例的职工薪酬项目，如职工福利、职工教育经费、工费经费，则应当根据历史数据和实际情况，合理预计当期应付职工薪酬。当期实际发生金额大于预计金额的，应当补提应付职工薪酬；当期实际发生金额小于预计金额的，应当冲回多提的应付职工薪酬。对这些项目的分配，可以比照工资费用分配进行。

【例 2-13】

长江管道公司有两个基本生产车间、一个供电车间、一个机修车间。第一生产车间生产A产品和B产品，第二生产车间生产C产品。该企业20××年9月各车间、部门的工资费用汇总表见表2-16。第一生产车间生产工人的工资及福利费，按A、B两种产品的生产工时进行分配，A产品生产工时为28 000小时，B产品的生产工时为30 000小时；第二生产车间只生产C产品。本公司的职工福利费按工资额的14%计提。

表 2-16 工资费用汇总表

20××年9月　　单位：元

车间或部门	各类人员	工　资
第一生产车间	生产工人	52 400
	管理人员	5 900

续表

车间或部门	各类人员	工　资
第二生产车间	生产工人	50 800
	管理人员	4 700
供电车间	车间人员	6 400
机修车间	车间人员	6 600
企业管理部门	管理人员	28 500
合　计		155 300

根据工资费用汇总表和各种原始凭证编制工资及福利费用分配表，如表 2-17 所示。

表 2-17　工资及福利费用分配表

20××年 9 月

应借账户		生产工时/小时	工　资		提取福利费（14%）	合计/元
			分配率/（元/小时）	分配额/元		
基本生产成本	A 产品	28 000		25 295.2	3 541.33	28 836.53
	B 产品	30 000		27 104.8	3 794.67	30 899.47
	小 计	58 000	0.9034	52 400	7 336	59 736
	C 产品			50 800	7 112	57 912
小计						
制造费用	第一生产车间			5 900	826	6 726
	第二生产车间			4 700	658	5 358
辅助生产车间	供电车间			6 400	896	7 296
	机修车间			6 600	924	7 524
管理费用				28 500	3 990	32 490
合　计				155 300	21 742	177 042

根据工资及福利费用分配表编制会计分录如下。

借：基本生产成本——A 产品　　28 836.53
　　　　　　　　——B 产品　　30 899.47
　　　　　　　　——C 产品　　57 912
　　制造费用——第一生产车间　　6 726
　　　　　　——第二生产车间　　5 358

辅助生产成本——供电车间　　7 296

——机修车间　　7 524

管理费用　　32 490

贷:应付职工薪酬——工资　　155 300

——职工福利费　　21 742

任务五　其他要素费用的归集与分配

其他要素费用包括固定资产折旧费用、利息费用、税金费用和其他费用。

一、固定资产折旧费用

固定资产折旧费用是企业固定资产在使用过程中所发生的耗费。这种耗费最终要计入各有关产品的成本或费用。固定资产折旧费用的计算是通过编制各车间、部门折旧计算表进行的。根据规定,当月开始使用的固定资产,当月不提折旧,从下月起计提折旧;当月减少或停用的固定资产,当月仍提折旧,从下月起停止计提折旧。除已提足折旧仍继续使用的固定资产和按规定单独计价作为固定资产入账的土地不计提折旧外,其余所有固定资产均需要计提折旧。

对于按规定计提的折旧费用,应根据固定资产的使用地点和用途进行归集和分配。需要指出的是,生产车间生产产品使用的机器设备的折旧费用虽是直接用于产品生产的费用,但是由于生产一种产品往往需要使用多种机器设备,一种机器设备又可能生产多种产品,如果将机器设备的折旧费用直接计入产品成本,那么其计算分配工作会比较复杂。为了简化成本核算工作,通常不专门设置"折旧费用"成本项目,而是将机器设备的折旧费用与生产车间的其他固定资产折旧费用一起记入"制造费用"账户,企业行政管理部门和销售部门的固定资产折旧费用则分别记入"管理费用""销售费用"等账户。

二、利息费用

要素费用中的利息费用一般不是产品成本的组成部分,而是企业经营管理费用中的财务费用的组成部分。短期借款的利息一般是按季结算支付的。按照权责发生制的原则,可以采用预提的方法按月预提,借记"财务费用"账户,贷记"应付利息"账户;季末实际支付利息时,冲减已计提的利息,做相反分录;实际支付的利息费用与预提利息费用之间的差额,借记或贷记"财务费用"。如果利息费用数额不大,为了简化核算,可以不采取预提的方法,在实际支付利息时直接记入"财务费用"账户。

企业取得的存款利息收入应抵减利息费用,收到存款利息时,借记"银行存款"账户,贷记"财务费用"账户。

三、税金费用

要素费用中的税金不是产品成本的组成部分，而是管理费用的一部分。管理费用中应按税金的种类分设费用项目进行核算，主要包括房产税、车船税、土地使用税和印花税等。其中，印花税是采用购买印花税票的方式直接缴纳的，如果一次购买印花税票的金额较小，可于购买时直接计入管理费用；如果一次购买、分期使用，且金额较大，可以采用待摊的方式处理。购买时，借记“预付账款”账户，贷记“银行存款”账户；分期摊销时，借记“管理费用”账户，贷记“预付账款”账户。

房产税、车船税和土地使用税一般需要预先计算应交金额，然后实际缴纳。计算出应交金额时，借记“管理费用”账户，贷记“应交税费”账户；实际缴纳时，借记“应交税费”账户，贷记“银行存款”账户。

四、其他费用

企业各种要素费用中的其他费用是指除了前面所述各要素以外的各种费用，包括邮电费、租赁费、印刷费、图书资料报刊办公用品订购费、试验检验费、排污费、差旅费、保险费等。在发生这些费用时，应该按照发生的车间、部门和用途，分别借记“制造费用”“辅助生产成本”“管理费用”“销售费用”“其他业务成本”等账户，贷记“银行存款”“库存现金”等账户。

复习与思考

1. 什么是生产要素费用？生产要素费用包含哪些？
2. 生产要素费用的分配方法是什么？
3. 材料费用的分配方法有哪些，如何选择方法？
4. 职工的工资由哪些部分构成，有哪些计算方法？
5. 职工薪酬核算的账务处理，可计入哪些账户？

项目小结

本项目主要介绍了生产要素费用的归集与分配，生产费用按要素分为了外购材料、外购燃料、外购动力、职工薪酬、折旧和摊销、利息费用、税金及其他费用八个要素。各要素分别从概念、费用计算、费用归集、费用分配、账务处理等内容进行讲解，具体内容结构如图 2-2 所示。

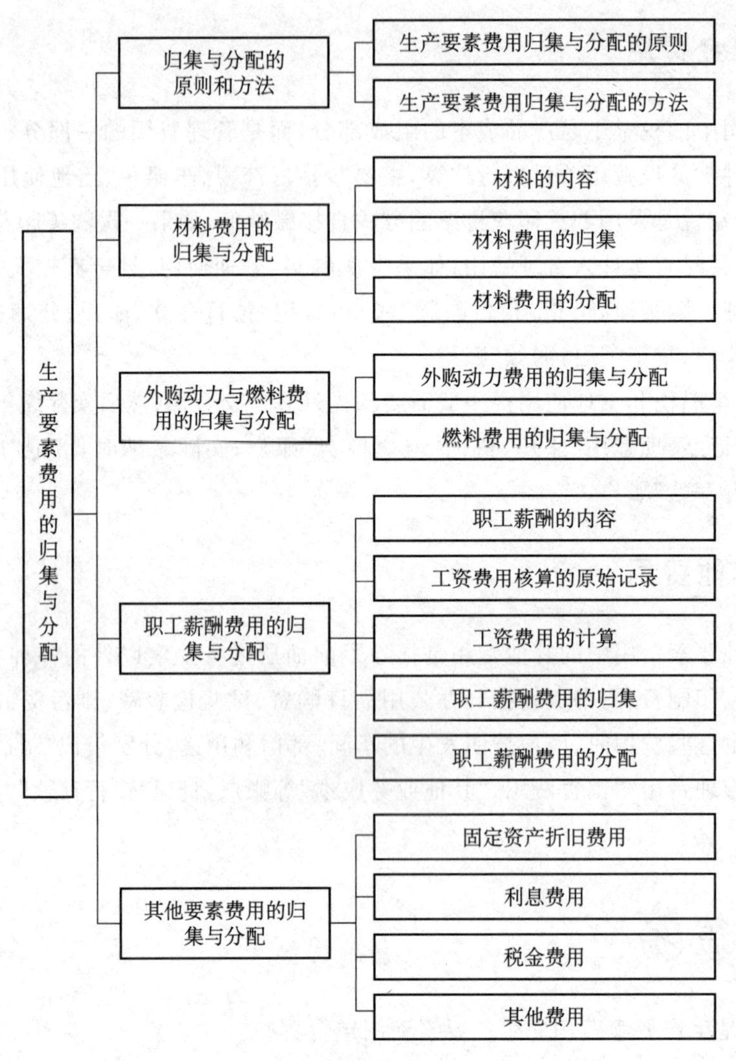

图 2-2　生产要素费用的归集与分配内容结构图

学习笔记

练习与实训

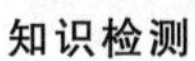

知识检测

实训操作

评价表

<table>
<tr><td>评价项目</td><td>评价指标</td><td colspan="4">评价结果</td></tr>
<tr><td rowspan="3">学习目标
评价</td><td>知识目标</td><td>□优质完成</td><td>□良好完成</td><td>□基本完成</td><td>□未完成</td></tr>
<tr><td>技能目标</td><td>□优质完成</td><td>□良好完成</td><td>□基本完成</td><td>□未完成</td></tr>
<tr><td>素质目标</td><td>□优质完成</td><td>□良好完成</td><td>□基本完成</td><td>□未完成</td></tr>
<tr><td rowspan="2">练习与实训</td><td>知识检测</td><td colspan="2">得分：________________</td><td colspan="2">正确率：________________</td></tr>
<tr><td>实训操作</td><td>□优质完成</td><td>□良好完成</td><td>□基本完成</td><td>□未完成</td></tr>
<tr><td colspan="6">自我总结与评价：

</td></tr>
</table>

项目三

综合生产费用的归集与分配

【知识目标】

1. 掌握辅助生产费用的归集和分配；
2. 掌握制造费用的归集和分配；
3. 掌握停工损失和废品损失的归集与分配。

【技能目标】

1. 能够采用不同的方法对辅助生产费用进行分配；
2. 能够运用不同分配方法进行制造费用分配；
3. 能够正确进行废品损失和停工损失的核算。

【素质目标】

1. 具有努力提高成本核算的实际操作水平的意识；
2. 具有爱岗敬业的精神。

案例与思考

长江管道公司下属某公司，该下属公司设有两个生产车间（加工车间和装配车间），另设两个辅助生产车间（运输车间和供电车间），每个车间单独核算。年末，财务总监在给各部门下达下一年度考核指标时，成本会计主管提出一项成本核算的改进意见，即辅助生产车间提供的劳务费用，应按照交互分配法进行分配，每个车间的当期成本都应加上其他部门提供的劳务成本，两个基本生产车间发生的废品损失全部由当月完工产品承担。

若你是财务总监，你会同意成本会计主管提出的改进意见吗？

任务一 辅助生产费用的归集与分配

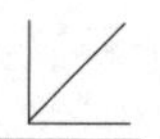

一、辅助生产费用的含义

按生产职能不同，生产车间分为基本生产车间和辅助生产车间。基本生产车间是指从事商品产品生产的车间；辅助生产车间是指为基本生产车间、企业行政管理部门等单位服务而进行产品生产和劳务供应的车间。辅助生产车间在提供产品的过程中发生的各种耗费称为辅助生产费用。

根据所提供的产品劳务作业的品种不同，辅助生产车间可分为两种类型：一种是只提供一种产品、劳务或作业的辅助生产车间，称为单品种辅助生产车间，如供水、供电、供气、运输；另一种是提供多种产品、劳务或作业的辅助生产车间，称为多品种辅助生产车间，如机械修理、工具模具制造等。

二、辅助生产费用的归集

（一）辅助生产费用核算的账户设置

企业应设置"生产成本——辅助生产成本"账户核算辅助生产车间所生产产品的成本。可按辅助生产车间及产品品种设置明细账进行明细分类核算。该账户是成本类账户，反映在产品成本的增减变动及结余情况。

借方登记进行辅助生产而发生的一切费用，包括辅助生产部门内直接发生的费用，以及从其他辅助生产车间分配来的费用。贷方登记由辅助生产部门向基本生产车间、管理部门和其他辅助生产部门、本企业的基本建设单位和职工生活福利部门及外单位提供的产品、劳务，以及完工入库的资质材料和工具模具的成本。期末余额在借方表示辅助生产部门在产品的成本。

（二）辅助生产费用的核算程序

辅助生产的类型不同，其辅助生产成本归集的程序也不相同。

1. 单品种辅助生产车间，设置"辅助生产成本"账户

单品种产品的辅助生产车间所发生的全部费用都由该产品承担，不存在分配的情况，因此，车间发生的各项费用，无论是直接生产费用，还是为组织管理生产而发生的间接生产费用，均直接记入"辅助生产成本"账户。该账户借方应按费用项目设置专栏，如表 3-1 所示。

表 3-1 辅助生产成本明细账（单品种）

生产车间：×××　　　　单位：元

20××年		凭证		摘要	产量工时	借方						贷方	余额
月	日	字	号			材料费	人工费	折旧费	水电费	……	合计		

归集生产费用时应做如下会计分录。

借：辅助生产成本

贷:原材料

应付职工薪酬

银行存款

2. 多品种辅助生产车间,设置“辅助生产成本”和“制造费用”两个账户

多品种辅助生产车间生产多个品种,因此所发生的费用需由两个或两个以上的产品、劳务或作业负担,应将共同费用在受益对象间进行分配。除了按生产车间分别设置辅助生产成本账户外,还应按各种产品劳务分别开设成本核算单,登记当月发生的直接材料、直接人工等直接成本项目费用。其他费用先在“制造费用”核算,月末采用适当的方法,分别记入有关产品和劳务成本核算单,如表 3-2 所示。

表 3-2　辅助生产成本明细账(多品种)

生产车间:×××　　　　产品名称:×××　　　　单位:元

20××年		凭证		摘要	产量工时	借方				贷方	余额
月	日	字	号			直接材料	直接人工	制造费用	合计		

多品种辅助生产车间归集生产费用时,应做如下会计分录。

(1) 归集直接生产费用

借:辅助生产成本

贷:原材料

应付职工薪酬

(2) 归集间接生产费用

借:制造费用

贷:原材料

周转材料——低值易耗品

银行存款

三、辅助生产费用的分配

(一) 辅助生产费用的分配原则

辅助生产费用的分配就是将辅助生产成本各明细账上所归集的费用,采用一定的方法计算出辅助生产产品或劳务的总成本和单位成本,并按各受益对象耗用计入基本生产成本或期间费用的过程。

凡接受辅助生产部门提供的产品、劳务的部门、产品或订单,均应负担辅助生产成本。

能确认受益对象的部分，直接计入各该部门、产品或订单的成本；不能确认的，应按受益比例在各受益部门进行分配，多受益多分配，少受益少分配。

（二）辅助生产费用的分配方法

辅助生产费用在各受益对象之间进行分配，通常采用直接分配法、交互分配法、计划成本分配法、代数分配法、顺序分配法。企业应根据实际情况，在遵循成本效益原则的前提下，选择适当的分配方法。

1. **直接分配法**

直接分配法是指各辅助生产车间发生的费用，直接分配给除辅助生产以外的各受益单位，而不考虑各辅助生产车间之间相互提供产品或劳务的情况，其计算公式如下：

$$\text{某辅助生产车间生产费用分配率}=\frac{\text{该车间本月生产费用合计}}{\text{该辅助生产车间向辅助生产车间以外的受益单位提供的劳务(产品)数量}}$$

$$\text{某受益对象应分担的辅助生产费用}=\text{该受益对象耗用的劳务(产品)数量}\times\text{该辅助生产费用分配率}$$

【例 3-1】

长江管道公司有供电和供水两个辅助生产车间，本月“辅助生产成本”明细账归集的辅助生产费用总额分别为供电车间 6 946 元，供水车间 3 228 元，按两个辅助生产车间提供的劳务数量进行分配，如表 3-3 所示。

表 3-3　辅助生产车间供应产品及劳务数量

项　　目	耗水/吨	耗电/度
供电车间	100	—
供水车间	—	6 000
甲产品	—	6 000
基本生产车间	1 300	2 000
专设销售部门	300	1 000
管理部门	200	2 000
合　　计	1 900	17 000

要求：根据上述资料，用直接分配法计算各辅助生产部门的费用分配率。

解析：

(1) 计算分配率。

供水车间费用分配率＝3 228÷1 800≈1.793 3(元/吨)

供电车间费用分配率＝6 946÷11 000≈0.631 5(元/度)

(2) 计算各受益对象应承担的费用。

基本生产车间应承担的水费＝1 300×1.793 3＝2 331.29(元)

销售部门应承担的水费＝300×1.793 3＝537.99(元)

管理部门应承担的水费＝3 228－2 331.29－537.99＝358.72(元)

甲产品应承担的电费=6 000×0.631 5=3 789(元)

基本生产车间应承担的电费=2 000×0.631 5=1 263(元)

销售部门应承担的电费=1 000×0.631 5=631.5(元)

管理部门应承担的电费=6 946-3 789-1 263-631.5=1 262.5(元)

根据计算结果,编制辅助生产费用分配表(见表3-4)和会计分录。

表3-4　辅助生产费用分配表(直接分配法)

单位名称:×××　　20××年10月31日　　单位:元

项　目	供水车间		供电车间		金额合计
	耗用量/吨	分配额	耗用量/度	分配额	
供电车间	100	—	—	—	—
供水车间	—	—	6 000	—	—
分配率	—	1.7933	—	0.6315	—
甲产品	—	—	6 000	3 789	3 789
基本生产车间	1 300	2 331.29	2 000	1 263	3 594.29
专设销售部门	300	537.99	1 000	631.5	1 169.49
管理部门	200	358.72	2 000	1 262.5	1 621.22
合　计	1 900	3 228	17 000	6 946	10 174

分配水费、电费会计分录如下。

借:基本生产成本——甲产品　　3 789

　　制造费用　　3 594.29

　　销售费用　　1 169.49

　　管理费用　　1 621.22

　贷:辅助生产成本——供水车间　　3 228

　　　　　　　　——供电车间　　6 946

直接分配法不考虑辅助生产车间之间的分配,只是对外分配,计算比较简单,但在各辅助车间相互之间提供产品成本差异较大时,分配结果不准确。这种方法一般适用于辅助生产部门的交互服务较少,并且辅助生产费用较少的中小型企业。

2. 交互分配法

交互分配法又称一次交互分配法,是先将辅助生产费用在辅助生产车间之间进行分配,然后将辅助生产车间交互分配后的费用分配给辅助生产车间以外的各受益对象。

交互分配法需进行两次分配。第一次分配称为交互分配,也称对内分配,是指辅助生产车间相互之间的分配,计算公式为

$$\text{交互分配时的费用分配率}=\frac{\text{某辅助生产车间生产费用总额}}{\text{该辅助生产车间提供的产品或劳务总量}}$$

$$\begin{array}{c}\text{某辅助生产车间}\\\text{可分配费用额}\end{array}=\text{该辅助生产车间受益数量}\times\text{交互分配时的费用分配率}$$

第二次分配也称对外分配，即将交互分配后的费用分配给辅助生产车间以外的受易对象。

$$\begin{array}{c}\text{某辅助生产车间交}\\\text{互分配后的费用}\end{array}=\begin{array}{c}\text{该车间交互}\\\text{分配前的费用}\end{array}+\begin{array}{c}\text{交互分配转入的}\\\text{辅助生产费用}\end{array}-\begin{array}{c}\text{交互分配转出的}\\\text{辅助生产费用}\end{array}$$

$$\begin{array}{c}\text{某辅助生产车间}\\\text{费用对外分配率}\end{array}=\frac{\text{该车间交互分配后的费用}}{\text{该车间提供的产品总量}-\text{其他辅助生产车间的耗费量}}$$

$$\begin{array}{c}\text{某受益对象承担的}\\\text{辅助生产费用}\end{array}=\text{该受益对象耗费的产品数量}\times\begin{array}{c}\text{该车间辅助生产费用}\\\text{对外分配率}\end{array}$$

【例 3-2】

承接例 3-1 资料。要求：采用交互分配法，分配供水、供电车间的辅助生产费用，并编制相关会计分录。

解析：

(1) 进行第一次分配，交互分配。

① 计算交互分配率。

供水车间费用分配率＝3 228÷1 900≈1.698 9(元/吨)

供电车间费用分配率＝6 946÷17 000≈0.408 6(元/度)

② 计算各辅助车间相互承担的费用。

供水车间用电应承担的电费＝6 000×0.408 6＝2 451.6(元)

供电车间用水应承担的水费＝100×1.698 9＝169.89(元)

(2) 进行第二次分配，对外分配。

① 计算交互分配后各辅助车间的实际费用。

交互分配后供水车间实际费用＝3 228＋2 451.6－169.89＝5 509.71(元)

交互分配后供电车间实际费用＝6 946＋169.89－2 451.6＝4 664.29(元)

② 计算对外分配率。

供水车间对外分配率＝5 509.71÷(1 900－100)≈3.061(元/吨)

供电车间对外分配率＝4 664.29÷(17 000－6 000)≈0.424(元/度)

③ 计算各受益部门(除辅助车间以外)所承担的费用。

基本生产车间应承担的水费＝1 300×3.061＝3 979.3(元)

销售部门应承担的水费＝300×3.061＝918.3(元)

管理部门应承担的水费＝5 509.71－3 979.3－918.3＝612.11(元)

甲产品应承担的电费＝6 000×0.424＝2 544(元)

基本生产车间应承担的电费＝2 000×0.424＝848(元)

销售部门应承担的电费＝1 000×0.424＝424(元)

管理部门应承担的电费＝4 664.29－2 544－848－424＝848.29(元)

根据计算结果，编制辅助生产费用分配表，如表 3-5 所示。

表 3-5　辅助生产费用分配表（交互分配法）

单位名称：×××　　　　　　　　　　　　　　　　　　20××年 10 月 31 日

项目			交互分配		对外分配		
辅助生产车间名称			供水	供电	供水	供电	金额合计/元
待分配费用/元			3 228	6 946	5 509.71	4 664.29	10 174
供应劳务数量			1 900 吨	17 000 度	1 800 吨	11 000 度	—
单位成本（分配率）			1.698 9	0.408 6	3.061	0.424	—
辅助车间	供水	耗用数量	—	6 000 度	—	—	—
		分配金额/元	—	2 451.6	—	—	2 451.6
	供电	耗用数量	100 吨	—	—	—	—
		分配金额/元	169.89	—	—	—	169.89
甲产品		耗用数量	—	—		6 000 度	—
		分配金额/元	—	—		2 544	2 544
基本生产车间		耗用数量	—	—	1 300 吨	2 000 度	—
		分配金额/元	—	—	3 979.3	848	4 827.3
专设销售部门		耗用数量	—	—	300 吨	1 000 度	—
		分配金额/元	—	—	918.3	424	1 342.3
管理部门		耗用数量	—		200 吨	2 000 度	—
		分配金额/元	—		612.11	848.29	1 460.4

根据辅助生产费用分配表编制如下会计分录。

(1) 交互分配时的会计分录如下。

借：辅助生产成本——供水车间　　2 451.6

　　　　　　　　——供电车间　　169.89

　贷：辅助生产成本——供电车间　　2 451.6

　　　　　　　　　——供水车间　　169.89

(2) 对外分配时的会计分录如下。

借：基本生产成本——甲产品　　2 544

　　制造费用　　4 827.3

　　销售费用　　1 342.3

　　管理费用　　1 460.4

　贷：辅助生产成本——供水车间　　5 509.71

　　　　　　　　　——供电车间　　4 664.29

交互分配法考虑了辅助生产车间相互之间提供产品的情况及承担的费用，提高了分配结果的正确性。但是该方法要进行两次分配，增加了核算工作量，而且交互分配和对外分配采用的分配率不同，分配结果不够精准。该方法适用于各辅助生产车间相互提供产品的情况比较多的企业。

3. 计划成本分配法

计划成本分配法又称内部结算价格法，是指在分配辅助生产费用时，根据事先确定的产品或劳务的计划单位成本和各车间、部门耗用的劳动数量，计算各车间、部门应分配的辅助生产费用的一种方法。

对于按计划成本核算的分配额与各辅助生产车间的实际费用之间的差额，有两种处理方法：①差额在辅助车间以外的部门进行二次分配；②为了简化核算，可以在期末将差额全部记入“管理费用”或“制造费用”账户。

(1) 按计划成本分配辅助生产费用。

$$\frac{\text{某受益对象应分配的}}{\text{辅助生产费用(包括辅助生产车间)}}=\frac{\text{该受益单位耗用的}}{\text{数量或劳务数量}}\times\text{计划单位成本}$$

(2) 分配成本差异。

$$\frac{\text{某辅助生产车间}}{\text{实际成本费用}}=\text{某辅助生产车间发生的费用}+\text{按计划成本分配转入的费用}$$

辅助生产成本差异＝某辅助生产车间实际成本－辅助生产车间计划成本

【例 3-3】

沿用例 3-1 资料。假设供水车间的计划单位成本为 3 元，供电车间的计划单位成本为 0.4 元，计划成本与实际成本的差额记入“管理费用”账户。要求：采用计划成本分配法计算分配供水、供电车间的辅助生产费用，并编制相关会计分录。

解析：

(1) 按计划单位成本分配转出。

① 供水车间费用的分配。

供电车间承担的水费＝100×3＝300(元)

基本生产车间承担的水费＝1 300×3＝3 900(元)

销售部门承担的水费＝300×3＝900(元)

管理部门承担的水费＝200×3＝600(元)

② 供电车间费用的分配。

供水车间承担的电费＝6 000×0.4＝2 400(元)

甲产品承担的电费＝6 000×0.4＝2 400(元)

基本生产车间承担的电费＝2 000×0.4＝800(元)

销售部门承担的电费＝1 000×0.4＝400(元)

管理部门承担的电费＝2 000×0.4＝800(元)

(2) 计算辅助车间实际生产费用。

供水车间实际生产费用＝3 228＋2 400＝5 628(元)

供电车间实际生产费用＝6 949＋300＝7 249(元)

(3) 计算实际生产费用与计划成本差额。

供水车间产生的差异＝5 628－5 700＝－72(元)

供电车间产生的差异＝7 249－6 800＝449(元)

根据计算结果，编制辅助生产费用分配表，如表 3-6 所示。

表 3-6　辅助生产费用分配表（计划成本分配法）

单位名称：×××　　　　　　　　　　　　20××年 10 月 31 日

项　目			供水车间		供电车间		金额合计/元
			数量/吨	金额/元	数量/度	金额/元	
待分配费用			—	3 228	—	6 949	—
劳务供应量			1 900	—	17 000	—	—
计划单位成本			—	3	—	0.4	—
按计划成本分配	辅助生产车间	供水	—	—	6 000	2 400	2 400
		供电	100	300	—	—	300
		小计	—	—	—	—	—
	甲产品		—	—	6 000	2 400	2 400
	基本生产车间		1 300	3 900	2 000	800	4 700
	销售部门		300	900	1 000	400	1 300
	管理部门		200	600	2 000	800	1 400
	计划成本合计		1 900	5 700	17 000	6 800	12 500
辅助生产成本实际额			—	5 628	—	7 249	—
辅助生产成本差异			—	−72	—	449	—

编制会计分录如下。

① 按计划成本分配。

借：辅助生产成本——供水车间　　　2 400
　　　　　　　　——供电车间　　　　300
　　基本生产成本——甲产品　　　　2 400
　　制造费用　　　　　　　　　　　4 700
　　管理费用　　　　　　　　　　　1 400
　　销售费用　　　　　　　　　　　1 300
　贷：辅助生产成本——供水车间　　　　5 700
　　　　　　　　　——供电车间　　　　6 800

② 分配结转差异（超支用蓝字，节约用红字）。

借：管理费用　　　　　　　　　　　−72
　贷：辅助生产成本——供水车间　　　　−72

借：管理费用　　　　　　　　　　　449
　贷：辅助生产成本——供电车间　　　　449

计划成本分配法预先制定了产品和劳务的计划单位成本，各种辅助生产费用只需分配一次，简化和加速了计划分配工作。同时，通过计算和分配辅助生产车间的成本差异，可以查明辅助生产车间成本计划的完成情况，排除了辅助生产车间费用超支和节约的情况，也便于考核和分析各受益部门的经济责任。因此，该种方法主要适用于有计划单价并且计划单价比较接近实际情况的企业。

4. 代数分配法

代数分配法是指运用代数中多元一次联立方程的原理，进行辅助生产费用分配的方法，其基本步骤如下。

(1) 设未知数，并根据辅助生产车间之间相互服务关系建立方程组。每一组方程可按下列公式建立：

某辅助生产车间提供劳务总量×该辅助生产车间劳务的单位成本＝该辅助生产车间直接发生费用＋该辅助生产车间耗用其他辅助生产车间的劳务数量×其他辅助生产车间劳务的单位成本

(2) 解方程组，求出各种产品或劳务的单位成本。

(3) 用各单位成本乘以受益部门的耗用量，求出各受益部门应分配的辅助生产费用。

【例 3-4】

承接例 3-1，长江管道公司有供电和供水两个辅助生产车间，本月辅助生产成本明细账归集的辅助生产费用总额分别为供电车间 6 946 元，供水车间 3 228 元，按两个辅助生产车间提供的劳务数量进行分配。要求：采用代数分配法分配辅助生产费用。

解析：

(1) 假设供水车间的单位成本为 x，供电车间的单位成本为 y。

(2) 设立联立方程为

$$\begin{cases} 3\,228+6\,000y=1\,900x \\ 6\,946+100x=17\,000y \end{cases}$$

解得

$x=3.045\,8$(元/吨)

$y=0.426\,5$(元/度)

(3) 计算各受益部门所承担的费用。

供电车间应承担的水费＝100×3.045 8＝304.58(元)

基本生产车间应承担的水费＝1 300×3.045 8＝3 959.54(元)

销售部门应承担的水费＝300×3.045 8＝913.74(元)

管理部门应承担的水费＝(3 228＋6 000×0.426 5)－304.58－3 959.54－913.74
＝609.14(元)

供水车间应承担的电费＝6 000×0.426 5＝2 559(元)

甲产品应承担的电费＝6 000×0.426 5＝2 559(元)

基本生产车间应承担的电费＝2 000×0.426 5＝853(元)

销售部门应承担的电费＝1 000×0.426 5＝426.5(元)

管理部门应承担的电费＝(6 946＋100×3.045 8)－2 559－2 559－853－426.5
＝853.08(元)

根据计算结果，编制辅助生产费用分配表，如表 3-7 所示。

表 3-7　辅助生产费用分配表（代数分配法）

单位名称：×××　　　　20××年10月31日

辅助生产车间供应产品及劳务数量	单位成本	受益车间分配金额													
		供水车间		供电车间		甲产品		基本生产车间		销售部门		管理部门		合计	
		数量	金额/元	数量	金额/元	数量	金额/元	数量	金额/元	数量	金额/元	数量	金额/元	数量	金额/元
供水车间	3.045 8	—	—	100	304.58	—	—	1 300	3 959.54	300	913.74	200	609.14	1 900	5 787
供电车间	0.426 5	6 000	2 559	—	—	6 000	2 559	2 000	853	1 000	426.5	2 000	853.08	17 000	7 250.58
合计	—	—	2 559	—	304.58	—	2 559	—	4 812.54	—	1 340.24	—	1 462.22	—	13 037.58

编制会计分录如下。

借:辅助生产成本——供水车间　　2 559
　　　　　　　——供电车间　　304.58
　基本生产成本——甲产品　　2 559
　制造费用　　4 812.54
　销售费用　　1 340.24
　管理费用　　1 462.22
　贷:辅助生产成本——供水车间　　5 787
　　　　　　　　——供电车间　　7 250.58

采用代数分配法分配辅助生产费用时,其结果最精准,但计算较为复杂。该方法一般适用于已实现电算化的企业。采用手工计算的企业较少采用代数分配法。

5. 顺序分配法

顺序分配法又称阶梯法,是按辅助生产车间的受益量多少对辅助生产车间进行排序,进而分配辅助生产费用的一种方法。采用这种分配方式,首先将各辅助生产部门按受益量排序,受益最少的排在第一位,受益最多的排在最后一位。分配时,前者分配给后者,而后者不分配给前者,后者的分配额等于其直接费用加上前者分配计入的费用之和。相关计算公式如下:

$$\text{某辅助生产车间费用分配率}=\frac{\text{该辅助生产车间直接发生的费用}+\text{分配转入费用}}{\text{该辅助生产车间向本车间以外的各受益单位提供的劳务数量}}$$

【例 3-5】

长江管道公司设有蒸汽和供电两个辅助生产车间,蒸汽车间本月发生费用7 324 元,供电车间本月发生费用 4 773 元,各辅助生产车间供应的对象和数量如表 3-8 所示。

表 3-8　辅助生产车间供应对象和数量表

受益对象		蒸汽数量/立方米	供电数量/度
蒸汽车间		—	48
供电车间		200	—
基本生产成本	甲产品	4 250	850
	乙产品	1 850	812
行政管理部门耗用		1 100	300
合计		7 400	2 010

(1) 计算先分配辅助生产车间(蒸汽车间)的分配率及各受益对象承担的费用。

$$\text{分配率}=\frac{7\ 324}{200+4\ 250+1\ 850+1\ 100}=\frac{7\ 324}{7\ 400}$$

$$\approx 0.989\ 7(\text{元/立方米})$$

各受益对象承担的费用如下。

蒸汽车间分给供电车间的费用:200×0.989 7=197.94(元)。

蒸汽车间分给甲产品的费用:4 250×0.989 7≈4 206.23(元)。

蒸汽车间分给乙产品的费用:1 850×0.989 7≈1 830.95(元)。

行政管理部门:1 100×0.989 7=1 088.88(元)(有尾数调整)。

(2) 计算后分配辅助生产车间(供电车间)的分配率及各受益对象(除蒸汽车间外)应承担的费用,编制辅助生产费用分配表,如表 3-9 所示。

$$
\begin{aligned}
分配率 &= \frac{4\ 773+197.94}{850+812+300} \\
&= \frac{4\ 970.94}{1\ 962} \approx 2.533\ 6(元/度)
\end{aligned}
$$

各受益对象(除先分配车间,即蒸汽车间外)承担的费用如下。

供电车间分给甲产品费用:850×2.533 6=2 153.56(元)。

供电车间分给乙产品的费用:812×2.533 6≈2 057.28(元)。

供电车间分给行政管理部门:300×2.533 6=760.10(元)(有尾数调整)。

表 3-9 辅助生产费用分配表(顺序分配法)

单位名称:××× 20××年 10 月 31 日

项目		蒸汽车间(先分配)		供电车间(后分配)		费用合计/元
		数量/立方米	费用/元	数量/度	费用/元	
车间本月发生的劳务及费用		7 400	7 324	2 010	4 773	12 097
待分配费用		—	7 324	—	4 970.94	12 294.94
辅助生产车间以外的劳务总量		7 200	—	1 962	—	—
费用分配率		—	0.989 7	—	2.533 6	—
辅助生产车间	蒸汽车间	—	—	48	—	—
	供电车间	200	197.94	—	—	197.94
基本生产	甲产品	4 250	4 206.23	850	2 153.56	6 359.79
基本生产	乙产品	1 850	1 830.95	812	2 057.28	3 888.23
行政管理部门		1 100	1 088.88	300	760.10	1 848.98
合计		7 400	7 324	2 010	4 970.94	12 294.94

编制会计分录如下。

① 蒸汽车间。

借:辅助生产成本——供电车间 197.94

基本生产成本——甲产品 4 206.23

——乙产品 1 830.95

管理费用 1 088.88

贷:辅助生产成本——蒸汽车间 7 324

② 供电车间。

借:基本生产成本——甲产品 2 153.56

——乙产品　　　　　　　　　　2 057.28

管理费用　　　　　　　　　　　　760.10

贷：辅助生产成本——供电车间　　　　　　4 970.94

顺序分配法的特点是辅助生产车间或部门之间不进行交互分配，只是分配给辅助生产以外的受益部门和排在后面的其他辅助生产车间。这种方法的优点是计算简便，但是由于其没有考虑到辅助生产车间或部门之间相互提供产品或劳务的情况，因此计算结果不太准确。这种分配方法只适合在各辅助生产车间或部门之间相互受益程度有明显顺序的企业中采用。

任务二　制造费用的归集与分配

一、制造费用的含义

制造费用是指企业为生产产品和提供劳务而发生的各项间接费用，包括生产车间发生的机物料消耗、管理人员的工资福利费等职工薪酬、折旧费、办公费、水电费、季节性的停工损失等。制造费用是应计入产品成本，但不专设成本项目的各项成本。

二、制造费用的归集

制造费用的归集是根据各种原始凭证将本月生产单位所发生的制造费用进行汇总。工业企业应设置“制造费用”账户对制造费用进行核算。“制造费用”账户属于成本类账户，借方登记增加，贷方登记减少。工业企业各生产车间在发生间接费用时应借记“制造费用”账户，贷记“原始材料”“应付职工薪酬”“周转材料”“银行存款”“辅助生产成本”“累计折旧”等账户。

由于企业各个生产车间或部门的生产任务、技术装备程度、管理水平和费用水平各不相同，因此制造费用应按车间进行归集。“制造费用”账户应按车间分别设置明细账，如“制造费用——××车间”。制造费用明细账属于借方多栏式明细账，其借方按各种费用项目设置多个栏目。

三、制造费用的分配

当企业只生产一种产品时，发生的制造费用可以直接计入产品生产成本中。但是一般企业的制造费用最终都要分配到多种产品，为了正确计算产品的生产成本，必须采用适当的方法将制造费用在各受益对象之间进行分配。制造费用分配的关键在于正确选择分配标准。具体的分配方法有生产工时比例法、机器工时比例法、生产工人工资比例法以及年度计划分配率法。

（一）生产工时比例法

生产工时比例法是指将车间发生的制造费用按照该车间所发生的各种产品的生产工时

比例进行分配。如果企业产品的定额较准确,也可以用定额工时来分配。其计算公式为

$$制造费用分配率=\frac{制造费用总额}{各种产品所用实际工时总额}$$

某产品应分配的制造费用=该产品的生产工时×制造费用分配率

生产工时比例法能使产品分配的制造费用与劳动生产率联系起来,是较好的分配方法,在实际工作中运用较多。

【例 3-6】

长江管道公司基本生产车间生产甲、乙、丙三种产品,发生制造费用 27 000 元,甲产品的生产工时为 2 000 小时,乙产品的生产工时为 3 000 小时,丙产品的生产工时为 4 000 小时。要求:按生产工时比例法分配制造费用。

解析:

$$制造费用分配率=\frac{27\ 000}{2\ 000+3\ 000+4\ 000}=3(元/小时)$$

甲产品应分配的制造费用=2 000×3=6 000(元)

乙产品应分配的制造费用=3 000×3=9 000(元)

丙产品应分配的制造费用=4 000×3=12 000(元)

根据上列计算结果,编制制造费用分配表,如表 3-10 所示。

表 3-10 制造费用分配表(生产工时比例法)

生产车间:×× 20××年×月

产品名称	待分配金额/元	生产工时/小时	分配率/(元/小时)	分配金额/元
甲产品	27 000	2 000	3	6 000
乙产品		3 000		9 000
丙产品		4 000		12 000
合计	27 000	9 000	3	27 000

根据制造费用分配表编制会计分录如下。

借:基本生产成本——甲产品 6 000

——乙产品 9 000

——丙产品 12 000

贷:制造费用 27 000

(二)机器工时比例法

机器工时比例法是指按照各种产品生产所用机器设备运转时间的比例分配制造费用的一种方法。这种方法适用于机械化程度较高的车间。在这种车间中,折旧费、修理费的大小与机器运转的时间有着密切的联系。其计算公式为

$$制造费用分配率=\frac{制造费用总额}{各产品耗用机器工时总和}$$

某产品应分配的制造费用=该产品的耗用机器工时×制造费用分配率

【例 3-7】

长江管道公司的基本生产车间生产甲、乙、丙三种产品，发生制造费用 4 800 元，共耗机器工时 1 200 小时。其中，甲产品耗机器工时 300 小时，乙产品耗机器工时 400 小时，丙产品耗机器工时 500 小时。要求：按机器工时比例法分配制造费用。

解析：

$$制造费用分配率=\frac{4\ 800}{300+400+500}=4(元/小时)$$

甲产品分配的制造费用＝300×4＝1 200(元)

乙产品分配的制造费用＝400×4＝1 600(元)

丙产品分配的制造费用＝500×4＝2 000(元)

根据上列计算结果，编制制造费用分配表，如表 3-11 所示。

表 3-11　制造费用分配表(机器工时比例法)

生产车间：××　　　　　　20××年×月

产品名称	待分配金额/元	机器工时/小时	分配率/(元/小时)	分配金额/元
甲产品	4 800	300	4	1 200
乙产品		400		1 600
丙产品		500		2 000
合计	4 800	1 200	4	4 800

根据制造费用分配表编制会计分录如下。

借：基本生产成本——甲产品　　　1 200

　　　　　　　——乙产品　　　1 600

　　　　　　　——丙产品　　　2 000

　贷：制造费用　　　　　　　　　　4 800

（三）生产工人工资比例法

生产工人工资比例法简称生产工资比例法，是按照计入各种产品成本的生产工人实际工资的比例分配制造费用的方法。其计算公式为

$$制造费用分配率=\frac{制造费用总额}{各产品生产工人工资总额}$$

某产品应分配的制造费用＝该产品的生产工人工资×制造费用分配率

【例 3-8】

长江管道公司的基本生产车间生产甲、乙、丙三种产品，发生制造费用 24 000 元，甲产品工人工资为 15 000 元，乙产品工人工资为 25 000 元，丙产品工人工资为 20 000元。要求：按生产工人工资比例法分配制造费用。

解析：

$$制造费用分配率=\frac{24\ 000}{15\ 000+25\ 000+20\ 000}=0.4$$

甲产品分配的制造费用＝15 000×0.4＝6 000（元）

乙产品分配的制造费用＝25 000×0.4＝10 000（元）

丙产品分配的制造费用＝20 000×0.4＝8 000（元）

根据上列计算结果，编制制造费用分配表，如表3-12所示。

表3-12 制造费用分配表（生产工人工资比例法）

生产车间：××　　　　　　　　　　　　　　　　　　　　　　20××年×月

产品名称	待分配金额/元	生产工人工资/元	分配率	分配金额/元
甲产品	24 000	15 000	0.4	6 000
乙产品		25 000		10 000
丙产品		20 000		8 000
合计	24 000	60 000	0.4	24 000

根据制造费用分配表编制会计分录如下。

借：基本生产成本——甲产品　　　　6 000
　　　　　　　　——乙产品　　　　10 000
　　　　　　　　——丙产品　　　　8 000
　贷：制造费用　　　　　　　　　　　　24 000

由于工资资料很容易获得，因此采用这种方法分配制造费用核算工作较简便。但是需要注意，采用这种方法的前提条件是各种产品的机械化程度应该差不多。如果产品的机械化程度高，修理费、折旧费也高，但由于分配的工资费用少，负担的制造费用也少，此时再按这种方法分配就是不合理的。

（四）年度计划分配率法

年度计划分配率法是指无论每个月实际发生的制造费用为多少，每个月各产品应分担的制造费用均按年初确定的年度计划分配率计算分配的一种方法。分配方法如下。

首先，计算年度计划分配率。这里的定额标准可以是实际工时、机械工时或生产工人工时。

$$\text{制造费用计划分配率}=\frac{\text{全年制造费用计划总额}}{\text{全年各产品计划产量定额工时之和}}$$

其次，按计划分配率分配制造费用。采用这种方法来分配制造费用总额账户及其所属明细科目，很可能出现月末余额。实际制造费用大于已分配制造费用，形成借方余额；实际制造费用小于已分配制造费用，形成贷方余额。其计算公式为

某月某产品应负担的制造费用＝该月该产品实际产量的定额工时×年度计划分配率

最后，分配差额。到年末时，按计划分配率分配的制造费用与实际数额之间一般存在差额，将差额按照已经分配的费用比例进行一次再分配，计入各产品的生产成本中。实际数大于已分配数的，用蓝字补记；实际数小于已分配数的，用红字冲减。

【例3-9】

长江管道公司车间20××年全年制造费用计划为100 000元，全年计划生产甲产品的定额工时为6 000小时，计划生产乙产品的定额工时为4 000小时；5月实际发生制造费用5 400元，甲产品实耗工时250小时，乙产品实耗工时350小时。“制造费用”账户期

初贷方余额为 1 200 元。

要求：按年度计划分配率分配法分配制造费用，并做出相应的会计分录。

解析：

(1) 算出年度计划分配率。

$$年度计划分配率=\frac{100\ 000}{6\ 000+4\ 000}=10(元/小时)$$

(2) 按年度计划分配率算出 5 月产品应分配的制造费用。

甲产品应分配的制造费用＝250×10＝2 500(元)

乙产品应分配的制造费用＝350×10＝3 500(元)

根据上列计算结果，编制制造费用分配表，如表 3-13 所示。

表 3-13 制造费用分配表(年度计划分配率法)

生产车间：×× 20××年×月

产品名称	本月实际生产工时/小时	计划分配率/(元/小时)	本月分配额/元
甲产品	250	10	2 500
乙产品	350		3 500
合计	600	10	6 000

根据制造费用分配表编制会计分录如下。

借：基本生产成本——甲产品　　2 500

　　　　　　　——乙产品　　3 500

　贷：制造费用　　6 000

月末登记制造费用总账如表 3-14 所示。

表 3-14 制造费用总账

单位：元

20××年		摘　要	借方	贷方	借或贷	余额
月	日					
5	1	期初余额	—	—	贷	1 200
5	31	本月实际发生制造费用	5 400	—	借	4 200
5	31	月末分配转出	—	6 000	贷	1 800

(3) 年末调整。

本例中，若到 12 月底发现，全年制造费用实际发生额为 96 000 元，年终“制造费用”账户贷方余额为 4 000 元，按计划分配率分配，甲产品已负担 68 000 元，乙产品已负担 32 000元，要求按分配比例进行调整。

$$甲产品应调整金额=\frac{68\ 000}{100\ 000}\times 4\ 000=2\ 720(元)$$

$$乙产品应调整金额=\frac{32\ 000}{100\ 000}\times 4\ 000=1\ 280(元)$$

编制会计分录如下。

借:基本生产成本——甲产品　　　　　　　　　　　　－2 720

　　　　　　　——乙产品　　　　　　　　　　　　－1 280

　贷:制造费用　　　　　　　　　　　　　　　　　　　－4 000

若到12月底发现,全年制造费用实际发生额为104 000元,年终“制造费用”账户借方余额为4 000元,按计划分配率分配,甲产品已负担68 000元,乙产品已负担32 000元,要求按分配比例进行调整。

$$\text{甲产品应调整金额}=\frac{68\ 000}{100\ 000}\times 4\ 000=2\ 720(\text{元})$$

$$\text{乙产品应调整金额}=\frac{32\ 000}{100\ 000}\times 4\ 000=1\ 280(\text{元})$$

编制会计分录如下。

借:基本生产成本——甲产品　　　　　　　　　　　　2 720

　　　　　　　——乙产品　　　　　　　　　　　　1 280

　贷:制造费用　　　　　　　　　　　　　　　　　　　4 000

采用年度计划分配率法分配制造费用,每月按照计划分配,平时不分配差额,核算工作比较简单。这种方法特别适用于季节性生产的企业。因为在这种企业中,产量随季节变化明显,如果按实际发生的费用分配制造费用,则会造成每月的生产成本中的制造费用忽高忽低,采用该方法可以均衡各月的成本水平。采用这种方法分配时,企业必须有较高的计划管理工作水平,否则,年度制造费用的计划数脱离实际数太大,会影响企业成本核算的准确性。在实际工作中,有些企业会将实际与计划的差额放到每年的12月处理。

任务三　损失费用的归集与分配

一、损失的含义

损失是指企业在生产过程中,由于原材料质量不合格、生产工人违规操作、机器设备故障等原因而发生的各种损失,包括废品损失和停工损失两部分。

损失费用与产品生产有着直接关系,应该由产品制造成本承担,是产品制造成本的重要组成部分。如果企业的损失性费用经常发生且在产品成本中所占比例较大,则需要设置“废品损失”“停工损失”等科目,并在生产成本项目中单独列示。企业加强对损失性费用的核算与控制,对强化成本管理、降低产品成本、提高经济效益有着重要作用。

二、废品损失的核算

(一) 废品的含义

废品是指不符合规定的技术标准,不能按照原定用途使用,或者需要加工修复才能使用的在产品、半成品和产成品,包括在生产过程中发现的废品和入库后发现的、由于生产加工造成的废品。

按能否修复，废品分为可修复废品和不可修复废品。可修复废品是指技术上可以修复而且所花费的复修费用在经济上划算的废品。不可修复废品是指技术上不能修复或修复费用在经济上不划算的废品。

按生产的原因，废品分为料废品和工废品。料废品是指材料质量、规格性能等不符合要求而造成的废品。工废品是指在产品生产过程中，由于加工工艺技术、工人操作方法等方面的缺陷而造成的废品。

（二）废品损失的含义

废品损失是指不可修复废品所耗生产成本以及可修复废品的修复费用，扣除废品材料价值和应收赔款以后的净损失。相关计算公式为

不可修复废品净损失＝废品所耗生产成本－残料价值－赔偿金额

可修复废品净损失＝修复费用－残料价值－赔偿金额

（三）废品损失的归集与分配

为了单独核算废品损失，可以设置“废品损失”账户，该账户的借方核算不可修复废品的生产成本和可修复废品的修复费用。对于不可修复产品的已耗成本，应根据废品成本核算单登记；该科目的贷方核算可修复废品和不可修复废品回收的残值以及向责任人索赔的数额。该科目借方发生额大于贷方发生额的差额就是废品损失，应分配计入同种产品的完工成本负担。废品净损失应从贷方转至“基本生产成本”账户，该账户月末没有余额。

1. 可修复废品的归集与分配

可修复废品损失是指在废品修复过程中发生的各种修复费用，扣除回收的材料价值及赔偿后的净损失。

当企业发生修复费用时，根据各项费用分配表，借记“废品损失”，贷记“原材料”“应付职工薪酬”“制造费用”等；回收的残值及赔款应分别借记“原材料”“其他应收款”“库存现金”等，贷记“废品损失”。修复费用扣除残值材料及赔款后的净损失，应从“废品损失”的贷方转入“基本生产成本账户——废品损失”，并在计算完工产品成本时，全部计入同种完工产品成本。

【例 3-10】

长江管道公司本月生产 A 产品 500 件，生产过程中发现可修复废品 5 件，修复 5 件废品共耗材料费 100 元，应付工人工资 150 元，应分配制造费用 30 元，另用库存现金支付修复费用 20 元；废品残料入库，估价 40 元；经查明原因，应由过失人张某赔款 70 元，其余作为废品净损失处理。

(1) 发生损失时，将修复费用记入“废品损失”账户，编制会计分录如下。

借：废品损失——A 产品	300	
贷：原材料		100
应付职工薪酬		150
制造费用		30

库存现金 20

(2) 回收废品残料和应收赔款时,编制会计分录如下。

借:原材料 40

其他应收款——张某 70

贷:废品损失——A 产品 110

(3) 确认废品净损失,转入合格产品成本。

废品净损失=300—110=190(元)

借:基本生产成本——A 产品 190

贷:废品损失——A 产品 190

2. 不可修复废品的归集与分配

不可修复废品损失是指不可修复废品的生产成本,扣除回收的残料价值和应收赔款以后的净损失。不可修复废品的成本与同种合格产品成本是同时发生的,并以归集计入该种品种的生产成本明细账中。不可修复废品的生产成本可以按实际成本核算,也可以按计划成本核算废品损失。

当发现不可修复废品时,应计算出废品的生产成本,并将其从该产品的总成本中分离出来,按其成本借记“废品损失”,贷记“基本生产成本”账户和“库存商品”“自制半成品”。回收的残值及赔款应分别借记“原材料”“其他应收款”“库存现金”等,贷记“废品损失”。生产成本扣除材料和赔款后的净损失,应从“废品损失”的贷方转入“基本生产成本——废品损失”。

【例 3-11】

长江管道公司生产 A 产品完工 2 000 件,其中 100 件为不可修复废品,是在完工验收入库时发现的。废品残值 50 元,责任人赔偿 150 元。A 产品的成本资料如表 3-15 所示。

表 3-15 A 产品成本资料

项　目	金额/元
直接材料(一次投料)	6 000
直接人工	2 500
制造费用	1 000
合计	9 500

要求:编制废品损失计算表及会计分录。

解析:根据上述资料,编制不可修复废品损失计算表,如表 3-16 所示。

表 3-16 不可修复废品损失计算表(按实际成本核算)

生产单位:××车间　　20××年×月　　产品名称:A　　废品数量:100 件

项　目	直接材料	直接人工	制造费用	合计
生产总成本/元	6 000	2 500	1 000	9 500
分配数量/件	2 000	2 000	2 000	—

续表

项　目	直接材料	直接人工	制造费用	合计
分配率/(元/件)	3	1.25	0.5	—
废品生产成本/元	300	125	50	475
废料残值/元	—	—	—	50
责任人赔偿/元	—	—	—	150
废品净损失/元	—	—	—	275

根据“废品损失计算表”编制的会计分录如下。

(1) 计算废品损失额,将其由基本生产成本中转出。

借:废品损失　　475

　贷:基本生产成本——直接材料　　300

　　　　　　　　——直接人工　　125

　　　　　　　　——制造费用　　50

(2) 回收废品残料及应收赔款时,编写会计分录。

借:原材料　　50

　其他应收款　　150

　贷:废品损失　　200

(3) 核算废品净损失,转入合格产品成本。

废品净损失=475−50−150=275(元)

借:基本生产成本——废品损失　　275

　贷:废品损失　　275

三、停工损失的核算

(一) 停工损失的含义

停工损失是指生产车间或车间内某个班组在停工期间发生的各项费用,包括停工期间发生的原材料费用、工资及福利费和制造费用等。由过失单位、过失人或保险公司承担的赔款应从停工损失中扣除。计算停工损失的时间界定,由主管企业部门规定或由主管企业部门授权企业自行规定。为了简化核算工作,停工不满一个工作日的,一般不计算停工损失。导致停工的原因有很多,应根据不同情况分别处理停工损失。由于材料供应不足、机器设备发生故障以及计划减产等原因造成的停工损失,应计入产品成本。

(二) 停工损失的归集与分配

企业对停工损失的核算有单独核算和非单独核算两种。如果企业发生的停工损失少,一般不单独核算;如果企业内部成本管理要求单独反映和控制停工损失或者停工损失

较大,则单独核算停工损失,并对其进行控制。

单独核算停工损失时,企业应设置"停工损失"账户。该账户借方登记停工期间发生的各种生产费用,贷方登记应收的赔款金额,停工净损失应从贷方转出该账户,月末没有余额。

当企业某车间或班组停工时,根据停工期间发生的各项费用,借记"停工损失"账户,贷记"原材料""应付职工薪酬""制造费用"等账户。各种赔款应记入"其他应收款""库存现金"等账户,贷记"停工损失"账户。停工净损失属于自然灾害造成的,应从"停工损失"账户的贷方转入"营业外支出"账户的借方,应由产品负担,转入"基本生产成本"账户借方,并采用一定的分配方法分配。

季节性停工期间和修理期间发生的停工损失应记入"制造费用"账户,不属于停工损失的核算范围。

【例 3-12】

长江管道有限公司由于意外断电停工两天,正在生产的甲产品发生停工损失5 000元,其中材料损失 1 500 元,工人薪酬损失 1 000 元,制造费用损失 2 500 元。查明原因后,由责任部门赔偿 500 元,其余计入产品成本。

(1) 发生损失时,记入"停工损失"账户,编制会计分录如下。

借:停工损失　　　　5 000
　贷:原材料　　　　　　1 500
　　应付职工薪酬　　　　1 000
　　制造费用　　　　　　2 500

(2) 查明原因后进行损失处理,编制会计分录如下。

① 应收过失人赔款。

借:其他应收款　　　　500
　贷:停工损失　　　　　　500

② 结转停工净损失。

停工净损失=5 000−500=4 500(元)

借:基本生产成本——甲产品　　　　4 500
　贷:停工损失　　　　　　4 500

复习与思考

1. 说明辅助生产费用有哪些分配方法,并分别指出各种分配方法的优缺点及适用范围。

2. 如何区别生产成本与制造费用?

3. 损失性费用是否应该由产品成本承担?

项目小结

本项目主要介绍了辅助生产费用、制造费用、损失费用的归集与分配。在辅助生产费用的归集与分配方法中,重点介绍了直接分配法、交互分配法、计划成本分配法、代数分配法以及顺序分配法。在制造费用的归集与分配方法中,重点介绍了生产工时比例法、机器工时比例法、生产工人工资比例法以及年度计划分配率法。在损失费用的归集与分配中,介绍了废品损失的核算与停工损失的核算。本项目内容结构如图 3-1 所示。

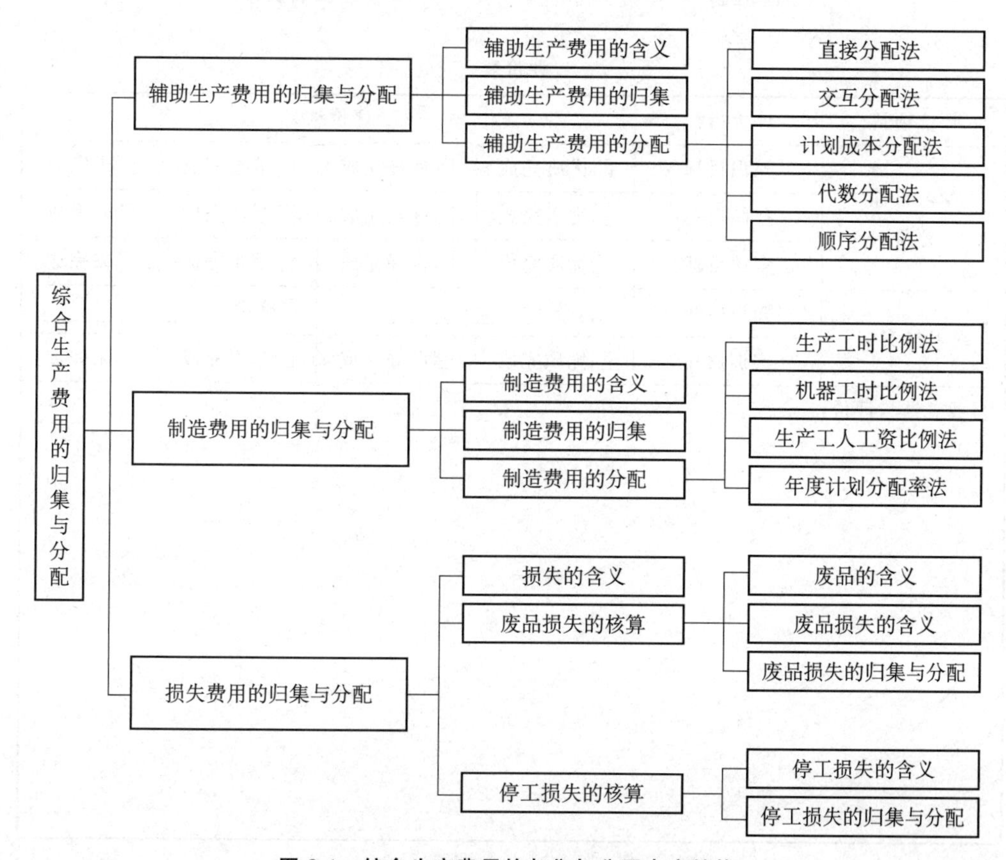

图 3-1 综合生产费用的归集与分配内容结构

学习笔记

练习与实训

知识检测

实训操作

评价表

评价项目	评价指标	评价结果			
学习目标评价	知识目标	□优质完成	□良好完成	□基本完成	□未完成
	技能目标	□优质完成	□良好完成	□基本完成	□未完成
	素质目标	□优质完成	□良好完成	□基本完成	□未完成
练习与实训	知识检测	得分：________		正确率：________	
	实训操作	□优质完成	□良好完成	□基本完成	□未完成
自我总结与评价：					

完工产品与在产品成本的分配

项目四

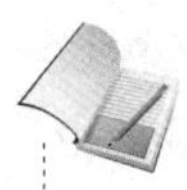

【知识目标】

1. 了解在产品数量的核算；
2. 了解在产品与完工产品的区别；
3. 了解各种分配方法的核算方法。

【技能目标】

1. 能够运用各种分配方法将生产费用在完工产品和在产品之间进行分配；
2. 能够填制成本核算单；
3. 能够进行入库的账务处理。

【素质目标】

1. 具备成本会计思维；
2. 具有良好的问题分析能力。

案例与思考

长江管道公司下设一车间和二车间两个基本生产车间。一车间现有完工产品20件，在产品10件；二车间现有完工产品50件，在产品20件。

该企业有多少件完工产品，多少件在产品？为了精确核算完工产品和在产品的成本需要哪些关键会计和生产管理信息？产品完工后如何进行账务处理？

任务一 在产品数量的核算

一、在产品的确定

（一）在产品的概念

在产品又称在制品，由于确认的角度不同，在产品范围也不一样。从某一车间或某一生产步骤来说，在产品包括该车间或该生产步骤在加工的、尚未验收入自制半成品库的零部件和半成品，完工的自制半成品不包括在内。从整个企业角度而言，在产品是指没有完

成全部生产过程、不能作为商品销售的产品，包括正在各车间加工或者装配的零部件、半成品以及尚未验收入库的产成品和等待或正在返修的可修复废品。

（二）在产品的日常核算

在成本核算中，在产品核算应同时具备账面核算资料和实际盘点资料，以便从账面上随时掌握在产品的动态，又可清查在产品的实存数量。

在产品成本的核算，应根据在产品的实际盘存数量进行。若由于在产品品种多、数量大，每月组织实地盘点确有困难，也可根据在产品业务核算资料的期末结存量来核算在产品成本。车间在产品收发结存的日常核算，通常是通过在产品收发结存账进行的。在实务工作中，则需要建立在产品台账，应分车间并按照产品品种和在产品或零部件名称设置，根据领料凭证、在产品内部转移凭证、产品检验凭证和产品交库凭证及时登记，最后由车间核算人员审核汇总，提供车间各种在产品收、发、结存动态的业务核算资料。完善在产品收、发、结存日常核算的原始凭证，健全在产品流转交接手续，这对于正确核算在产品成本、加强生产管理、保护在产品的安全完整具有重要意义。

二、在产品的清查与账务处理

（一）在产品的清查

为了核实在产品实际结存数量，保证在产品账实相符，应该定期或不定期地进行在产品清查。根据实际盘点数和账面资料编制在产品盘点表，列明在产品的账面数、实有数、盘盈或盘亏数以及盘盈、盘亏的原因和处理意见等；对于报废和毁损的在产品，如果可以回收利用，还要登记残值。企业成本核算人员应对在产品盘点表进行认真审核，并报有关部门审批，同时对在产品盘盈、盘亏进行账务处理。

（二）在产品清查的账务处理

在产品发生盘盈时，按计划成本或定额成本借记“基本生产成本”账户，贷记“待处理财产损溢”账户；按照规定核销时，应冲减制造费用，借记“待处理财产损溢”账户，贷记“制造费用”账户。

在产品发生盘亏和毁损时，应冲减在产品账面成本，借记“待处理财产损溢”账户，贷记“基本生产成本”账户。毁损在产品的残值，应冲减损失，借记“原材料”“银行存款”等账户，贷记“待处理财产损溢”账户。按规定核销时，应根据不同情况分别将损失从“待处理财产损溢”账户的贷方转入有关账户的借方；其中准予计入产品成本的损失，借记“制造费用”账户。由于自然灾害造成的非常损失中，有保险赔款部分，借记“其他应收款”或“银行存款”账户；其余方面的损失，借记“营业外支出”账户。应由过失单位或过失人员赔偿损失的，借记“其他应收款”账户。

对于库存半成品动态及其清查的核算，可比照材料存货核算进行。辅助生产的在产品数量核算与基本生产类似。

【例 4-1】

长江管道公司基本生产车间的在产品清查情况如下：A 产品在产品盘亏 5 件，单位成本为 200 元，其中过失人赔偿 200 元；B 产品在产品盘盈 2 件，单位产品成本 250 元；C 产品在产品由于台风影响毁损 8 件，单位成本 150 元，残值入库价值 30 元，保险公司赔偿 1 000元（尚未收到），其余损失计入营业外损失，以上事项均已审核批准。要求：根据资料编写会计分录。

解析：

(1) A 产品在产品盘亏账务处理。

盘亏时会计分录如下。

借：待处理财产损溢　　1 000

　贷：基本生产成本——A 产品　　1 000

审核批准后会计分录如下。

借：其他应收款　　200

　　制造费用　　800

　贷：待处理财产损溢　　1 000

(2) B 产品在产品盘盈账务处理。

盘盈时会计分录如下。

借：基本生产成本——B 产品　　500

　贷：待处理财产损溢　　500

审核批准后会计分录如下。

借：待处理财产损溢　　500

　贷：制造费用　　500

(3) C 产品在产品损毁账务处理。

损毁时会计分录如下。

借：待处理财产损溢　　1 200

　贷：基本生产成本——C 产品　　1 200

审核批准后会计分录如下。

借：原材料　　30

　　其他应收款　　1 000

　　营业外支出　　170

　贷：待处理财产损溢　　1 200

任务二　生产费用在完工产品与月末在产品之间分配

一、生产费用在完工产品与月末在产品之间分配的原则

经过要素费用、辅助生产费用、制造费用等在各种产品之间的分配和归集，凡应计入本月产品成本的各项费用，都已记入“基本生产成本”账户借方及各产品成本核算单的有

关成本项目中。若该产品月末全部完工验收入库，无期末在产品，则产品成本核算单中的期初在产品成本和本期投入生产费用之和，即是当月完工产品总成本，用总成本除以产量则为单位产品成本；若该产品月末都未完工，则产品成本核算单中的生产费用合计数即为在产品成本；然而在实际业务核算中，月末在产品与完工产品同时存在的情况却占大多数，这就需要采用适当的方法将生产费用在完工产品与在产品之间进行分配。

月末生产费用在完工产品与在产品之间进行分配时，企业应根据月末在产品数量、各月月末在产品数量变化、各项成本项目所占比重、企业定额管理基础工作等情况，选择适当的分配方法。

由于产品生产成本都是根据成本项目归集，完工产品和在产品成本的划分应该分别按成本项目进行。为保证正确核算产品成本，一般情况下，各成本项目的成本都应在完工产品和月末在产品之间分配；但是若对产品成本核算的正确性影响不大，为了简化成本核算工作，月末在产品也可只负担部分成本。

月初在产品成本、本月生产费用、本月完工产品成本和月末在产品成本四者之间的关系，可表示为

月初在产品成本＋本月生产费用＝本月完工产品成本＋月末在产品成本

上式中等号左边是已知数，右边是未知数。月初在产品成本和本月生产费用合计数需要在本月完工产品与月末在产品之间进行分配，通常有以下两种方式。

(1) 先核算在产品成本，再倒算完工产品成本。

本月完工产品成本＝月初在产品成本＋本月生产费用－月末在产品成本

(2) 按照一定的分配标准，同时核算完工产品与月末在产品成本。

二、生产费用在完工产品与月末在产品之间分配的方法

在完工产品与在产品之间进行生产费用分配时，可以采用的分配方法大致有以下七种。

(一) 不计算在产品成本法

不计算在产品成本法又称在产品不计价法，是指虽然月末在产品有结存，但月末在产品数量很少、价值很低，并且各月在产品数量比较稳定，从而对月末在产品成本忽略不计的一种分配方法。

对于自来水生产企业、采掘企业等企业是否核算在产品成本对完工产品成本影响不大，为简化工作，可以不核算在产品成本。采用这种方法时，本月所有的生产费用就是本月该种完工产品的总成本。

(二) 在产品按固定成本计价法

在产品按固定成本计价法是指对各月在产品按照年初在产品成本计价的一种方法。

这种方法适用于各月月末在产品结存数量较少，或者虽然在产品结存数量比较大，但各月月末在产品数量稳定、起伏不大的企业，如炼铁企业和化工企业。采用这种方法是因为月初、月末在产品的差额不大，是否计算各月在产品成本，对核算完工产品成本的影响不大，为了简化核算，同时为了反映在产品占用的资金，按照年初数固定计算各月在产品成本。

需要注意的是，采用这种方法时，每年年末需要根据实际盘存资料，采用其他方法核算在产品成本，以免在产品以固定成本计价的时间太长，在产品成本与实际成本出入过大，导致企业存货资产失实。

（三）在产品按所耗直接材料费用计算法

在产品按所耗直接材料费用计价，就是月末在产品只核算所耗费的原材料费用，不核算工资及福利费等加工费用，产品的加工费用全部由完工产品负担。

这种方法适用于各月在产品数量多，各月在产品数量变化较大，且原材料费用在产品成本中所占比重较大的企业，如纺织企业、造纸企业等。全部生产费用扣除按照所耗直接材料费用核算的在产品成本，就是该完工产品的成本。

【例 4-2】

长江管道公司生产 A 产品，直接材料在生产开始一次性投入，直接材料费用在产品成本中所占比例较重，20××年 4 月月初在产品原材料费用 1 200 元，本月发生原材料费用43 800元，直接人工费用 39 800 元，当月完工产品 360 件，在产品 40 件。要求：将原材料费用按完工产品和月末在产品的数量比例分配。

解析：

$$原材料费用分配率=\frac{1\ 200+43\ 800}{360+40}=112.5$$

月末在产品成本＝40×112.5＝4 500（元）

完工产品原材料费用＝360×112.5＝40 500（元）

完工产品成本＝40 500＋39 800＝1 200＋43 800＋39 800－4 500＝80 300（元）

（四）约当产量比例法

约当产量是指在产品数量按其完工程度折合为完工产品数量。例如在产品 50 件，平均完工 60%，则约当产量为 30 件。

约当产量比例法就是将月末在产品数量按照其完工度折算为相当于完工产品数量（即月末在产品约当产量），然后按完工产品产量与月末在产品约当产量的比例分配核算完工产品费用与月末在产品费用。该方法适用范围较广，特别适用于月末在产品数量较大，各月月末在产品数量变化也大，产品成本中原材料费用和工资及福利费等加工费用所占比重差不多的产品。其具体核算公式为

$$在产品约当产量=在产品数量\times在产品完工程度$$

$$费用分配率=\frac{月初在产品成本+本月生产费用}{完工产品产量+月末在产品约当产量}$$

$$完工产品成本=完工产品产量\times费用分配率$$

$$\begin{aligned}月末在产品成本&=月末在产品约当产量\times分配率\\&=成本总额-完工产品成本\end{aligned}$$

采用约当产量比例法核算产品成本时，需要分成本项目核算约当产量单位成本、完工产品成本、月末在产品成本。根据在产品各成本项目的属性不同，直接人工、制造费用等项目确定在产品完工程度时，通常按在产品的加工程度核算；分配直接材料项目确定在产品完工程度时，通常按投料程度核算。

1. 确定加工程度

确定加工程度主要针对燃料和动力、直接人工、制造费用等成本项目。在产品的加工程度通常是指在产品实际耗费工时(或工时定额)占完工产品应耗费工时(或工时定额)的百分比,也叫加工百分比或者加工率。确定加工程度的方法主要有以下两种。

(1) 在产品数量在各工序上的分布以及产品在各工序的加工量都比较均衡时,一律按 50%作为各工序在产品的加工程度。

(2) 在产品数量在各工序分布以及产品在各工序的加工量都有较大差异时,需分工序核算加工百分比,分别确定其加工程度。各工序在产品加工百分比核算公式为

$$\text{某工序在产品加工程度}=\frac{\text{以前各道工序工时定额之和}+\text{本工序工时定额}\times 50\%}{\text{完工产品工时定额}}\times 100\%$$

【例 4-3】

某产品要经过三道工序加工完成,具体工时定额和月末在产品数量如表 4-1 所示。

表 4-1 工时定额和月末在产品数量表

工　　序	工时定额/小时	月末在产品数量/件
第一工序	20	60
第二工序	30	80
第三工序	50	160
合计	100	300

要求:假如该产品本月完工 500 件,该产品应负担的制造费用总额为 5 000 元,核算完工产品和在产品各自应负担的制造费用。

解析: 第一工序在产品的完工程度 $=\frac{20\times 50\%}{100}\times 100\%=10\%$

第二工序在产品的完工程度 $=\frac{20+30\times 50\%}{100}\times 100\%=35\%$

第三工序在产品的完工程度 $=\frac{20+30+50\times 50\%}{100}\times 100\%=75\%$

第一工序在产品的约当产量 $=60\times 10\%=6$(件)

第二工序在产品的约当产量 $=80\times 35\%=28$(件)

第三工序在产品的约当产量 $=160\times 75\%=120$(件)

在产品约当产量 $=6+28+120=154$(件)

制造费用分配率 $=\frac{5\,000}{500+154}\approx 7.65$

完工产品承担的制造费用 $=500\times 7.65=3\,825$(元)

在产品承担的制造费用 $=5\,000-3825=1\,175$(元)

2. 确定投料程度

(1) 直接材料在生产开始时一次性投入。如果直接材料是在生产开始时一次性投入,则月末在产品投料程度为 100%。在这种情况下,不管月末在产品完工程度如何,直接材料已经在第一道工序时全部投入,所以不管哪一道工序的在产品,其耗费的材料与完工产品都是一样的。因此,在产品约当产量为在产品数量乘以 100%,在产品约当产量等

于在产品数量，所以可直接按照完工产品和月末在产品数量比例进行分配。

【例 4-4】

长江管道公司生产 A 产品，本月完工 600 件，月末在产品 400 件，在产品完工程度 40%，月初在产品原材料费用 2 300 元，本月发生原材料费用 12 900 元，原材料在生产开始时一次投入。要求：将原材料费用按约当产量比例法分配。

解析：

$$原材料费用分配率=\frac{2\ 300+12\ 900}{600+400\times100\%}=15.2$$

完工产品原材料费用=600×15.2=9 120(元)

在产品原材料费用=400×15.2=6 080(元)

(2) 直接材料分工序一次性投入。各道工序所耗的直接材料在本工序开始时一次投入，即同一工序内所有产品无论是否完工，所耗用的材料数量都是相同的。因此，在确定各工序在产品投料程度时，本工序的投料程度为 100%，各工序在产品的投料程度核算公式如下：

$$某工序在产品投料程度=\frac{以前各工序材料消耗定额之和+本工序材料消耗定额\times100\%}{完工产品材料消耗定额}\times100\%$$

【例 4-5】

长江管道公司生产 B 产品需要经过两道工序，月初和本月直接材料合计 35 432 元，月末完工产品 650 件，各工序月末在产品分别为 140 件和 90 件，原材料分工序一次性投入。两道工序的材料消耗定额分别为 36 千克和 24 千克，要求：按照约当产量比例法核算在产品和完工产品应负担的材料成本。

解析：

$$第一工序在产品的投料程度=\frac{36\times100\%}{36+24}\times100\%=60\%$$

$$第二工序在产品的投料程度=\frac{36+24\times100\%}{36+24}\times100\%=100\%$$

第一工序在产品的约当产量=140×60%=84(件)

第二工序在产品的约当产量=90×100%=90(件)

$$直接材料分配率=\frac{35\ 432}{650+84+90}=43$$

完工产品应承担的直接材料费用=650×43=27 950(元)

在产品应承担的直接材料费用=(84+90)×43=7 482(元)

(3) 直接材料分工序陆续投入。如果直接材料是随产品生产加工步骤陆续投入，那么各工序投料程度是不同的。因此，需要按工序核算各工序在产品的投料程度，具体核算公式如下：

$$某工序在产品投料程度=\frac{以前各工序材料消耗定额之和+本工序材料消耗定额\times50\%}{完工产品材料消耗定额}\times100\%$$

【例 4-6】

长江管道公司生产 B 产品，需要经过两道工序进行，月初和本月直接材料合计 35 432 元，月末完工产品 650 件，各工序月末在产品分别为 140 件和 90 件，原材料分工序陆续投入。

两道工序的材料消耗定额分别为 36 千克和 24 千克，要求：按照约当产量比例法核算在产品和完工产品应负担的材料成本。

解析：

$$\text{第一工序在产品的投料程度}=\frac{36\times50\%}{36+24}\times100\%=30\%$$

$$\text{第二工序在产品的投料程度}=\frac{36+24\times50\%}{36+24}\times100\%=80\%$$

第一工序在产品的约当产量＝140×30%＝42(件)

第二工序在产品的约当产量＝90×80%＝72(件)

$$\text{直接材料分配率}=\frac{35\ 432}{650+42+72}\approx46.38$$

完工产品应承担的直接材料费用＝650×46.38＝30 147(元)

在产品应承担的直接材料费用＝35 432－30 147＝5 285(元)

【例 4-7】

长江管道公司生产 C 产品，共分三道工序，月初和本月发生的生产费用为直接材料费用 300 000 元，工资及福利费 13 020 元，制造费用 8 680 元，原材料生产开始时一次性投入，本月完工产品 350 件，工时定额和月末在产品数量如表 4-2 所示。

表 4-2　工时定额和月末在产品数量

工　序	工时定额/小时	月末在产品数量/件
第一工序	6	40
第二工序	10	60
第三工序	4	50
合计	20	150

要求：采用约当产量比例法核算 C 产品的完工产品成本和月末在产品成本。

解析：具体如表 4-3～表 4-5 所示。

表 4-3　在产品约当产量核算表

工　序	工时定额/小时	月末在产品数量/件	完工程度/%	在产品约当产量/件
第一工序	6	40	15	6
第二工序	10	60	55	33
第三工序	4	50	90	45
合计	20	150	—	84

表 4-4　分配率及成本核算表

项　目	工序			合　计
	1	2	3	
在产品约当产量/件	6	33	45	84
完工产品数量/件	—			350
直接材料分配率/(元/件)	600			

续表

项目		工序			合计
		1	2	3	
工资及福利费分配率/(元/件)		30			
制造费用分配率/(元/件)		20			
直接材料/元	完工产品	210 000			300 000
	在产品	90 000			
工资及福利费/元	完工产品	10 500			13 020
	在产品	2 520			
制造费用/元	完工产品	7 000			8 680
	在产品	1 680			

表 4-5　产品成本核算单

产品名称:C产品　　20××年×月　　单位:元

项　　目	直接材料	工资及福利费	制造费用	合计
月初在产品和本月生产费用	300 000	13 020	8 680	3 217 000
单位成本(分配率)	600	30	20	650
完工产品成本	210 000	10 500	7 000	227 500
在产品成本	90 000	2 520	1 680	94 200

(五) 在产品按完工产品成本核算法

在产品按完工产品成本核算法是将在产品视同完工产品核算、分配生产费用。这种分配方法适用于月末在产品已接近完工或在产品已经加工完毕但尚未验收入库的产品。为了简化核算工作,将在产品视同完工产品,按两者的数量比例分配生产费用。其计算公式如下:

$$费用分配率=\frac{某成本项目}{完工产品数量+月末在产品数量}$$

$$完工产品某项成本=完工产品数量\times费用分配率$$

$$月末在产品某项成本=月末在产品数量\times费用分配率$$

【例 4-8】

长江管道公司生产D产品,月初和本月发生直接材料费用50 000元,直接人工费用12 000元,制造费用6 000元,本月完工产品600件,月末在产品400件,月末已接近完工。采用在产品按完工产品成本核算法,核算完工产品和月末在产品成本,如表4-6所示。

表 4-6　成本核算单

产品名称:C产品　　20××年×月　　单位:元

项　　目	直接材料	直接人工	制造费用	合计
月初及本月发生额	50 000	12 000	6 000	68 000
完工产品数量	—			600
月末在产品数量	—			400

续表

项　目	直接材料	直接人工	制造费用	合计
分配率/(元/件)	50	12	6	68
完工产品成本	30 000	7 200	3 600	40 800
月末在产品成本	20 000	4 800	2 400	27 200

（六）在产品按定额成本核算法

在产品按定额成本核算法是按照预先制定的定额成本核算月末在产品成本，即月末在产品成本按照在产品数量和单位定额成本进行核算。产品月初在产品费用加本月生产费用，扣除月末在产品的定额成本，就是完工产品成本。每月生产费用脱离定额的差异，全部由完工产品负担。此方法适用于定额管理基础较好，各项消耗定额或费用定额比较准确、稳定，而且各月在产品数量变动不大的产品。

【例 4-9】

长江管道公司生产 E 产品，本月完工入库 400 件，期末在产品 20 件，单位产品工时定额为 6 小时，单件材料费用定额 300 元，直接人工 25 元/小时，制造费用 20 元/小时，期初和本期生产费用发生额如表 4-7 所示，则月末按在产品定额成本核算法核算在产品和完工产品成本如表 4-7 所示。

表 4-7　成本核算单

产品名称：E 产品　　　　20××年×月　　　　单位：元

项　目	直接材料	直接人工	制造费用	合计
月初在产品(定额成本)	9 000	11 000	5 000	25 000
本期生产费用	45 000	26 000	9 000	80 000
生产费用合计	54 000	37 000	14 000	105 000
完工产品成本	48 000	34 000	11 600	93 600
月末在产品成本(定额成本)	6 000	3 000	2 400	11 400

在产品材料定额成本＝300×20＝6 000(元)

在产品直接人工定额成本＝20×6×25＝3 000(元)

在产品制造费用定额＝20×6×20＝2 400(元)

在产品定额成本＝6 000＋3 000＋2 400＝11 400(元)

完工产品总成本＝25 000＋80 000－11 400＝93 600(元)

（七）定额比例法

定额比例法是将产品的生产费用按完工产品和月末在产品的定额消耗量或定额费用比例，分配核算完工产品和月末在产品成本的一种方法。其中，直接材料费用按照直接材料定额消耗量或定额费用比例分配；工资和福利费、制造费用等加工费，按定额工时或定额费用比例分配。这种方法适用于各消耗定额或费用定额比较准确，但各月末在产品数量变化较大的产品。定额比例法的核算公式和程序如下。

1. 按成本项目确定完工产品与月末在产品的定额耗用量或定额成本

直接材料成本为

完工产品材料定额消耗量＝单位产品材料消耗量定额×完工产品产量

在产品材料定额消耗量＝单位产品材料消耗量定额×在产品产量

其他成本为

完工产品定额工时＝单位产品工时定额×完工产品产量

在产品定额工时＝单位在产品工时定额×在产品产量

2. 确定各成本项目费用分配率

$$直接材料费用分配率=\frac{月初在产品成本+本月直接材料费用发生额}{月末完工产品定额消耗量(费用)+月末在产品定额消耗量(费用)}$$

$$直接人工、制造费用=\frac{月初在产品成本+本月发生费用}{月末完工产品定额工时+月末在产品定额工时}$$

3. 核算完工产品和月末在产品成本

月末在产品成本＝费用分配率×月末在产品定额

完工产品成本＝费用分配率×完工产品定额

【例 4-10】

长江管道公司生产F产品，本月完工产品800件，直接材料费用定额10元，工时定额2小时，月末在产品200件，直接材料费用定额8元，工时定额1小时，月初在产品和本期生产费用情况见表4-8。生产费用在完工产品和月末在产品之间分配时，直接材料费用按直接材料定额费用比例分配，其他费用按照定额工时比例分配，核算分配结果如表4-8所示。

表 4-8　成本核算单

产品名称:F产品　　　　20××年×月　　　　单位:元

项　目		直接材料	直接人工	制造费用	合计
月初在产品成本		13 000	9 000	8 000	30 000
本期生产费用		35 000	18 000	10 000	63 000
生产费用合计		48 000	27 000	18 000	93 000
单位成本(分配率)		5	15	10	—
完工产品成本	定额	8 000	1 600	1 600	—
	实际	40 000	24 000	16 000	80 000
月末在产品成本	定额	1 600	200	200	—
	实际	8 000	3 000	2 000	13 000

完工产品直接材料定额消耗量＝800×10＝8 000(元)

在产品直接材料定额消耗量＝200×8＝1 600(元)

完工产品定额工时＝800×2＝1 600(小时)

在产品定额工时＝200×1＝200(小时)

$$直接材料分配率=\frac{48\ 000}{8\ 000+1\ 600}=5$$

$$直接人工分配率=\frac{27\ 000}{1\ 600+200}=15$$

$$制造费用分配率=\frac{18\ 000}{1\ 600+200}=10$$

完工产品负担的直接材料＝8 000×5＝40 000(元)

在产品负担的直接材料＝1 600×5＝8 000(元)

完工产品负担的直接人工＝1 600×15＝24 000(元)

在产品负担的直接人工＝200×15＝3 000(元)

完工产品负担的制造费用＝1 600×10＝16 000(元)

在产品负担的制造费用＝200×10＝2 000(元)

完工产品成本＝40 000＋24 000＋16 000＝80 000(元)

在产品成本＝8 000＋3 000＋2 000＝13 000(元)

采用定额比例法分配完工产品与月末在产品费用,不仅分配结果比较正确,而且便于将实际费用与定额费用相比较,分析和考核定额的执行情况。

上述七种费用分配的方法中,不计算在产品成本法、在产品按固定成本计价法、在产品按所耗直接材料费用计算法、在产品按定额成本核算法这四种方法需要先核算在产品成本,后核算完工产品成本;而约当产量比例法、在产品按完工产品成本核算法、定额比例法三种方法,在产品成本核算和完工产品成本核算不分先后。

任务三 完工产品成本的结转

生产费用在各产品之间以及在完工产品和月末在产品之间进行分配和归集后,完工产品的单位成本已经能核算出来,可据以结转入库完工产品成本。

工业企业的完工产品包括产成品、自制半成品、自制材料、工具、模具等。完工产品成本应从“基本生产成本”账户的贷方转入有关账户的借方,即完工入库产成品的成本,转入“库存商品”账户的借方;完工自制材料、工具、模具等应分别转入“原材料”“低值易耗品”等账户的借方。若“基本生产成本”账户有借方余额,表示基本生产车间月末在产品的成本,也是基本生产过程中占用的生产资金,应与所属各产品成本明细账中月末在产品成本之和进行核对,并且相符。

【例 4-11】

承接例 4-2、例 4-5、例 4-7、例 4-8、例 4-9、例 4-10,长江管道公司本期生产的 A、B、C、D、E、F 完工产品入库,成本分别是 80 300 元、27 950 元、227 500 元、40 800元、93 600 元、80 000 元,会计分录如下。

借:库存商品——A 产品　　80 300
　　　　　——B 产品　　27 950
　　　　　——C 产品　　227 500
　　　　　——D 产品　　40 800
　　　　　——E 产品　　93 600

——F 产品　　80 000

贷：基本生产成本——A 产品　　80 300

——B 产品　　27 950

——C 产品　　227 500

——D 产品　　40 800

——E 产品　　93 600

——F 产品　　80 000

根据各种费用分配表和各项会计分录，登记相关的明细账和总账。

复习与思考

1. 说明在产品出现盘盈、盘亏的账务处理以及经批准后的账务处理。
2. 在产品与完工产品成本分配的七种方法的适用条件分别是什么？
3. 说明产品完工入库的账务处理。

项目小结

本项目主要内容为完工产品与在产品成本的分配，包括在产品数量的核算、生产费用在完工产品与月末在产品之间分配和完工产品成本的结转三个内容。其中，在产品数量的核算包括在产品的确定和在产品的清查与账务处理；生产费用在完工产品与月末在产品之间分配包括分配原则和分配方法两部分内容。具体内容结构如图 4-1 所示。

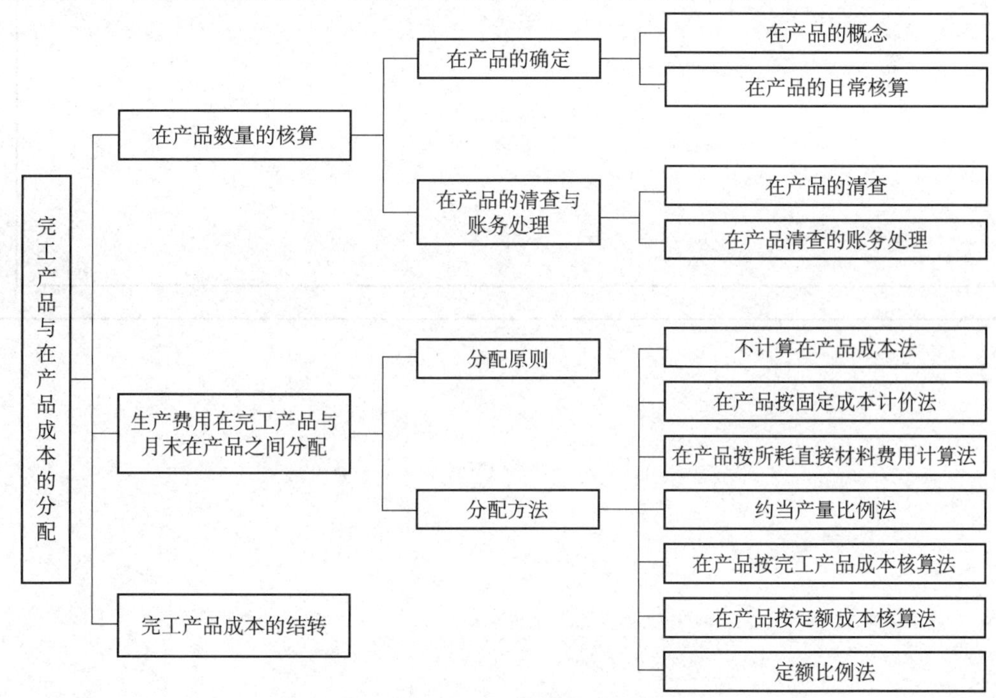

图 4-1　完工产品与在产品成本的分配内容结构

练习与实训

知识检测

实训操作

评价表

评价项目	评价指标	评价结果			
学习目标评价	知识目标	□优质完成	□良好完成	□基本完成	□未完成
	技能目标	□优质完成	□良好完成	□基本完成	□未完成
	素质目标	□优质完成	□良好完成	□基本完成	□未完成
练习与实训	知识检测	得分：________		正确率：________	
	实训操作	□优质完成	□良好完成	□基本完成	□未完成
自我总结与评价：					

产品成本核算方法认知

项目五

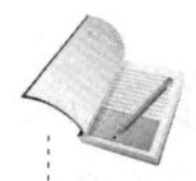

【知识目标】

1. 了解工业企业的生产类型,包括生产工艺过程和生产组织方式;
2. 掌握辅助生产费用的归集和分配;
3. 理解生产类型和管理要求对产品成本核算方法的影响;
4. 熟悉三种基本方法的计算对象和使用范围。

【技能目标】

1. 能够根据企业生产特点和管理要求确定成本核算对象成本核算期;
2. 能够运用不同分配方法进行制造费用分配;
3. 能够根据企业生产特点和管理要求,选择具体的成本核算方法。

【素质目标】

1. 具有主动提高成本核算的实际操作水平的职业追求;
2. 具有爱岗敬业的精神。

案例与思考

长江管道公司下属某工厂设有铸钢、锻工、机加工、组装四个基本生产车间。铸钢车间生产一种产品——铸造生铁。铸造生铁由锻工车间领用锻成轴、轮、套等自由锻件和立环等模锻件,再由机加工车间进行加工打磨,最后交组装车间进行组装。

针对上述情况,该工厂应采用什么方法进行成本核算。

任务一 产品成本核算方法的影响因素

一、企业的生产类型及其特点

产品成本是在生产过程中形成的,因此生产的特点在很大程度上影响着成本核算方法的选择。另外,成本核算为社会成本管理提供资料,采用什么方法,提供哪些资料,都要考虑成本管理的要求。当然,成本管理的要求也脱离不开生产的特点。以上关系说明企

业在确定产品成本核算方法时，必须从企业的具体情况出发，同时考虑企业的生产特点和成本管理的要求。

不同行业、企业、部门的生产特点千差万别。对于工业企业，可以根据生产工艺过程和生产组织的特点划分不同的类型。

（一）按照生产工艺过程的特点分类

按生产工艺过程的特点，工业企业生产可分为单步骤生产和多步骤生产两种。

单步骤生产也称简单生产，是指生产工艺过程不能间断、不能或不需要分散在不同地点进行的生产，通常只由一个企业整体进行，不需要多个企业协作生产，生产周期较短，工艺较简单，如发电、玻璃制品的熔制、采掘、化肥生产、铸件熔铸等。

多步骤生产也称复杂生产，是指产品的生产工艺过程由若干可以间断的生产步骤所组成的生产，生产活动可以分别在不同时间、不同地点进行，可以由一个企业的不同车间进行，生产周期较长，工艺较复杂。多步骤生产按其产品的加工方式，又可分为连续式多步骤生产和装配式多步骤生产。连续式多步骤生产是指投入生产的原材料到产品完工要依次经过各个生产步骤的连续加工的生产，如纺织、造纸、钢铁、服装加工和搪瓷生产等。装配式多步骤生产是先将原材料平行加工成零件、部件，然后将零件、部件装配成产成品，如机械制造、仪表制造、汽车制造等。

（二）按照生产组织的特点分类

按生产组织的特点，工业企业生产可分为大量生产、成批生产和单件生产三种。

大量生产是指不断重复品种相同的产品的生产。在这种生产类型的企业或车间中，产品的品种较少，而且比较稳定，如采掘、面粉、化肥、纺织业等。

成批生产是指按规定的产品批别和数量进行的生产。在这种生产类型的企业或车间中，产品的品种较多，而且具有一定的重复性，如服装、机械生产。成批生产按照产品批量的大小，又可以分为大批生产和小批生产，大批生产类似于大量生产，小批生产类似于单件生产。

单件生产是指根据订货单位的要求生产个别的、性质特殊的产品。在这种生产类型的企业或车间中，产品的品种较多，而且很少重复，如造船生产、重型机械、飞机生产。

一般情况下，单步骤生产大多是大量生产，连续式多步骤生产一般属于大量大批生产，装配式多步骤生产可以是大量生产、成批生产或单件生产。

二、生产特点及成本管理的要求对成本核算方法的影响

（一）生产特点对产品成本核算的影响

生产工艺过程的特点和生产组织的特点相结合，可形成不同的生产类型。单步骤生产和连续式多步骤生产一般是大量大批生产，可分别称为大量大批单步骤生产和大量大批连续式多步骤生产。装配式多步骤生产，既可以是大量生产，也可以是成批生产，还可以是单件生产，前一种可称为大量大批平行式多步骤生产，后两种可统称为单件小批平行式多步骤生产。以上四种生产类型是就整个企业而言的，主要是基本生产车间的特点及类型。

生产特点对产品成本核算的影响主要体现在三个方面:成本核算对象、成本核算期及生产费用在完工产品与在产品之间的分配。

1. 对成本核算对象的影响

(1) 从生产工艺过程特点看,主要有以下影响。

① 单步骤生产由于工艺过程不能间断,必须以产品为成本核算对象,按产品品种分别核算成本。

② 连续式多步骤生产需要以步骤为成本核算对象,既按步骤又按品种计算各步骤半成品成本和产品成本。

③ 多步骤平行式加工生产不需要按步骤计算半成品成本,而以产品品种为成本核算对象。

(2) 从产品生产组织特点看,主要有以下影响。

① 在大量生产情况下,只能以产品品种为成本核算对象核算产品成本。

② 对于大批生产的产品,不能按产品批别计算成本,而只能以产品品种为成本核算对象核算产品成本。

③ 如果大批生产的零件、部件按产品批别投产,也可以批别或件别为成本核算对象核算产品成本。

④ 小批、单件生产的产品批量小,同一批产品一般可以同时完工,可以产品批别为成本核算对象核算产品成本。

2. 对成本核算期的影响

在大量、大批生产中,由于生产连续不断地进行,每月都有完工产品,因而产品成本要定期在每月月末进行,与生产周期不一致。在小批、单件生产中,产品成本只能在某批、某件产品完工以后计算,因而成本核算是不定期进行的,与生产周期一致。

3. 对生产费用在完工产品与在产品之间的分配的影响

在单步骤生产中,生产费用不必在完工产品与在产品之间进行分配。

在多步骤生产中,是否需要在完工产品与在产品之间分配生产费用,很大程度上取决于生产组织的特点。在大量、大批生产中,生产是不间断进行的,而且经常有在产品,因此在计算成本时,就需要采用适当的方法,将生产费用在完工产品与在产品之间进行分配。

在小批、单件生产中,如果成本核算期与生产周期一致,在每批、每件产品完工前,产品成本明细账中所登记的生产费用就是月末在产品的成本;完工后所登记的费用就是完工产品的成本,不存在完工产品与在产品之间分配费用的问题。

上述三方面是相互联系、相互影响的,其中生产类型对成本核算对象的影响是主要的。不同的成本核算对象决定了不同的成本核算期和生产费用在完工产品与在产品之间的分配。因此,成本核算对象的确定,是正确计算产品成本的前提,也是区分各种成本核算方法的主要标志。

(二) 管理要求对产品成本核算的影响

管理要求对成本核算方法的影响主要体现在以下方面。

(1) 单步骤生产或管理上不要求分步骤计算成本的多步骤生产,以品种或批别为成本核算对象,应采用品种法或分批法。

（2）管理上要求分步骤计算成本的多步骤生产，以生产步骤为成本核算对象，应采用分步法。

（3）在产品品种、规格繁多的企业中，管理上要求尽快提供成本资料，简化成本核算工作，可采用分类法计算产品成本。

（4）在定额管理基础较好的企业中，为加强定额管理工作，可采用定额法。

任务二 产品成本核算方法的分类与选择

一、产品成本核算的基本方法

生产特点和管理要求决定着产品成本核算方法的三个基本要素，即成本核算对象、成本核算期、生产费用在完工产品和月末在产品之间的分配方法。在这三个基本要素中，成本核算对象是最主要的。成本核算对象不同，产生了以成本核算对象为显著区分标志的三种不同的成本核算方法，即以产品品种为成本核算对象的品种法、以产品的生产批别为成本核算对象的分批法、以产品品种及其生产步骤为成本核算对象的分步法。

（一）品种法

品种法是以产品品种作为成本核算对象来归集生产费用，计算各种产品成本的一种方法，品种法按产品品种开设成本明细账，以会计报告期为成本核算期，每月月末定期计算产品成本。成本核算期与会计报告期一致，与生产周期不一致。品种法是最基本的成本核算方法，是学习其他成本核算方法的基础。品种法的特点有以下几点。

（1）品种法以产品的品种为成本核算对象，开设产品成本明细账。

（2）品种法以会计报告期为成本核算期，每月月末定期计算产品成本。

（3）采用品种法计算产品成本，在月末计算产品成本时，如果没有或者只有数量很少的在产品，就不需要计算月末在产品成本，全部生产费用由完工产品负担，各产品成本明细账中归集的全部生产费用即为该产品的产成品总成本；如果月末有在产品而且在产品数量较多，则应将产品成本明细账中归集的生产费用，采用适当的分配方法在完工产品和月末在产品之间进行分配。

（二）分批法

分批法又称订单法，是以产品的生产批别或订单作为成本核算对象来归集生产费用，计算各批或各件产品成本的一种方法。分批法主要适用于小批、单件、管理上不要求分步计算产品成本的多步骤生产，如重型机械、船泊、精密仪器制造以及服装、印刷工业等。

分批法是以产品的批别作为成本核算对象。在一般情况下，企业可根据客户的订单组织生产，并据此开设生产成本明细账，归集生产费用，计算产品成本。成本核算期与产品生产周期相同，而与会计报告期不一致。产品生产费用一般不需要在完工产品和在产品之间分配。

（三）分步法

分步法是按照产品品种及其生产步骤归集生产费用，计算产品成本的一种方法。分步法以其是否计算半成品成本为标志又分为逐步结转分步法和平行结转分步法。

逐步结转分步法是按产品加工步骤的先后顺序，对费用进行归集和分配，逐步结转各步骤半成品成本，直到全部生产过程结束，再计算出完工产品成本，实际上是品种法的多次连续应用。它适用于各步骤半成品有独立的经济意义，管理上要求核算半成品成本的企业。特别适用于连续式多步骤生产的企业，在这类企业中，车间一般是按照加工步骤来设置的，如纺织工业划分为纺织、制造、印染等步骤，而且各步骤的半成品一般具有独立的经济意义，既可作为半成品交给下步骤继续加工，又可直接作为产成品对外销售。

平行结转分步法是分步骤对费用进行归集和分配，不计算各步骤半成品成本，所以又称不计算半成品成本的方法。采用这种方法时，各步骤之间不存在费用结转关系，每一步骤中应由产成品负担的费用“份额”，平行结转计入产成品成本，然后通过汇总计算产成品成本。平行结转分步法主要适用于装配式多步骤大量大批生产的企业，如机械工业；同时也适用于连续式多步骤生产，各步骤半成品没有独立的经济意义或不出售的企业，如制造厂的纸浆。

二、产品成本核算的辅助方法

除了上述三种主要方法外，产品成本的核算还有一些辅助方法，如分类法、定额法等。辅助成本核算方法通常与生产特点没有直接联系，主要是为了满足简化成本核算工作和成本管理的需要。

（一）分类法

一些产品品种丰富、规格繁多的企业会按照产品品种或规格归集生产费用，分别计算各品种、各规格产品的成本，其计算工作十分繁重。为了简化成本核算工作，可按一定标准分类的生产企业，可采用分类法进行产品成本核算。分类法实际上是品种法的发展和延伸，它并不是一种独立的成本核算方法。

（二）定额法

对于产品生产已经定型、产品结构及工艺基本稳定、定额管理制度比较健全及各项定额管理工作基础比较好的企业，可采用定额法进行产品成本核算。定额法是以产品定额成本为基础，加减实际脱离现行定额的差异、材料成本差异和定额变动差异，以计算产品实际成本的一种方法。

在实际工作中，企业应根据自身不同的生产特点和管理要求，考虑企业的规模和管理水平等具体条件，灵活运用各种成本核算方法。

三、产品成本核算的管理方法

（一）变动成本法

按照成本习性，将产品成本分为变动部分和固定部分。变动成本法是只按变动成本核算产品成本的一种成本核算方法。这种方法便于企业内部进行成本管理。

（二）标准成本法

标准成本法是指事先制定产品的标准成本作为实际发生成本的一个控制标准，在产品生产过程中将实际成本与标准成本进行比较，计算成本差异，找出产生差异的原因，进而加强成本管理工作的一种成本核算、控制、核算的方法。

（三）作业成本法

作业成本法是指将产品成本中的间接成本按照其产生的动因进行成本分配，从而计算出产品成本的一种成本核算方法。按照作业成本法计算成本可使产品成本更真实。

1. 企业选择成本核算方法的影响因素有哪些？

2. 企业是否只能选择一种成本核算的方法？

项目小结

本项目主要介绍了产品成本核算方法的影响因素以及成本核算方法的分类与选择。在产品成本核算方法的影响因素中，介绍了生产特点及成本管理的要求对成本核算方法的影响。在成本核算方法的分类与选择中，介绍了基本方法、辅助方法和管理方法。本项目内容结构如图 5-1 所示。

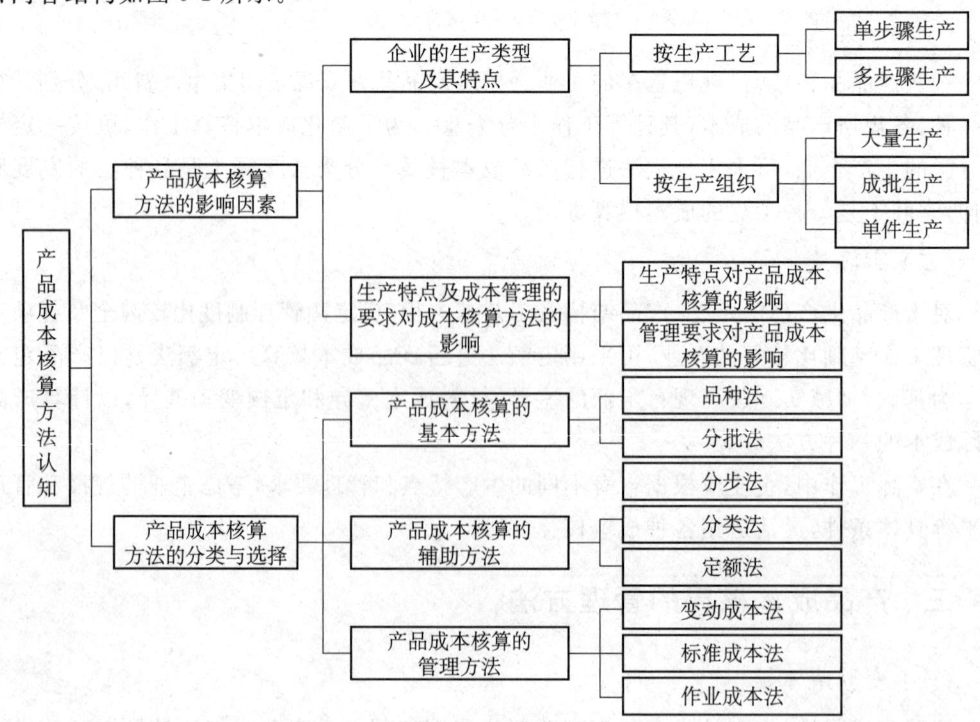

图 5-1　产品成本核算方法认知内容结构

练习与实训

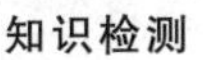

知识检测

实训操作

评价表

<table>
<tr><td>评价项目</td><td>评价指标</td><td colspan="4">评价结果</td></tr>
<tr><td rowspan="3">学习目标评价</td><td>知识目标</td><td>□优质完成</td><td>□良好完成</td><td>□基本完成</td><td>□未完成</td></tr>
<tr><td>技能目标</td><td>□优质完成</td><td>□良好完成</td><td>□基本完成</td><td>□未完成</td></tr>
<tr><td>素质目标</td><td>□优质完成</td><td>□良好完成</td><td>□基本完成</td><td>□未完成</td></tr>
<tr><td rowspan="2">练习与实训</td><td>知识检测</td><td colspan="2">得分：________________</td><td colspan="2">正确率：________________</td></tr>
<tr><td>实训操作</td><td>□优质完成</td><td>□良好完成</td><td>□基本完成</td><td>□未完成</td></tr>
<tr><td colspan="6">自我总结与评价：</td></tr>
</table>

项目六

产品成本核算方法——品种法

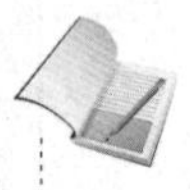

【知识目标】

1. 了解品种法的含义适用范围；
2. 了解品种法的特点和成本核算程序。

【技能目标】

1. 能够区分单一品种品种法和多品种品种法的核算程序；
2. 能够运用品种法核算产品成本。

【素质目标】

1. 具备使用品种法核算产品成本的素质；
2. 具备沟通协作能力。

案例与思考

长江管道公司下属长江电力发电厂和长江五金有限责任公司，长江发电厂只生产电力，长江五金有限责任公司生产A、B两种产品。

若两个公司都以产品品种作为成本核算对象，采用什么方法核算完工产品与月末在产品的成本？两个单位的核算程序相同吗？

任务一 认识品种法

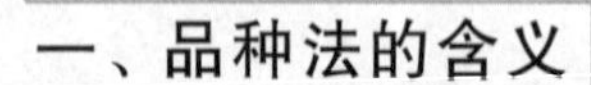

一、品种法的含义

品种法是指按照产品品种核算产品成本的一种方法，它以产品品种作为成本核算对象，归集生产费用，核算产品成本，是最基本的成本核算方法。品种法适用于大量大批单步骤生产，以及管理上不要求分步骤核算产品成本的大量大批多步骤生产的企业。

二、品种法的特点

不同产品成本核算方法之间的区别主要表现在产品成本核算对象的确定、成本核算期的确定与生产费用在完工产品与在产品之间的分配三个方面。品种法的主要特点如下。

（一）成本核算对象

品种法的成本核算对象是产品品种。因此，在进行成本核算时，需要为每一种产品设置本产品成本明细账，以归集生产过程中发生的费用。如果企业只生产一种产品，则只设置一份产品成本明细账，账内按成本项目设置专栏。这时本月所发生的费用都是直接费用，应全部列入该种产品成本明细账的有关成本项目中，不存在将生产费用在各种产品之间进行分配的问题。如果企业生产多种产品，就需要按每种产品分别设置产品成本明细账，这时需要设置多本产品成本明细账。对于生产过程中所发生的费用，凡能分清应由哪种产品负担的，则应直接计入该种产品成本明细账的有关成本项目中；凡是几种产品共同耗用，而又不能分清由哪种产品负担多少数额的费用，则应采用适当的方法在各种产品之间进行分配，再计入各种产品成本明细账的有关成本项目。

品种法按成本核算对象的数量差异也可分为单一品种品种法和多品种品种法。

（二）成本核算期

采用品种法核算产品成本的企业，通常属于大量、大批生产。这一组织形式的企业不可能在投产的各种产品全部完工之后才进行成本核算，一般是定期在月末进行。因此，成本核算期与企业生产周期不一定一致，而与企业的会计报告期一致。

（三）生产费用需要在完工产品与在产品之间进行分配

品种法的成本核算期与会计报告期一致，但与生产周期不一定一致，通常月末在产品数量较多时，需要将生产费用采用适当的方法在本月完工产品和月末在产品之间进行分配，核算出完工产品和月末在产品成本。

三、品种法的适用范围

品种法主要适用于大量大批单步骤生产的企业，如发电、供水、采掘等企业。由于这类企业的产品生产工艺流程不能间断，不能按生产步骤核算产品成本，只能以产品品种作为成本核算对象。

在大量大批多步骤生产情况下，管理上不要求按照生产步骤核算产品成本的企业，也可以采用品种法核算产品成本。例如，小型水泥厂、砖瓦厂、造纸厂等或玻璃制品的熔铸都可采用品种法核算产品成本。

此外，辅助生产的供水、供电等，根据其生产特点和管理要求，也可以采用品种法核算产品成本。

四、品种法的成本核算程序

（一）单一品种品种法成本核算程序

单一品种品种法相对多品种品种法而言，其成本核算程序相对简化，主要特点是成本核算对象的品种单一，即只有一种产品。费用的发生较为直接，无须分配，只要按费用项

目直接归集即可。基于上述特点,在单一产品品种法下可按照发生的费用项目设置基本生产成本明细账的专栏,各生产单位发生的全部生产费用都为直接费用。采用该方法进行成本核算时,应根据原始凭证和各项费用分配表编制记账凭证,直接计入基本生产成本明细账的相应项目。月末汇总基本生产成本明细账,编制产品成本核算单,并核算完工产品总成本和在产品总成本,同时结转完工产品总成本。

(二) 多品种品种法成本核算程序

如果生产的产品不止一种,成本核算对象就是不同品种的产品,需要按照产品的品种分别开设产品成本明细账。对于发生的直接费用,应直接记入各个产品成本明细账;对于发生的间接费用,则应采用适当的分配方法在各个成本核算对象之间进行分配,然后记入各有关产品的成本明细账。若在产品数量很多,则需要将基本生产成本明细账中归集的生产费用在完工产品和月末在产品之间进行分配,核算完工产品和月末在产品成本。其成本核算程序如下。

1. 按产品品种设置产品成本明细账

企业按照产品品种开设基本生产成本明细账,并按成本项目设置专栏。若企业生产多种产品,则应为不同的产品分别开设基本生产成本明细账;同时按辅助生产提供的产品或劳务设置辅助生产成本明细账,辅助生产费用按成本项目设置专栏;按生产车间开设制造费用明细账,制造费用明细账按费用项目设置专栏。

2. 归集和分配本月发生的各项要素费用

根据生产过程中发生的各项费用的原始凭证和有关资料,编制各种要素费用分配表,据以登记基本生产成本明细账、制造费用明细账。

(1) 对本期产品生产中发生的直接耗用费用,可以根据原始凭证和各项费用分配表等有关资料,直接计入按成本核算对象开设的成本核算单中相关成本项目。

(2) 对本期为几种产品共同耗用的原材料费用,属于间接费用,应按一定标准在各种产品间分配后,分别计入有关成本核算单中的相关项目。

(3) 本期发生的其他间接费用,应先按其发生地点进行归集。例如,车间一般耗用的间接费用可以计入该车间的制造费用明细账。

(4) 对于跨期发生的费用,应按照权责发生制编制跨期费用分配表,并按分配对象登记有关明细账。

3. 分配辅助生产费用

根据辅助生产成本明细账上归集的生产费用,编制辅助生产费用分配表,采用适当的方法分配辅助生产费用,编制相应的会计分录,分别计入基本生产成本明细账、制造费用明细账和期间费用明细账。

4. 分配制造费用

将制造费用明细账上所归集的费用在各种产品之间进行分配,编制制造费用分配表,并登记基本生产成本明细账及其所属的产品成本明细账。

5. 核算本月完工产品成本和在产品成本

根据基本生产成本明细账等归集的生产费用,月末采用适当的分配方法核算各种产品的完工产品成本和在产品成本。如果月末没有在产品,则本月发生的生产费用全是该种产品的完工产品成本；如果月末没有完工产品，则本月发生的生产费用全是该产品的在产品成本。

6. 结转本月完工产品成本

根据基本生产成本明细账核算各种产品完工产品成本，编制本月完工产品成本汇总表，编制结转本月完工产品成本的会计分录，分别计入有关的基本生产成本明细账和库存商品明细账。

采用多品种品种法核算产品成本时，其具体程序如图 6-1 所示。

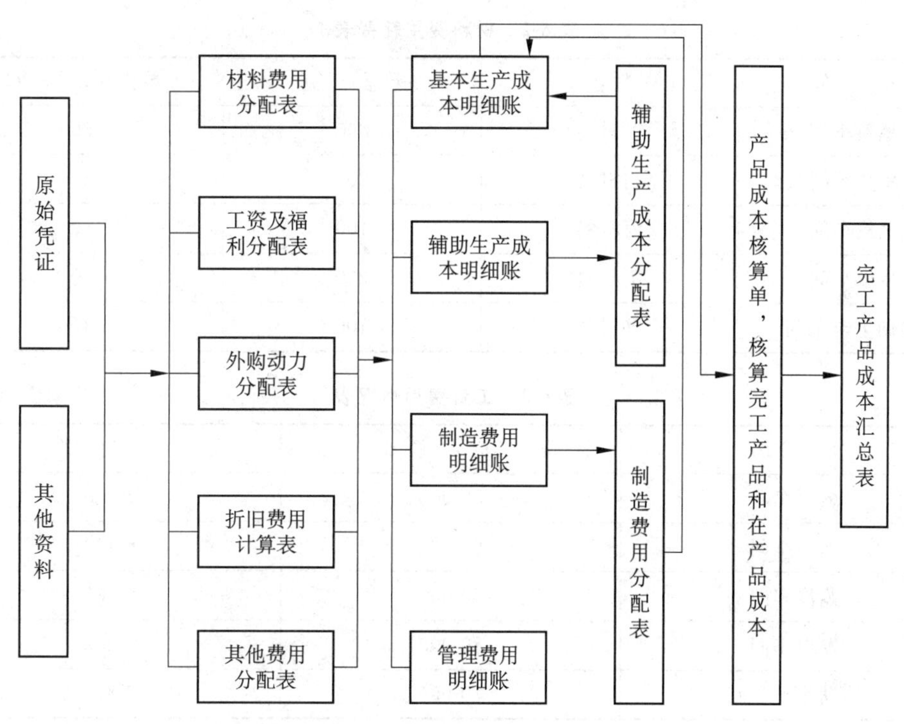

图 6-1 多产品品种法成本核算程序

任务二 品种法的应用

一、单一品种品种法应用

【例 6-1】

长江管道公司下属长江电力发电厂（一般纳税人），设有燃料车间、锅炉车间、蒸汽车间和发电车间四个基本生产车间，另外设置一个辅助生产车间和若干个管理部门。该厂的生产流程是燃料在燃料车间充分燃烧后为锅炉车间提供热能，锅炉车间利用热能形成水蒸气提供给蒸汽车间，蒸汽车间用高压设备使水蒸气推动发电车间发电机运作，最终发电车间产生电力。4 月该公司生产电力 90 000 000 度，具体生产费用发生情况如表 6-1～表 6-3 所示。

表 6-1 燃料费用耗费表

燃 料 名 称	数量/吨	单价/(元/吨)
甲类原煤	1 500	200
乙类原煤	800	350
丙类原煤	700	400
合 计	3 000	—

表 6-2 材料费用耗费表

车 间	材料名称	数量/千克	单价/(元/千克)
燃料车间	甲材料	300	50
锅炉车间	乙材料	200	80
蒸汽车间	丙材料	100	60
发电车间	丁材料	200	70
辅助生产车间	戊材料	100	40

表 6-3 工资费用情况表 单位:元

车 间	工 资	福 利 费
燃料车间	50 000	7 000
锅炉车间	60 000	8 400
蒸汽车间	40 000	5 600
发电车间	80 000	11 200
辅助生产车间	70 000	9 800

另外,该厂本月应付水费 34 000 元,其中生产用水费用 28 000 元,各车间公共用水费用 6 000 元;本月各车间固定资产折旧费用合计 33 000 元;各车间用支票支付办公费用 6 000 元;各车间摊销保险费 3 200 元。请用品种法核算该厂产品电力的成本。

根据表 6-1 核算、编制燃料费用分配表,如表 6-4 所示。

表 6-4 燃料费用分配表

20××年 4 月

燃 料 名 称	数量/吨	单价/(元/吨)	金额/元
甲类原煤	1 500	200	300 000
乙类原煤	800	350	280 000
丙类原煤	700	400	280 000
合 计	3 000	—	860 000

根据燃料费用分配表编制会计分录如下。

借:基本生产成本——燃料费　　860 000

　贷:原材料——甲类原煤　　300 000

　　　　——乙类原煤　　280 000

　　　　——丙类原煤　　280 000

根据表 6-2 核算、编制材料费用分配表,如表 6-5 所示。

表 6-5　材料费用分配表

20××年 4 月

车　　间	材料名称	数量/千克	单价/(元/千克)	金额/元
燃料车间	甲材料	300	50	15 000
锅炉车间	乙材料	200	80	16 000
蒸汽车间	丙材料	100	60	6 000
发电车间	丁材料	200	70	14 000
辅助生产车间	戊材料	100	40	4 000
合　　计		—	—	55 000

根据材料费用分配表编制会计分录如下。

借:基本生产成本——材料费　　55 000

　贷:原材料——甲材料　　15 000

　　　　——乙材料　　16 000

　　　　——丙材料　　6 000

　　　　——丁材料　　14 000

　　　　——戊材料　　4 000

根据表 6-3 核算、编制工资费用分配表,如表 6-6 所示。

表 6-6　工资费用分配表

20××年 4 月　　单位:元

车　　间	工　　资	福利费	合　　计
燃料车间	50 000	7 000	57 000
锅炉车间	60 000	8 400	68 400
蒸汽车间	40 000	5 600	45 600
发电车间	80 000	11 200	91 200
辅助生产车间	70 000	9 800	79 800
合　　计	300 000	42 000	342 000

根据工资费用分配表编制会计分录如下。

借:基本生产成本——人工费　　342 000

贷:应付职工薪酬——工资　　300 000

——福利　　42 000

应付水费编制会计分录如下。

借:基本生产成本——生产用水费　　28 000

——其他费用(水费)　　6 000

贷:应付账款——水费　　34 000

固定资产折旧费用编制会计分录如下。

借:基本生产成本——折旧费　　33 000

贷:累计折旧　　33 000

办公费用编制会计分录如下。

借:基本生产成本——办公费　　6 000

贷:银行存款　　6 000

车间保险费编制会计分录如下。

借:基本生产成本——保险费　　3 200

贷:其他应付款　　3 200

根据前述分录编制的记账凭证登记基本生产成本明细账,如表6-7所示。

表6-7　基本生产成本明细账

20××年4月　　单位:元

年		摘　要	燃料费	材料费	人工费	生产用水费	折旧费	办公费	保险费	其他费用	合　计
月	日										
4	30	分配燃料费	860 000	—	—	—	—	—	—	—	860 000
4	30	分配材料费	—	55 000	—	—	—	—	—	—	55 000
4	30	分配人工费	—	—	342 000	—	—	—	—	—	342 000
4	30	分配水费	—	—	—	28 000	—	—	—	6 000	34 000
4	30	分配折旧费	—	—	—	—	33 000	—	—	—	33 000
4	30	分配办公费	—	—	—	—	—	6 000	—	—	6 000
4	30	摊销保险费	—	—	—	—	—		3 200	—	3 200
4	30	合　　计	860 000	55 000	342 000	28 000	33 000	6 000	3 200	6 000	1 333 200

根据基本生产成本明细账和电力生产情况编制成本核算单,如表6-8所示。

表6-8　成本核算单

20××年4月

成本项目	电力生产量/度	总成本/元	单位成本/(元/度)
燃料费	—	860 000	—

续表

成本项目	电力生产量/度	总成本/元	单位成本/(元/度)
材料费	—	55 000	—
人工费	—	342 000	—
生产用水费	—	28 000	—
折旧费	—	33 000	—
办公费	—	6 000	—
保险费	—	3 200	—
其他费用	—	6 000	—
合计	—	1 333 200	—
电力生产量	90 000 000	—	—
单位成本	—	—	0.015

根据基本生产成本明细账和成本核算单结转本月电力成本,编制会计分录如下。

借:库存商品　　　　　　　　　　　　1 333 200

　贷:基本生产成本　　　　　　　　　　　1 333 200

二、多品种品种法应用

【例 6-2】

长江管道公司下属长江五金有限责任公司(一般纳税人)设有一个基本生产车间,生产甲、乙两种产品,其生产工艺过程属于单步骤生产,另外还设有机修车间和供电车间两个辅助生产车间,为基本生产车间和管理部门提供修理服务。该厂20××年5月有关资料如表6-9～表6-13所示。

表 6-9　产品产量资料

20××年5月

产品名称	月初在产品/件	本月投产/件	本月完工/件	月末在产品/件	月末在产品完工程度/%
A产品	15 000	30 000	40 000	5 000	70
B产品	20 000	18 000	28 000	10 000	60

表 6-10　月初在产品成本

20××年5月　　　　单位:元

产品名称	直接材料	直接人工	制造费用	合　计
A产品	223 000	32 280	1 400	256 680
B产品	179 600	20 120	3 280	203 000

表 6-11　工时耗用情况表

20××年 5 月　　　　单位:小时

耗用对象	机器工时	工人工时
A 产品	4 000	8 000
B 产品	5 000	7 000

表 6-12　生产费用耗费情况表

20××年 5 月　　　　单位:元

耗用对象		原材料	工资费用	水费	折旧费	其他费用
基本生产车间	A 产品	350 000	90 000	—	6 000	8 800
	B 产品	250 000				
	A、B 产品	27 000				
车间管理部门		40 000	8 000	1 050	800	480
机修车间		8 000	9 000	1 200	2 000	800
供电车间		6 000	7 000	1 000	1 600	600
公司管理部门		2 000	16 000	800	1 000	2 500

表 6-13　供电与机修车间提供的劳务数量表

20××年 5 月

耗用对象	修理工时/小时	电量/度
机修车间	—	700
供电车间	300	—
基本生产车间	1 000	30 000
公司管理部门	590	4 360
合　　计	1 890	35 060

已知原材料在生产开始一次性投入,共同耗费的原材料按机器工时比例分配;基本生产车间工人工资按工人工时比例分配;福利费按工资总额的 14%提取;水费按照机器工时分配;水费、其他费用已经用银行存款支付;辅助生产费用按直接分配法分配,制造费用按工人工时比例分配。

要求:按品种法核算 A 产品和 B 产品的完工产品和月末在产品成本,并编制相应会计分录。

解析:

(1) 分配材料费用。

该企业 20××年 5 月材料费用分配如表 6-14 所示。

表 6-14 材料费用分配表

20××年5月

应借账户		直接耗用/元	共同耗用			合计/元
			机器工时/小时	分配率	金额/元	
基本生产成本	A产品	350 000	4 000	3	12 000	362 000
	B产品	250 000	5 000		15 000	265 000
	小计	600 000	9 000		27 000	627 000
辅助生产成本	机修车间	8 000	—	—	—	8 000
	供电车间	6 000	—	—	—	6 000
	小计	14 000	—	—	—	14 000
制造费用		40 000	—	—	—	40 000
管理费用		2 000	—	—	—	2 000
合　　计		656 000	—	—	27 000	683 000

$$分配率=\frac{共同耗用原材料费用总额}{机器工时总额}=\frac{27\ 000}{9\ 000}=3$$

材料费用分配的会计分录如下。

借:基本生产成本——A产品　　362 000

　　　　　　　——B产品　　265 000

　辅助生产成本——机修车间　　8 000

　　　　　　　——供电车间　　6 000

　制造费用　　40 000

　管理费用　　2 000

　贷:原材料　　683 000

(2) 分配人工费用。

该企业20××年5月人工费用分配如表6-15所示。

表 6-15 人工费用分配表

20××年5月

应借账户		工资			福利费/元	合计/元
		工人工时/小时	分配率	金额/元		
基本生产成本	A产品	8 000	6	48 000	6 720	54 720
	B产品	7 000		42 000	5 880	47 880
	小计	15 000		90 000	12 600	102 600
辅助生产成本	机修车间			9 000	1 260	10 260
	供电车间			7 000	980	7 980
	小计			16 000	2 240	18 240

续表

应借账户		工资			福利费/元	合计/元
		工人工时/小时	分配率	金额/元		
制造费用				8 000	1 120	9 120
管理费用				16 000	2 240	18 240
合计				130 000	18 200	148 200

$$分配率=\frac{工资总额}{工人工时总额}=\frac{90\ 000}{15\ 000}=6(元)$$

人工费用分配的会计分录如下。

借:基本生产成本——A产品　　54 720
　　　　　　　——B产品　　47 880
　辅助生产成本——机修车间　　10 260
　　　　　　　——供电车间　　7 980
　制造费用　　9 120
　管理费用　　18 240
　贷:应付职工应酬——工资　　130 000
　　　　　　　　——福利费　　18 200

(3) 分配水费。

该企业20××年5月水费分配如表6-16所示。

表6-16　水费分配表

20××年5月

应借账户		机器工时/小时	分配率	金额/元
辅助生产成本	机修车间			1 200
	供电车间			1 000
	小计			2 200
制造费用				1 050
管理费用				800
合计				4 050

水费分配的会计分录如下。

借:辅助生产成本——机修车间　　1 200
　　　　　　　——供电车间　　1 000
　制造费用　　1 050
　管理费用　　800
　贷:银行存款　　4 050

(4) 分配折旧费用。

该企业20××年5月折旧费用分配如表6-17所示。

表6-17 折旧费用分配表

20××年5月　　单位:元

应借账户		金　额
辅助生产成本	机修车间	2 000
	供电车间	1 600
制造费用		6 800
管理费用		1 000
合　计		11 400

折旧费用分配的会计分录如下。

借:辅助生产成本——机修车间　　2 000

　　　　　　　　——供电车间　　1 600

　制造费用　　6 800

　管理费用　　1 000

　贷:累计折旧　　11 400

(5) 分配其他费用。

该企业20××年5月其他费用分配如表6-18所示。

表6-18 其他费用分配表

20××年5月　　单位:元

应借账户		金　额
辅助生产成本	机修车间	800
	供电车间	600
制造费用		9 280
管理费用		2 500
合　计		13 180

其他费用分配的会计分录如下。

借:辅助生产成本——机修车间　　800

　　　　　　　　——供电车间　　600

　制造费用　　9 280

　管理费用　　2 500

　贷:银行存款　　13 180

(6) 根据表6-14～表6-18,填制机修车间和供电车间辅助生产成本明细账,如表6-19、表6-20所示。

表 6-19　辅助生产成本明细账

车间名称:机修车间　　20××年5月　　单位:元

20××年		凭证字号	摘　要	费用项目					合　计
月	日			材料费	人工费	水费	折旧费	其他费用	
5	31	略	分配材料费	8 000					8 000
5	31	略	分配人工费		10 260				10 260
5	31	略	分配水费			1 200			1 200
5	31	略	分配折旧费				2 000		2 000
5	31	略	分配其他费用					800	800
5	31	略	本月合计	8 000	10 260	1 200	2 000	800	22 260
5	31	略	本月分配转出	8 000	10 260	1 200	2 000	800	22 260

表 6-20　辅助生产成本明细账

车间名称:供电车间　　20××年5月　　单位:元

20××年		凭证字号	摘　要	费用项目					合　计
月	日			材料费	人工费	水费	折旧费	其他费用	
5	31	略	分配材料费	6 000					6 000
5	31	略	分配人工费		7 980				7 980
5	31	略	分配水费			1 000			1 000
5	31	略	分配折旧费				1 600		1 600
5	31	略	分配其他费用					600	600
5	31	略	本月合计	6 000	7 980	1 000	1 600	600	17 180
5	31	略	本月分配转出	6 000	7 980	1 000	1 600	600	17 180

(7) 根据表 6-13、表 6-19、表 6-20,分配辅助生产费用,如表 6-21 所示。

表 6-21　辅助生产费用分配表

20××年5月

辅助生产车间名称		机修车间	供电车间	合　计
待分配费用		22 260 元	17 180 元	39 440 元
供应劳务数量		1 590 小时	34 360 度	
分配率		14	0.5	
基本生产车间	耗用数量	1 000 小时	30 000 度	
	金额	14 000 元	15 000 元	29 000 元
管理部门	耗用数量	590 小时	4 360 度	
	金额	8 260 元	2 180 元	10 440 元

$$辅助生产费用分配率=\frac{待分配费用}{劳务量}$$

辅助生产费用分配的会计分录如下。

借:制造费用　　29 000

　管理费用　　10 440

　贷:辅助生产成本——机修车间　　22 260

　　　　　　　——供电车间　　17 180

(8) 根据表 6-14～表 6-21,填制制造费用明细账,如表 6-22 所示。

表 6-22　制造费用明细账

20××年 5 月　　单位:元

20××年		凭证字号	摘要	费用项目					合计
月	日			材料费	人工费	水费	折旧费	其他费用	
5	31	略	分配材料费	40 000					40 000
5	31	略	分配人工费		9 120				9 120
5	31	略	分配水费			1 050			1 050
5	31	略	分配折旧费				6 800		6 800
5	31	略	分配其他费用					9 280	9 280
5	31	略	分配辅助生产成本					29 000	29 000
5	31	略	本月合计	40 000	9 120	1 000	800	38 280	95 250
5	31	略	结转制造费用	40 000	9 120	1 000	800	38 280	95 250

(9) 根据表 6-22,分配制造费用,如表 6-23 所示。

表 6-23　制造费用分配表

20××年 5 月

应借账户		工人工时/小时	分配率	金额/元
基本生产成本	A 产品	8 000	6.35	50 800
	B 产品	7 000		44 450
合计		15 000		95 250

$$制造费用分配率=\frac{制造费用总额}{工人工时总额}=\frac{95\ 250}{15\ 000}=6.35$$

制造费用分配的会计分录如下。

借:基本生产成本——A 产品　　50 800

　　　　　　　——B 产品　　44 450

　贷:制造费用　　95 250

（10）根据表6-9，核算产品的约当产量，如表6-24所示。

表6-24 约当产量核算表

20××年5月

产品名称	完工产品数量/件	在产品数量/件	完工程度/%	在产品约当产量/件	约当产量/件
A产品	40 000	5 000	70	3 500	43 500
B产品	28 000	10 000	60	6 000	34 000

注：该约当产量仅用于直接人工和制造费用的分配。

（11）根据表6-9～表6-24，核算A产品、B产品的完工产品成本和月末在产品成本，填制产品成本核算表，如表6-25、表6-26所示。

表6-25 产品成本核算表

产品名称：A产品　　20××年5月

本月完工产品：40 000件　　月末在产品：5 000件

摘　　要	直接材料	直接人工	制造费用	合　　计
月初在产品成本/元	223 000	32 280	1 400	256 680
本月生产费用/元	362 000	54 720	50 800	467 520
生产费用合计/元	585 000	87 000	52 200	724 200
约当产量/件	45 000	43 500		—
分配率	13	2	1.2	16.2
完工产品成本/元	520 000	80 000	48 000	648 000
在产品成本/元	65 000	7 000	4 200	76 200

表6-26 产品成本核算表

产品名称：B产品　　20××年5月

本月完工产品：28 000件　　月末在产品：10 000件

摘　　要	直接材料	直接人工	制造费用	合　　计
月初在产品成本/元	179 600	20 120	3 150	202 870
本月生产费用/元	265 000	47 880	44 450	357 330
生产费用合计/元	444 600	68 000	47 600	560 200
约当产量/件	38 000	34 000		—
分配率	11.7	2	1.4	15.1
完工产品成本/元	327 600	56 000	39 200	422 800
在产品成本/元	117 000	12 000	8 400	137 400

$$\text{直接材料分配率}=\frac{\text{材料费用总额}}{\text{完工产品数量}+\text{月末在产品数量}}$$

$$\text{直接人工、制造费用分配率}=\frac{\text{人工费用总额（制造费用总额）}}{\text{完工产品数量}+\text{月末在产品约当产量}}$$

(12) 根据表 6-25、表 6-26 填制完工产品成本汇总表,如表 6-27 所示。

表 6-27　完工产品成本汇总表

20××年 5 月　　　　　　　　　　单位:元

成本项目	A 产品(40 000 件)	B 产品(28 000 件)
总成本	648 000	422 800
单位产品成本	16.2	15.1

完工产品入库的会计分录如下。

借:库存商品——A 产品　　　　648 000
　　　　　——B 产品　　　　422 800
　贷:基本生产成本——A 产品　　　　648 000
　　　　　　　——B 产品　　　　4 228 000

1. 品种法的成本核算对象是什么?
2. 运用品种法进行完工产品与在产品成本核算的程序是什么?

项目小结

本项目主要内容分为认识品种法和品种法的应用两部分,其中品种法概述中包含品种法的含义、特点、适用范围及成本核算程序;品种法的应用主要包括单一品种品种法应用和多品种品种法的应用两部分。本项目的具体内容结构如图 6-2 所示。

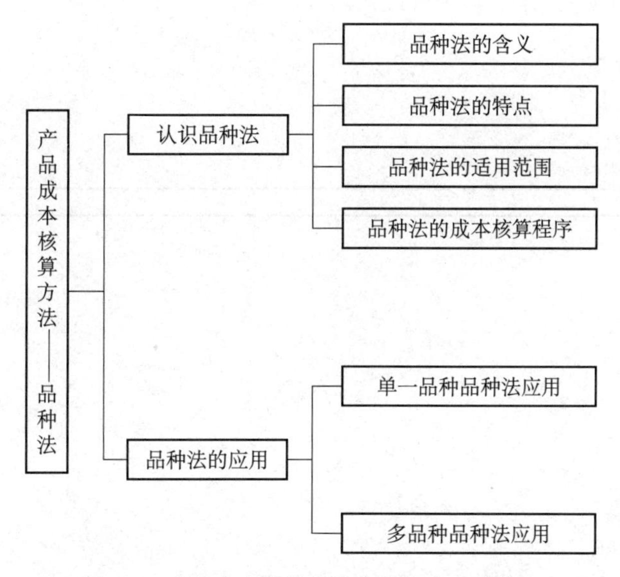

图 6-2　产品成本核算方法之品种法内容结构

练习与实训

知识检测

实训操作

评价表

<table>
<tr><td>评价项目</td><td>评价指标</td><td colspan="4">评价结果</td></tr>
<tr><td rowspan="3">学习目标评价</td><td>知识目标</td><td>□优质完成</td><td>□良好完成</td><td>□基本完成</td><td>□未完成</td></tr>
<tr><td>技能目标</td><td>□优质完成</td><td>□良好完成</td><td>□基本完成</td><td>□未完成</td></tr>
<tr><td>素质目标</td><td>□优质完成</td><td>□良好完成</td><td>□基本完成</td><td>□未完成</td></tr>
<tr><td rowspan="2">练习与实训</td><td>知识检测</td><td colspan="2">得分：________</td><td colspan="2">正确率：________</td></tr>
<tr><td>实训操作</td><td>□优质完成</td><td>□良好完成</td><td>□基本完成</td><td>□未完成</td></tr>
<tr><td colspan="6">自我总结与评价：</td></tr>
</table>

产品成本核算方法——分批法

项目七

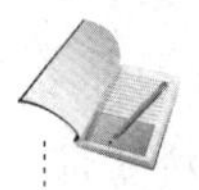

【知识目标】

1. 了解分批法的特点，熟悉分批法的使用范围；
2. 掌握典型分批法的计算方法和程序；
3. 掌握简化分批法的计算方法和程序。

【技能目标】

1. 能够运用典型分批法的成本核算方法计算产品成本，并正确填制产品成本核算单；
2. 能够运用简化分批法的成本核算方法计算产品成本，并正确填制产品成本核算单。

【素质目标】

1. 具有良好的逻辑思维能力；
2. 具有主动提高业务素质能力的意识。

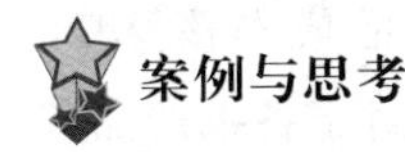

案例与思考

长江管道公司是一家按照客户订单生产的小批量生产企业，20××年第二季度，基本生产车间按客户要求组织生产401＃、501＃和601＃三个批次的产品，原材料在各个批次产品投产时一次性投入。

作为会计人员，你认为分批法的核算程序有哪些？品种法和分批法的成本核算期和成本核算对象是否一致？如何针对该公司运用分批法进行成本核算？

任务一 认识分批法

一、分批法的含义

分批法是指按照产品批别归集生产费用、计算产品成本的一种方法，它以产品批别作为成本核算对象。该方法主要适用于单件小批量多步骤生产企业，如精密仪器、重型机器等生产企业。该类型企业的产品品种较多，生产重复性低，同批产品基本同时

完工，以产品生产批别作为成本核算对象，既能加强产品批别的成本管理，仅有利于节约工作量。

在小批单件生产中，产品的品种和每批产品的批量往往根据需用单位的订单确定，因而按照产品批别计算产品成本，也就是按照订单计算产品成本。所以分批法也可称为订单法。但二者并不是完全一致的，不同之处在于：如果在一批订单中要求生产多种不同产品，为了能够准确地核算产品成品，以及考核和分析各种产品成本计划的完成情况，且便于生产管理，就要将订单中的产品按品种划分为不同批号组织生产；如果一张订单中虽然只要求生产一种产品，但由于数量较大，不便于一次集中生产，或者客户要求分批交货，也要将该订单分为数批次组织生产，分别核算成本；如果一张订单中虽然只涉及一件产品，但该产品生产流程复杂、价值量较大、生产周期长，也可以按照产品的不同组成部分分批组织生产，计算成本；如果同一时期内，不同订单要求生产相同的产品，为了更经济合理地组织生产，也可以将相同产品合为一批组织生产，并计算成本。

二、分批法的特点

按照产品批别进行生产时，生产计划部门要签发生产通知单下达车间，并通知会计部门。生产部门应在生产通知单中对该批生产任务进行编号，称为产品批号或生产号令。会计部门应根据生产计划部门下达的产品批号，也就是产品批别，开立生产成本明细账（或产品成本核算单）。生产成本明细账的开立和结账，应和生产通知单的签发和结束密切配合，协调一致，以保证各批产品成本核算的正确性。分批法的主要特点表现为以下几个方面。

（一）成本核算对象是产品的批次（或订单）

采用分批法时，企业按产品的批次或订单开设生产成本明细账和产品成本核算单。对于各批产品所耗用的直接费用，按实际耗用金额直接计入各成本项目；对于各批产品共同耗用的间接费用，先按部门归集，然后采用适当的方法分配记入各批产品的成本明细账。

（二）成本核算期与生产周期一致，与会计报告期不一致

分批法下的成本核算期是按产品批别进行，产品成本要在批次产品完工时才能确定，所以其成本核算期是不确定的，它以某一批次产品的开工投产到生产完工为成本核算期间，所以成本核算期与产品的生产周期一致，而与会计报告期不一致。

（三）期末一般不需要将生产费用在完工产品和在产品之间分配

采用分批法时，某一个月内，若某一订单或批次产品全部完工，生产成本明细账所归集的生产费用全部构成完工产品成本；月末，当某一订单或批次产品全部未完工时，生产成本明细账所归集的生产费用则全部构成月末在产品成本。因此，从理论上讲，不存在完工产品和在产品之间的成本分配问题。有时也可能存在跨月完工的情况，且完工的产品要交付给订货单位，这时就有必要进行期末成本分配，计算出完工产品成本和期末在产品成本。

三、分批法的适用范围

分批法主要适用于单件、小批量生产，适于采用分批法的工厂或车间通常有下列几种。

（一）订单式企业

订单式企业是根据客户的需求生产一些特殊规格、型号不一的产品。有的订单可能是单件的大型产品，如船舶、精密仪器；有的订单可能是多件同样规格的产品，如根据订单的设计图样生产特种仪器。

（二）产品种类经常变动、更新的企业

例如，小型五金工厂，由于它规模小、工人少，会根据市场需要不断变动产品的种类和数量，不可能按产品设置流水线大量生产，因而必须按每批产品的投产计算成本；又如高档时装设计生产企业，其产品不断更新，也应采用分批法核算每批产品成本。

（三）专门进行修理业务的工厂

修理业务多种多样，需要根据承接的各种修理业务分别计算成本，并向客户收取货款。

（四）新产品试制车间

专门试制、开发新产品的车间，要按新产品的种类分别计算成本。

四、分批法的类型

根据间接费用的分配和处理方式的不同，分批法可分为两种类型，即典型分批法和简化分批法。典型分批法又叫一般分批法或当月分配法，是指每个月无论是否有产品完工，都将间接费用按受益对象和规定方法进行分配。简化分批法又叫累计分配法，是指每个月都只归集间接费用，不进行分配；只有在当月有批次产品完工时，才将归集的费用分配给完工产品。

任务二 典型分批法的核算程序与应用

一、典型分批法及适用范围

典型分批法就是间接费用的当月分配法，即当月无论各个成本核算对象的产品是否已经完工，都要将当月发生的间接费用全部分配给各成本核算对象，并记入各生产成本明细账和产品成本核算单。在这种情况下，各月所归集的间接费用在当月都要进行分配并计入各批次产品的成本。它一般适用于生产周期比较短的单件、小批量生产企业，因为这类企业当月投产的产品基本上可以当月完工，按月分配各项间接费用，可使产品的生产成本真实地反映生产耗用情况。

二、典型分批法的成本核算程序

典型分批法的成本核算程序与品种法的成本核算程序基本一致，具体如下。

(1) 按产品的批别或订单设置成本明细账，其成本明细账应按成本项目设置专栏，通常包括直接材料、直接人工、制造费用、燃料及动力等项目。

(2) 核算要素费用，包括原材料、人工、动力等费用的核算。在核算要素费用的过程中，应该由产品直接承担的直接生产费用应记入基本生产成本明细账，应由产品承担的间接生产费用应记入制造费用明细账(若车间只生产一批产品，直接记入基本生产成本明细账)，其部门消耗的费用应按受益对象分别记入“管理费用”“辅助生产成本”“销售费用”“在建工程”等账户。

(3) 核算辅助生产费用。企业应将辅助生产车间为生产产品或提供劳务而发生的辅助生产费用归集在“辅助生产成本”账户，并在月末按各受益对象消耗产品或劳务的数量分配受益对象的成本费用。基本生产车间的产品所承担的辅助生产费用应记入基本生产成本明细账，基本生产车间承担的辅助生产费用应记入制造费用明细账，其他部门承担的费用应按受益对象分别记入“管理费用”“辅助生产成本”“销售费用”“在建工程”等账户。

(4) 核算基本生产车间的制造费用。如果基本生产车间只生产一批产品，则不存在这一个步骤；如果生产多批产品，则需要把归集在“制造费用”账户的间接生产费用分配并计入各批产品成本。

(5) 核算废品损失及停工损失。在单独核算废品损失及停工损失的企业，需要将归集的废品损失计入相应产品的成本，即“基本生产成本”账户，停工损失根据实际情况分别记入“营业外支出”“基本生产成本”账户。

(6) 该批产品完工时，其基本生产成本明细账归集的生产费用即该批产品总成本；若在产品陆续完工、分次交货的情况，则要将基本生产成本明细账中归集的生产费用在完工产品和在产品之间分配，计算出完工产品和在产品成本。

三、典型分批法的应用

【例 7-1】

长江管道公司是一个按客户订单生产的小批量生产企业，20××年第二季度，基本车间按客户要求组织生产 401＃、501＃和 601＃三个批次产品，原材料在各个批次产品投产时一次性投入。有关产品生产的基本情况及成本资料如表 7-1～表 7-3 所示。

表 7-1　产品生产情况

批　号	产品名称	批量/台	投产日期	完工日期	完工产量/台	备　　注
401＃	甲产品	20	4 月 10 日	6 月 5 日	20	
501＃	乙产品	40	5 月 8 日	6 月 25 日	30	在产品完工程度 50％
601＃	丙产品	30	6 月 18 日			

表 7-2　费用发生情况　　　　单位:元

月　　份	材料费用	人工费用	制造费用	合　　计
4 月	336 000	13 680	11 120	360 800
5 月	480 000	37 440	52 480	569 920
6 月	264 000	78 720	70 848	413 568

表 7-3　实际生产工时　　　　单位:小时

批　号	产品名称	4 月	5 月	6 月	合　　计
401#	甲产品	4 600	4 200	8 000	16 800
501#	乙产品	—	4 800	4 400	9 200
601#	丙产品	—	—	4 000	4 000
合　　计		4 600	9 000	16 400	30 000

根据上述资料,运用典型分批法进行成本核算的过程如下。

(1) 按生产批号开设基本生产成本明细账。企业应根据投产时间分别开设各批次产品的基本生产成本明细账。

(2) 分配归集生产费用。由于企业一次性投入材料,所以各月投入的原材料全部为当月各批次产品耗用,直接记入各批次产品的生产成本明细账;人工费用和制造费用按实际工时在月末进行分配,由于 4 月只投产一批产品,发生的费用全部由 401#甲产品负担,5 月和 6 月则要编制费用分配表进行分配,分别计入各受益产品成本。5 月和 6 月费用分配情况如表 7-4～表 7-7 所示。

表 7-4　5 月人工费用分配表

生产车间:基本车间　　　　20××年 5 月

应借账户			成本费用项目	实际工时/小时	分配率	分配金额/元
总账	二级账	明细账				
生产成本	基本生产成本	401#	直接人工	4 200	—	17 472
		501#	直接人工	4 800	—	19 968
合　　计				9 000	4.16	37 440

会计主管:李敏　　　　复核:王刚　　　　制单:张强

会计分录如下。

借:生产成本——基本生产成本——401#(甲产品)　17 472

　　　　　　　　　　　　　——501#(乙产品)　19 968

　贷:应付职工薪酬——工资　　37 440

表 7-5　6 月人工费用分配表

生产车间：基本车间　　　　　　20××年 6 月

应借账户			成本费用项目	实际工时/小时	分配率	分配金额/元
总账	二级账	明细账				
生产成本	基本生产成本	401＃	直接人工	8 000	—	38 400
		501＃	直接人工	4 400	—	21 120
		601＃	直接人工	4 000	—	19 200
合　计				16 400	4.8	78 720

会计主管：李敏　　　　　　复核：王刚　　　　　　制单：张强

会计分录如下。

借：生产成本——基本生产成本——401＃（甲产品）　38 400

——501＃（乙产品）　21 120

——601＃（丙产品）　19 200

贷：应付职工薪酬——工资　　78 720

表 7-6　5 月制造费用分配表

生产车间：基本车间　　　　　　20××年 5 月

应借账户			成本费用项目	实际工时/小时	分配率	分配金额/元
总账	二级账	明细账				
生产成本	基本生产成本	401＃	制造费用	4 200	—	24 486
		501＃	制造费用	4 800	—	27 994
合　计				9 000	5.83	52 480

会计主管：李敏　　　　　　复核：王刚　　　　　　制单：张强

注：表中分配率保留了两位小数位，“27 994”是考虑了尾差的结果。

会计分录如下。

借：生产成本——基本生产成本——401＃（甲产品）　24 486

——501＃（乙产品）　27 994

贷：制造费用——基本车间　　52 480

表 7-7　6 月制造费用分配表

生产车间：基本车间　　　　　　20××年 6 月

应借账户			成本费用项目	实际工时/小时	分配率	分配金额/元
总账	二级账	明细账				
生产成本	基本生产成本	401＃	制造费用	8 000	—	34 560
		501＃	制造费用	4 400	—	19 008
		601＃	制造费用	4 000	—	17 280
合　计				16 400	4.32	70 848

会计主管：李敏　　　　　　复核：王刚　　　　　　制单：张强

会计分录如下。

借:生产成本——基本生产成本——401#(甲产品)　34 560

——501#(乙产品)　19 008

——601#(丙产品)　17 280

贷:制造费用——基本车间　70 848

(3) 根据费用分配情况登记生产成本明细账,其登记结果如表 7-8～表 7-10 所示。月末结算生产费用,计算并结转完工产品成本,如表 7-9、表 7-11、表 7-12 所示。由于 6 月才有产品生产完工,因此,4 月、5 月只需进行费用结算,从而形成各批次产品的在产品成本,6 月才计算并结转完工产品成本。

表 7-8　基本生产成本明细账

生产批号:401#　　生产批量:20 台　　开工时间:4 月 10 日

产品名称:甲产品　　完工数量:20 台　　完工时间:6 月 5 日

202×年		凭证		摘　要	成本项目			合计/元
月	日	字	号		直接材料/元	直接人工/元	制造费用/元	
4	10	略	略	领用材料	336 000	—	—	336 000
4	30	略	略	分配工资及福利	—	13 680	—	13 680
4	30	略	略	分配制造费用	—	—	11 120	11 120
4	30	略	略	本月合计	336 000	13 680	11 120	360 800
5	31	略	略	分配工资及福利	—	17 472	—	17 472
5	31	略	略	分配制造费用	—	—	24 486	24 486
5	31	略	略	本月合计	—	17 472	24 486	41 958
6	30	略	略	分配工资及福利	—	38 400	—	38 400
6	30	略	略	分配制造费用	—	—	34 560	34 560
6	30	略	略	本月合计	—	38 400	34 560	72 960
6	30	略	略	成本累计	336 000	69 552	70 166	475 718
6	30	略	略	结转完工产品成本	336 000	69 552	70 166	475 718

6 月 30 日结转完工入库的甲产品,并附原始凭证——甲产品成本核算单。

表 7-9　产品成本核算单

生产批号:401#　　20××年 6 月

产品名称:甲产品　　完工数量:20 台　　金额单位:元

项　目	直接材料	直接人工	制造费用	合　计
月初在产品成本	336 000	31 152	34 166	401 318
本月生产费用		38 400	34 560	72 960
生产费用合计	336 000	69 552	70 166	475 718

续表

项　目	直接材料	直接人工	制造费用	合　计
完工产品总成本	336 000	69 552	70 166	475 718
完工产品单位成本	16 800	3 477.6	3 508.3	23 785.9

会计主管：李敏　　复核：王刚　　制单：张强

会计分录如下。

借：库存商品——甲产品　　475 718

　贷：生产成本——基本生产成本——401#(甲产品)　　475 718

表 7-10　基本生产成本明细账

生产批号：501#　　生产批量：40 台　　开工时间：5 月 8 日

产品名称：乙产品　　完工数量：30 台　　完工时间：6 月 25 日

202×年		凭证		摘　要	成本项目			合计/元
月	日	字	号		直接材料/元	直接人工/元	制造费用/元	
5	8	略	略	领用材料	480 000	—	—	480 000
5	31	略	略	分配工资及福利	—	19 968	—	19 968
5	31	略	略	分配制造费用	—	—	27 994	27 994
5	31	略	略	本月合计	480 000	19 968	27 994	527 962
6	30	略	略	分配工资及福利	—	21 120	—	21 120
6	30	略	略	分配制造费用	—	—	19 008	19 008
6	30	略	略	本月合计	—	21 120	19 008	40 128
6	30	略	略	成本累计	480 000	41 088	47 002	568 090
6	30	略	略	结转完工产品成本	360 000	35 218	40 287	435 505
6	30	略	略	月末在产品成本	120 000	5 870	6 715	132 585

注：表中完工产品成本各成本项目计算如下。

① 直接材料成本=[480 000÷(30+10×100%)]×30=360 000(元)。

② 直接人工成本=[41 088÷(30+10×50%)]×30=35 218(元)。

③ 制造费用成本=[47 002÷(30+10×50%)]×30=40 287(元)。

④ 表中数据“5 870”“6 715”都是考虑了尾差的结果。

6 月 30 日结转完工入库的乙产品，并附原始凭证——乙产品成本核算单。

表 7-11　产品成本核算单

生产批号：501#　　20××年 6 月　　金额单位：元

产品名称：乙产品　　完工数量：30 台　　在产数量：10 台

项　目	直接材料	直接人工	制造费用	合　计
月初在产品成本	480 000	19 968	27 994	527 962
本月生产费用	—	21 120	19 008	40 128
生产费用合计	480 000	41 088	47 002	568 090

续表

项目	直接材料	直接人工	制造费用	合计
完工产品总成本	360 000	35 218	40 287	435 505
完工产品单位成本	12 000	1 174	1 343	14 517
月末在产品成本	120 000	5 870	6 715	132 585

会计主管:李敏　　复核:王刚　　制单:张强

会计分录如下。

借:库存商品——乙产品　　435 505

　贷:生产成本——基本生产成本——501#(乙产品)　　435 505

表 7-12　基本生产成本明细账

生产批号:601#　　生产批量:30 台　　开工时间:6 月 18 日

产品名称:丙产品　　完工数量:　　完工时间:

202×年		凭证		摘要	成本项目			合计/元
月	日	字	号		直接材料/元	直接人工/元	制造费用/元	
6	18	略	略	领用材料	264 000			264 000
6	30	略	略	分配工资及福利		19 200		19 200
6	30	略	略	分配制造费用			17 280	17 280
6	30	略	略	本月合计	264 000	19 200	17 280	300 480

任务三　简化分批法的核算程序与应用

一、简化分批法的意义

在同一月份投产的产品批数很多、月末未完工批数较多的企业,其间接费用在各批次产品之间按月进行分配的工作量极为繁重。为了简化会计核算工作,可以先将间接费用累计起来,不进行分配,以减少间接费用分配的工作量。

简化分批法就是间接费用的累计分配法,是指在分批法的成本核算中,当月有完工的批别或订单时,才进行间接费用的分配;对未完工的批别或订单产品应负担的间接费用,暂时保留其总额并累加起来,待以后月份完工时,才进行计算分配。在这种方法下,只有在有完工产品的月份才对所归集的间接费用进行分配,而且只计算完工批次产品应承担的部分,并把其记入有完工产品的生产成本明细账中,对未完工批次产品不予考虑。

二、简化分批法的成本核算程序

(1) 设立基本生产成本二级账,登记所有批次产品的累计生产费用和工时资料。在简化分批法下,首先要开设一个基本生产成本二级账,不仅要按成本项目设专栏,还要开设生产工时资料专栏,用来登记企业或车间所有批次产品的累计生产费用和生产工时资料,解决所有批次产品的全部成本核算与期末成本分配问题。

(2) 按批别设置生产明细账,登记该批次产品完工前的直接费用和生产工时。在开设基本生产成本二级账的同时,企业仍然按批别设置生产成本明细账,登记该批次产品完工前的直接费用和生产工时,但不登记间接费用,用来进行各批次产品的成本核算与期末成本分配。

(3) 计算累计间接费用分配率,进行完工产品的成本核算与期末分配。完工产品成本由两部分构成:一是直接费用,由期末成本核算方法确定;二是间接费用,根据累计间接费用分配率公式计算并确定。两者之和为总成本,总成本除以完工数量即为单位成本。

基本生产成本明细账和二级账中的月末生产费用合计数,即为各批次和全部未完工产品的月末在产品成本,是全部生产费用扣除完工产品成本之后的结果。

累计间接费用分配率公式如下:

$$\text{某项累计间接费用分配率} = \frac{\text{全部批次产品该项累计间接费用}}{\text{生产全部批次产品累计工时}}$$

$$\begin{array}{c}\text{某批次完工产品承担}\\ \text{的累计间接生产费用}\end{array} = \text{该批次完工产品耗费工时} \times \text{该项累计间接费用分配率}$$

三、简化分批法的特点

与典型分批法相比较,简化分批法具有以下特点。

(1) 必须建立基本生产成本二级账,归集累计费用和工时资料。

(2) 间接费用的分配是在有批次产品完工的月份进行的,即每月发生的间接费用并不是按月进行分配,不在生产成本明细账中进行登记,而是先在二级账中进行累计,在有批次产品完工的月份才进行分配,并记入生产成本明细账。

(3) 间接费用与期末成本的分配是利用累计间接费用分配率合并完成的,即间接费用的分配、完工产品与在产品之间的成本分配。这两项工作是在有批次产品完工时,通过计算累计间接费用分配率并利用它来合并进行的。

四、简化分批法的应用

【例 7-2】

承接例 7-1,改为按累计分配法计算并结转完工产品成本。根据相关资料,其生产费用归集、分配与产品成本核算过程如下。

(1) 开设基本生产成本二级账和产品成本明细账。设置一个基本生产成本二级账,登记所有批次产品的工时和费用资料，同时按产品批次设置基本生产成本明细账。

(2) 登记二级账和明细账。根据第二季度发生的工时和费用资料，按月登记开设的基本生产成本二级账和明细账，其登记结果如表7-13～表7-16所示。

(3) 计算并结转完工产品成本。6月有401＃批次产品全部完工和501＃批次产品部分完工，因此要计算累计间接费用分配率，并据此进行完工产品的成本分配。

表7-13 基本生产成本二级账

20××年		凭证		摘要	生产工时/小时	成本项目			合计/元
月	日	字	号			直接材料/元	直接人工/元	制造费用/元	
4	30	略	略	本月发生工时与费用	4 600	336 000	13 680	11 120	360 800
5	31	略	略	本月发生工时与费用	9 000	480 000	37 440	52 480	569 920
6	30	略	略	本月发生工时与费用	16 400	264 000	78 720	70 848	413 568
6	30	略	略	累计工时与费用	30 000	1 080 000	129 840	134 448	1 344 288
6	30	略	略	累计间接费用分配率	—	—	4.328	4.481 6	—
6	30	略	略	本月完工转出	24 685.71	696 000	106 839.75	110 631.48	913 471.23
6	30	略	略	月末在产品工时与费用	5 314.29	384 000	23 000.25	23 816.52	430 816.77

注：直接人工累计分配率＝129 840/30 000＝4.328。
制造费用累计分配率＝134 448/30 000＝4.481 6。

表7-14 基本生产成本明细账(甲产品)

生产批号：401＃　　生产批量：20台　　开工时间：4月10日
产品名称：甲产品　　完工数量：20台　　完工时间：6月5日

202×年		凭证		摘要	生产工时/小时	成本项目			合计/小时
月	日	字	号			直接材料/元	直接人工/元	制造费用/元	
4	30	略	略	本月发生工时与费用	4 600	336 000	—	—	—
5	31	略	略	本月发生工时与费用	4 200	—	—	—	—
6	30	略	略	本月发生工时与费用	8 000	—	—	—	—
6	30	略	略	累计工时与费用	16 800	336 000	—	—	—

续表

202×年		凭证		摘要	生产工时/小时	成本项目			合计/小时
月	日	字	号			直接材料/元	直接人工/元	制造费用/元	
6	30	略	略	累计间接费用分配率	—	—	4.328	4.481 6	—
6	30	略	略	完工产品总成本	16 800	336 000	72 710.4	75 290.88	484 001.28
6	30	略	略	本月完工转出	16 800	336 000	72 710.4	75 290.88	484 001.28

注：完工产品直接人工成本＝16 800×4.328＝72 710.4(元)。

完工产品制造费用成本＝16 800×4.481 6＝75 290.88(元)。

表 7-15　基本生产成本明细账(乙产品)

生产批号：501#　　生产批量：40 台　　开工时间：5 月 8 日

产品名称：乙产品　　完工数量：30 台　　完工时间：6 月 25 日

202×年		凭证		摘要	生产工时/小时	成本项目			合计/小时
月	日	字	号			直接材料/元	直接人工/元	制造费用/元	
5	31	略	略	本月发生工时与费用	4 800	480 000	—	—	—
6	30	略	略	本月发生工时与费用	4 400	—	—	—	—
6	30	略	略	累计工时与费用	9 200	480 000	—	—	—
6	30	略	略	累计间接费用分配率	—	—	4.328	4.481 6	—
6	30	略	略	完工产品总成本	7 885.71	360 000	34 129.35	35 340.6	429 469.95
6	30	略	略	本月完工转出	7 885.71	360 000	34 129.35	35 340.6	429 469.95
6	30	略	略	月末在产品工时费用	1 314.29	120 000	—	—	—

注：完工产品转出生产工时＝[9 200/(30＋10×50%)]×30≈7 885.71(小时)。

完工产品直接材料成本＝[480 000/(30＋10×100%)]×30＝360 000(元)。

完工产品直接人工成本＝7 885.71×4.328≈34 129.35(元)。

完工产品制造费用成本＝7 885.71×4.481 6≈35 340.6(元)。

表 7-16 基本生产成本明细账(丙产品)

生产批号:601# 生产批量:30 台 开工时间:6 月 18 日

产品名称:丙产品 完工数量: 完工时间:

202×年		凭证		摘 要	生产工时/小时	成本项目			合计/元
月	日	字	号			直接材料/元	直接人工/元	制造费用/元	
6	30	略	略	本月发生工时与费用	4 000	264 000	—	—	—

1. 说明典型分批法的核算程序。
2. 说明简化分批法的核算程序。
3. 说明典型分批法和简化分批法的区别。

项目小结

本项目主要介绍了产品成本核算方法中的分批法,包括分批法的含义、特点以及适用范围等。此外,本项目还分别介绍了典型分批法和简化分批法的适用范围以及成本核算程序,内容结构如图 7-1 所示。

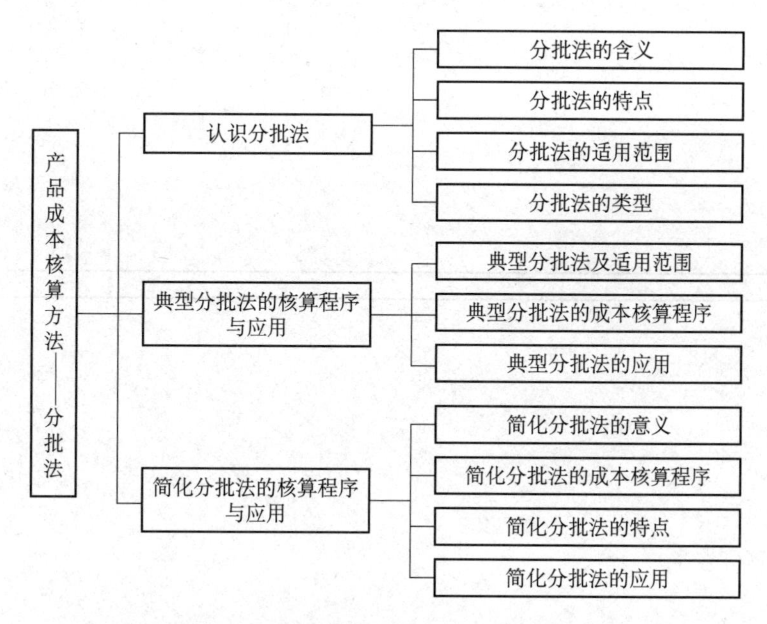

图 7-1 产品成本核算方法——分批法内容结构

练习与实训

知识检测

实训操作

评价表

评价项目	评价指标	评价结果			
学习目标评价	知识目标	□优质完成	□良好完成	□基本完成	□未完成
	技能目标	□优质完成	□良好完成	□基本完成	□未完成
	素质目标	□优质完成	□良好完成	□基本完成	□未完成
练习与实训	知识检测	得分：________		正确率：________	
	实训操作	□优质完成	□良好完成	□基本完成	□未完成
自我总结与评价：					

产品成本核算方法——分步法

【知识目标】
1. 了解分步法的含义、特点及分类；
2. 掌握逐步结转分步法的含义及特点；
3. 掌握平行结转分步法的含义及特点。

【技能目标】
1. 能够运用逐步结转分步法核算产品成本，并正确填制成本计算单；
2. 能够运用平行结转分步法核算产品成本，并正确填制成本计算单。

【素质目标】
1. 具有爱岗敬业的职业精神；
2. 具有沟通协调的工作能力；
3. 具有良好的问题分析与文字表达能力。

案例与思考

长江管道公司生产的甲产品需经过三个车间连续加工制成，第一车间生产成A半成品，第二车间将A半成品加工为B半成品，第三车间将B半成品加工成甲产成品。一件甲产成品需耗用一件B半成品，一件B半成品需耗用二件A半成品。

请你结合所学会计知识，提出采用何种成本核算方法能更合理地计算甲产品成本。

任务一 认识分步法

一、分步法的概念及特点

（一）分步法的概念

产品成本核算的分步法，是指按照产品的生产步骤归集生产费用、计算产品成本的一种方法。采用分步法企业的生产过程往往存在若干个生产步骤，各个步骤上的半成品可作为商品对外销售，或者为本企业继续生产产品所耗用。为了加强其成本管理，不仅要按照产品品种归集生产耗费，还要按照产品的生产步骤归集耗费，计算各个生产步骤上的半成品成本，提供各种产品及其各生产步骤成本计划执行情况的资料。

（二）分步法的主要内容和特点

1. 成本核算对象

分步法的成本核算对象是各产品及其所经过的生产步骤。采用分步法时，应按产品的品种和生产步骤开设明细账。

如果只生产一种产品，成本核算对象就是该种产品及其所经过的生产步骤，明细账可以按产品的生产步骤开设。如果生产多种产品，成本核算对象则是各种产品及其所经过的各生产步骤，成本明细账应分别按照每种产品的各个生产步骤开设。

在实际工作中，产品成本核算的分步与实际生产步骤划分不一定完全一致。一般而言，在按生产步骤设立车间的企业中，分步计算成本也就是分车间计算成本。但如果企业生产规模很大，车间内分成几个生产步骤，管理上又要求分步计算成本，则应在车间内再分步计算成本；相反，如果企业规模很小，管理上也不要求按每一车间分别计算成本，则可以把几个车间合并为一个步骤计算成本。

2. 成本核算期

分步法的成本核算期是每月的会计报告期。

在大量大批生产的企业里，生产具有连续性，不断投入原材料，继而不断有产品完工，在生产过程中又始终有一定数量的在产品存在。所以，不能等全部产品完工后再计算成本，只能在每月月末进行计算。

3. 生产费用在完工品与在产品之间分配

在大量大批的多步骤生产中，由于生产环节多、生产过程较长且可以间断，产品往往都是跨月陆续完工，月末各步骤一般都存在一定数量的在产品。因此，在月末计算产品成本时，需采用适当的方法将归集在基本生产成本明细账中的生产费用在完工与在产品之间进行分配，计算出各步骤的完工半成品（最后步骤为产成品）和在产品成本。

4. 各步骤成本之间的结转

在产品生产分步骤进行的情况下，上一步骤生产的半成品是下一步骤的加工对象。为了计算各产成品成本，需采用适当的方法按产品品种结转各步骤成本，最终计算出每种产品的总成本和单位成本。采用分步法计算产品成本时，各步骤之间还需进行成本结转，这是分步法的一个重要特征。在实际工作中，由于各企业对成本管理的要求不同，有些企业既要求按步骤归集生产费用，又需要按生产步骤计算各步骤半成品成本；而有些企业只需按生产步骤归集生产费用，而不需计算各步骤半成品成本。分步法根据各步骤成本核算和结转方法的不同，分为逐步结转分步法和平行结转分步法。

二、分步法的适用范围

产品成本核算的分步法适用于大量大批多步骤且管理上要求分步计算产品成本的企业。

例如，机械制造企业可分为铸造、加工、装配等步骤；纺织企业可分为纺纱、织布、印染等步骤;冶金企业可分为炼铁、炼钢、轧钢等步骤。在类似企业里,产品生产过程较多,从原材料投产到加工完成,除最后一个步骤外,其余各步骤生产的都是半成品。为了与产品生产过程一致,则需要按照产品品种及生产步骤计算成本,以便对成本执行情况进行考核和分析。

任务二 逐步结转分步法的核算程序与应用

一、逐步结转分步法的概念

逐步结转分步法是按照产品生产加工步骤的顺序,在各个生产步骤上计算出本步骤的半成品成本,并伴随半成品实物的转移逐步计算出完工产品成本的一种方法。除了要计算最终完工产品成本外,还要求计算各步骤半成品的成本,所以也称为计算半成品成本法。

逐步结转分步法适用于半成品具有独立经济意义、半成品外销式、管理上要求提供半成品成本资料、连续加工、大量大批、多步骤生产的企业。

二、逐步结转分步法的成本核算程序

运用逐步结转分步法计算产品成本时,应采用以下程序。

(一)设置产品成本明细账

在大量大批多步骤生产的企业中,一般是按照步骤(车间)来划分生产的,其产品成本明细账可以按照生产步骤来设置,以便汇集各步骤产品发生的各项生产费用。若企业只生产一种产品,则按生产步骤为该产品设置产品成本明细账;若生产几种产品,则要按生产步骤为各种产品设置产品成本明细账。

(二)各项费用的归集与分配

产品成本明细账设置完成后,即开始各项要素费用(包括材料费、人工费、折旧费、办公费等)的归集与分配,然后是辅助生产费用的归集与分配,最后是制造费用的归集与分配。

产品成本明细账应按产品品种和各生产步骤设置,并按成本项目登记。登记产品成本明细账时,应先根据上月成本明细账的期末在产品资料,将其计入本月期初在产品成本栏,然后根据各种费用分配表登记本月生产费用。在逐步结转分步法下,因各步骤半成品成本是随着实物的转移而结转的,所以在产品成本明细账里,应设置自制半成品成本项目,以反映上一步骤半成品成本的耗费。

(三)在产品成本的计算

月末,将各生产步骤中、各产品明细账上归集的全部生产费用,在完工半成品(产成

品)和在产品之间进行分配。分配方法根据企业特点进行选择,可采用约当产量法、定额成本法、定额比例法和不计算在产品成本法。

(四) 结转各步骤半成品成本

各步骤的在产品成本核算完毕后,将全部生产费用扣除在产品成本,即得半成品成本。随着半成品实物转移到下一个步骤继续加工(或交自制半成品库),半成品的成本也转移到下一个步骤(或半成品库),直到最后一个步骤计算出产成品总成本和单位成本。

如果半成品完工后,直接转入下一个步骤中,则半成品成本也应直接转入下一个步骤的产品成本明细账;如果半成品完工后是转入自制半成品库,则成本也应相应转入自制半成品库。转入时,借记"自制半成品",贷记"基本生产成本";领用转出时,借记"基本生产成本",贷记"自制半成品"。自制半成品仓库同材料仓库一样,设立自制半成品明细账,登记自制半成品的收入、发出、结存情况。

逐步结转分步法的成本核算程序如图 8-1 所示。

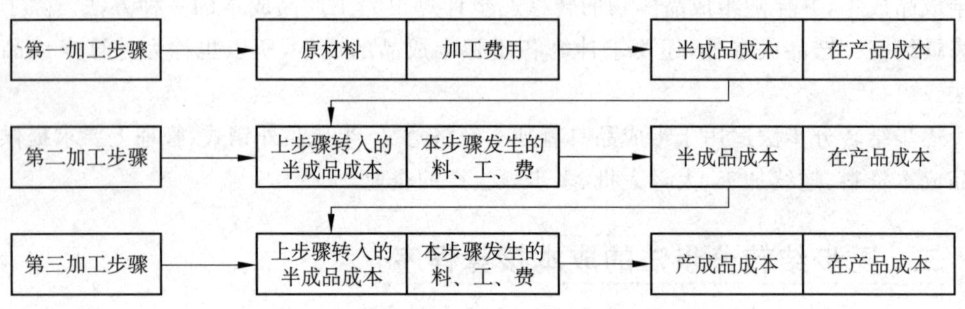

图 8-1 逐步结转分步法的成本核算工作图

按照结转的半成品成本在下一步骤产品成本明细账中反映方式的不同,逐步结转分步法分为综合结转法和分项结转法。

三、半成品成本的综合结转法

半成品成本的综合结转法是指在逐步结转分步法下,将各步骤所耗用的上一个步骤半成品成本结转至下一个步骤时,以"直接材料"或"自制半成品"专栏的形式,综合计入该步骤的产品成本明细账中。在运用综合结转法时,半成品可直接转入下一个步骤或通过自制半成品库收发。

(一) 半成品不通过仓库收发

半成品不通过仓库收发,则半成品成本直接转入下一个步骤产品成本明细账的"直接材料"或"自制半成品"成本项目中。

【例 8-1】

长江管道公司生产 A 配件需分三个步骤进行,分别由三个车间加工完成。上一个步骤为下一个步骤提供半成品,第三个步骤把半成品加工成产成品,半成品不通过仓库收发。该公司 20××年 5 月 A 配件所需原材料在生产开始时一次性投入,各步骤的在产品采用约当产量法计算,完工程度为 50%。

（1）该月各生产车间产量资料如表 8-1 所示。

表 8-1 产量记录

20××年 5 月　　单位:件

项　　目	第一车间	第二车间	第三车间
月初在产品数量	8	12	10
本月投产(或上步骤交来)数量	76	72	76
本月完工数量	72	76	80
月末在产品数量	12	8	6

（2）各车间期初在产品成本和本月生产费用资料，如表 8-2、表 8-3 所示。

表 8-2 期初在产品成本

20××年 5 月　　单位:元

项　　目	直接材料(半成品)	直接人工	制造费用	合　　计
第一车间	564	380	450	1 394
第二车间	780	495	580	1 855
第三车间	755	520	474	1 749

表 8-3 本期生产费用

20××年 5 月　　单位:元

项　　目	直接材料(半成品)	直接人工	制造费用	合　　计
第一车间	5 050	3 890	4 120	13 060
第二车间	—	4 000	3 800	7 800
第三车间	—	4 740	3 690	8 430

（3）该月各车间产品成本核算单分别如表 8-4～表 8-6 所示。

表 8-4 第一车间产品成本核算单

产品名称:A 半成品　　20××年 5 月

项　　目	直接材料	直接人工	制造费用	合　　计
月初在产品成本/元	564	380	450	1 394
本月生产费用/元	5 050	3 890	4 120	13 060
生产费用合计/元	5 614	4 270	4 570	14 454
完工产品数量/件	72	72	72	
在产品约当产量/件	12	6	6	
总约当产量/件	84	78	78	
转出 A 半成品成本/元	4 812	3 941.54	4 218.46	12 972
月末在产品成本/元	802	328.46	351.54	1 482

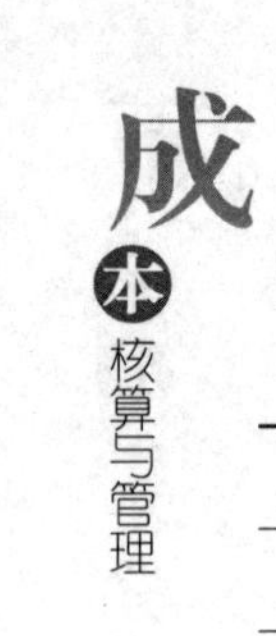

表 8-5　第二车间产品成本核算单

产品名称:A 半成品　　　　20××年 5 月

项　　目	直接材料(半成品)	直接人工	制造费用	合　　计
月初在产品成本/元	780	495	580	1 855
本月生产费用/元	12 972	4 000	3 800	20 772
生产费用合计/元	13 752	4 495	4 380	22 627
完工产品数量/件	76	76	76	—
在产品约当产量/件	8	4	4	—
总约当产量/件	84	80	80	—
转出 A 半成品成本/元	12 442.29	4 270.25	4 161	20 873.54
月末在产品成本/元	1 309.71	224.75	219	1 753.46

表 8-6　第三车间产品成本核算单

产品名称:A 产成品　　　　20××年 5 月　　　　单位:元

项　　目	直接材料(半成品)	直接人工	制造费用	合　　计
月初在产品成本	755	520	474	1 749
本月生产费用	20 873.54	4 740	3 690	29 303.54
生产费用合计	21 628.54	5 260	4 164	31 052.54
完工产品数量/件	80	80	80	—
在产品约当产量/件	6	3	3	—
总约当产量/件	86	83	83	—
转出 A 产成品成本	20 119.57	5 069.88	4 013.49	29 202.94
月末在产品成本	1 508.97	190.12	150.51	1 849.6

① 直接材料费用的分配如下。

总约当产量＝72＋12＝84(件)

A 半成品应承担的直接材料费用$=\frac{5\ 614}{84}\times72\approx4\ 812$(元)

月末在产品应承担的直接材料费用＝5 614－4 812＝802(元)

② 直接人工费用的分配如下。

总约当产量＝72＋6＝78(件)

A 半成品应承担的直接人工费用$=\frac{4\ 270}{78}\times72\approx3\ 941.54$(元)

月末在产品应承担的直接人工费用＝4 270－3 941.54＝328.46(元)

③ 制造费用的分配如下。

总约当产量＝72＋6＝78(件)

$$A\text{半成品应承担的制造费用}=\frac{4\ 570}{78}\times 72\approx 4\ 218.46(\text{元})$$

$$\text{月末在产品应承担的制造费用}=4\ 570-4\ 218.46=351.54(\text{元})$$

将72件完工A半成品转入第二车间,编制会计分录如下。

借:基本生产成本——二车间　　12 972

　贷:基本生产成本——一车间　　12 972

将76件完工A半成品转入第三车间,编制会计分录如下。

借:基本生产成本——三车间　　20 873.54

　贷:基本生产成本——二车间　　20 873.54

根据第三车间成本核算单和产成品入库单,将80件A产品验收入库,编制会计分录如下。

借:库存商品　　29 202.94

　贷:基本生产成本——第三车间　　29 202.94

（二）半成品通过仓库收发

在半成品实物通过仓库收发,按实际成本计价逐步综合结转时,转出半成品成本应根据所耗半成品数量乘以单位成本确定。但由于各月份生产的半成品单位成本不同,所以半成品的领用同存货一样,可采用先进先出、加权平均等方法来计算。

【例8-2】

承接例8-1,假设长江管道公司生产的半成品通过仓库收发,按全月一次加权平均成本核算。其产量资料、生产费用资料和第一车间产品成本核算单分别如表8-1～表8-4所示。

(1) 根据表8-4“第一车间产品成本核算单”和半成品入库单,编制会计分录如下。

借:自制半成品——A　　12 972

　贷:基本生产成本——第一车间　　12 972

(2) 自制半成品A的明细账资料如表8-7所示。

表8-7　自制半成品明细账

产品名称:A半成品　　20××年5月　　单位:元

20××		摘　要	收入			发出			结存		
月	日		数量	单价	金额	数量	单价	金额	数量	单价	金额
5	1	月初余额	—	—	—	—	—	—	10	171.5	1 715
5	31	本月入库	72	180.17	12 972	—	—	—	82	179.11	14 687
5	31	本月领用	—	—	—	72	179.11	12 895.92	—	—	—
		本月合计	72	180.17	12 972	72	179.11	12 895.92	10	—	1 791.08

$$\text{第二车间领用半成品单位成本}=\frac{1\ 715+12\ 972}{10+72}\approx 179.11(\text{元/件})$$

$$\text{第二车间领用半成品成本}=72\times 179.11=12\ 895.92(\text{元})$$

根据第二车间仓库领用单，编制会计分录如下。

借：基本生产车间——第二车间　　　　　　　　12 895.92

　贷：自制半成品——A　　　　　　　　　　　　12 985.92

(3) 根据领用自制半成品成本和第二车间相关成本资料，编制第二车间产品成本核算单，如表 8-8 所示。

表 8-8　第二车间产品成本核算单

产品名称：A 半成品　　　　　　20××年 5 月　　　　　　单位：元

项　目	直接材料(半成品)	直接人工	制造费用	合　计
月初在产品成本	780	495	580	1 855
本月生产费用	12 985.92	4 000	3 800	20 785.92
生产费用合计	13 752.92	4 495	4 380	22 627.92
完工产品数量/件	76	76	76	—
在产品约当产量/件	8	4	4	—
总约当产量/件	84	80	80	—
转出 A 半成品成本	12 443.12	4 270.25	4 161	20 874.37
月末在产品成本	1 309.8	224.75	219	1 753.55

A 半成品应承担的直接材料费用$=\frac{13\ 752.92}{84}\times 76\approx 12\ 443.12$(元)

月末在产品应承担的直接材料费用$=13\ 752.92-12\ 443.12=1\ 309.8$(元)

将 A 半成品转入第三车间，编制会计分录如下。

借：基本生产成本——第三车间　　　　　　　　20 874.37

　贷：基本生产成本——第一车间　　　　　　　　20 874.37

第三车间产品成本核算单计算过程同第二车间基本一致。

(三) 成本还原

在综合结转方式下，半成品成本始终是以合计的方式转入下一个步骤的半成品或直接材料成本项目，其成本是混合了前面各个步骤的成本项目原始数据。如表 8-6 所示，直接材料项目的 20 119.57 元并非都是生产 80 件产品所耗用的材料，而是包含着第二车间直接人工和制造费用的一种"综合性成本"。在此基础上逐步累计计算出来的最终完工产成品的成本，就不可能真实反映其原始成本项目构成，所以需进行成本还原。

成本还原是从最后一个步骤起，把本月产成品所耗用的各步骤半成品成本逐步还原为直接材料、直接人工、制造费用等原始成本项目，从而取得按成本项目反映的产成品成本资料。

成本还原有还原分配率法和项目比重法两种方法，下面将分别进行介绍。

还原分配率法的计算公式如下：

$$还原分配率=\frac{本月产成品所耗上一个步骤半成品成本合计}{本月所产该种半成品成本合计}$$

半成品某成本项目还原数＝上一个步骤本月所产该半成品成本项目金额×还原分配率

【例 8-3】

仍以表 8-1～表 8-6 的资料为例，对表 8-6 完工产品中的半成品项目 20 119.57 元进行还原，如表 8-9 所示。

表 8-9　产品成本还原计算表

20××年 5 月

项目	成本项目	还原前产品成本/元	本月生产半成品成本/元	还原分配率	半成品成本还原/元	还原后总成本/元	还原后单位成本/(元/件)
第三步骤	直接材料	—	—	0.963 9	—	—	—
	半成品	20 119.57	12 442.29		11 993.12	11 993.12	
	直接人工	5 069.88	4 270.25		4 116.09	9 185.97	
	制造费用	4 013.49	4 161		4 010.36	8 023.85	
	合计	29 202.94	20 873.54		20 119.57	29 202.94	
第二步骤	直接材料	—	4 812	0.924 5	4 448.69	4 448.69	55.61
	半成品	11 993.12	—		—	—	—
	直接人工	9 185.97	3 941.54		3 643.95	12 829.92	160.37
	制造费用	8 023.85	4 218.46		3 900.48	11 924.33	149.05
	合计	29 202.94	12 972		11 993.12	29 202.94	365.04

$$第三个步骤还原分配率=\frac{20\ 119.57}{20\ 873.54}\approx 0.963\ 9$$

第三个步骤产成品所耗第二步骤半成品费用＝12 442.29×0.963 9＝11 993.12(元)

第三个步骤产成品所耗第二步骤直接人工费用＝4 270.25×0.963 9≈4 116.09(元)

第三个步骤产成品所耗第二步骤制造费用＝20 119.57－11 993.12－4 116.09

＝4 010.36(元)

$$第二个步骤还原分配率=\frac{11\ 993.12}{12\ 972}\approx 0.924\ 5$$

第二个步骤产成品所耗第一步骤直接材料费用＝4 812×0.924 5≈4 448.69(元)

第二个步骤产成品所耗第一步骤直接人工费用＝3 941.54×0.924 5≈3 643.95(元)

第二个步骤产成品所耗第一步骤制造费用＝11 993.12－4 448.69－3 643.95

＝3 900.48(元)

还原后总成本依然是 29 202.94 元，其中，直接材料 4 448.69 元，直接人工为三个步骤相加 5 069.88＋4 116.09＋3 643.95＝12 829.92(元)，制造费用为 4 013.49＋4 010.36＋3 900.48＝11 924.33(元)，用每个成本项目总成本除以完工产品数量就可得

到还原后单位成本。

项目比重法是从最后一个生产步骤起，将产成品成本中所耗的上一个步骤半成品的综合成本，按照上一个步骤本月完工半成品成本项目的比重，自后向前地逐步分解还原至第一个步骤，最后将分步还原后相同的成本项目加以汇总，即可得到按原始成本项目反映的产成品成本资料。

$$某成本项目占比=\frac{该车间完工半成品成本项目金额}{该车间完工半成品成本合计}$$

$$半成品某成本项目还原=本月产成品耗用半成品成本\times某项目占比$$

【例 8-4】

仍以表 8-1～表 8-6 的资料为例，对表 8-6 完工产品中的半成品项目 20 119.57 元进行还原，如表 8-10 所示。

表 8-10　产品成本还原计算表

20××年 5 月　　　　单位：元

项目	成本项目	还原前产品成本/元	本月生产半成品成本/元	还原分配率	半成品成本还原/元	还原后总成本/元	还原后单位成本/(元/件)
按第二个步骤半成品成本结构还原	直接材料	—	—	—	—	—	—
	半成品	20 119.57	12 442.29	0.5961	11 993.38	11 993.28	
	直接人工	5 069.88	4 270.25	0.2046	4 116.46	9 186.34	
	制造费用	4 013.49	4 161	0.1993	4 009.83	8 023.32	
	合计	29 202.94	20 873.54	1	20 119.57	29 202.94	
按第一个步骤半成品成本结构还原	直接材料	—	4 812	0.3710	4 449.51	4 449.51	55.62
	半成品	11 993.12	—	—	—	—	—
	直接人工	9 186.34	3 941.54	0.3038	3 643.56	12 829.90	160.37
	制造费用	8 023.32	4 218.46	0.3252	3 900.21	11 923.53	149.04
	合计	29 202.94	12 972	1	11 993.28	29 202.94	365.03

$$按第二个步骤半成品还原分配率=\frac{12\ 442.29}{20\ 873.54}\approx0.596\ 1$$

按第二个步骤直接人工还原分配率＝4 270.25÷20 873.54≈0.204 6

按第二个步骤制造费用还原分配率＝4 161÷20 873.54≈0.199 3

按第二个步骤还原后半成品成本＝20 119.57×0.596 1＝11 993.28(元)

按第二个步骤还原后直接人工成本＝20 119.57×0.204 6＝4 116.46(元)

按第二个步骤还原后制造费用＝20 119.57－11 993.28－4 116.46＝4 009.83(元)

由于小数尾差，按项目比重法还原后的总成本及单位成本与按还原分配率法还原的结果大致相同。

四、半成品成本的分项结转法

分项结转法是将各步骤所耗上步骤半成品成本，按照成本项目分项转入该步骤基本生产成本明细账对应的成本项目。如果半成品通过半成品库收发，那么在自制半成品明细账中登记半成品成本时，也要按照成本项目分别予以登记。

采用分项结转法结转半成品成本时，可以直接提供按原始成本项目反映的企业产品成本资料，以便于从整个企业的角度考核和分析产品成本计划的执行情况，无须进行成本还原。但采用该方法的成本结转工作比较复杂，而且在各步骤完工产品成本中反映不出所耗上一个步骤半成品成本和本步骤加工耗费数额，不便于进行各步骤完工产品的成本分析。因此，分项结转法一般适用于在管理上不要求计算各步骤产品所耗半成品成本和本步骤加工耗费，而要求按原始成本项目计算产品成本的企业。

【例 8-5】

承表 8-1～表 8-3 的相关成本资料，该公司生产的配件采用分项结转法进行成本核算，半成品不通过仓库收发。

(1) 根据产量资料、生产费用资料，编制第一车间产品成本核算单，如表 8-11 所示。

表 8-11　第一车间产品成本核算单

产品名称：A 半成品　　　　20××年 5 月

项　目	直接材料	直接人工	制造费用	合　计
月初在产品成本/元	564	380	450	1 394
本月生产费用/元	5 050	3 890	4 120	13 060
生产费用合计/元	5 614	4 270	4 570	14 454
完工产品数量/件	72	72	72	—
在产品约当产量/件	12	6	6	—
总约当产量/件	84	78	78	—
转出 A 半成品成本/元	4 812	3 941.54	4 218.46	12 972
月末在产品成本/元	802	328.46	351.54	1 482

(2) 根据第二车间有关成本费用资料及第一车间产品成本核算单，编制第二车间产品成本核算单，如表 8-12 所示。

表 8-12　第二车间产品成本核算单

产品名称：A 半成品　　　　20××年 5 月

项　目	直接材料(半成品)	直接人工	制造费用	合　计
月初在产品成本/元	780	495	580	1 855
本月生产费用/元	—	4 000	3 800	7 800
本月耗用半成品费用/元	4 812	3 941.54	4 218.46	12 972

续表

项　　目	直接材料(半成品)	直接人工	制造费用	合　　计
生产费用合计/元	5 592	8 436.54	8 598.46	22 627
完工产品数量/件	76	76	76	—
在产品约当产量/件	8	4	4	—
总约当产量/件	84	80	80	—
转出A半成品成本/元	5 059.43	8 014.71	8 168.54	21 242.68
月末在产品成本/元	532.57	421.83	429.92	1 384.32

(3) 根据第三车间有关成本费用资料及第二车间产品成本核算单,编制第三车间产品成本核算单,如表8-13所示。

表8-13　第二车间产品成本核算单

产品名称:A产成品　　　　20××年5月

项　　目	直接材料(半成品)	直接人工	制造费用	合　　计
月初在产品成本/元	—755	520	474	1 749
本月生产费用/元	—	4 740	3 690	8 430
本月耗用半成品费用/元	5 059.43	8 014.71	8 168.54	21 242.68
生产费用合计/元	5 814.43	13 274.71	12 332.54	31 421.68
完工产品数量/件	80	80	80	—
在产品约当产量/件	6	3	3	—
总约当产量/件	86	83	83	—
转出A产成品成本/元	5 408.77	12 794.90	11 886.79	30 090.46
月末在产品成本/元	405.66	479.81	445.75	1 331.22

根据第三个步骤产品成本核算单和产成品入库单,编制会计分录如下。

借:库存商品——A产品　　　　　　30 090.46

　贷:基本生产成本——第三车间　　　　　　30 090.46

五、逐步结转分步法的适用范围

(一) 逐步结转分步法的优点

通过上述对逐步结转分步法的系统介绍,可以归纳出其主要优点如下。

(1) 可提供产成品成本资料和半成品成本资料。

(2) 半成品成本随着实物转移而结转,有利于加强半成品和在产品的实物管理和资金管理。

(3) 在综合结转方式下,可对各加工步骤中完工产品成本进行分析和考核。

(二) 逐步结转分步法的缺点

(1) 各加工步骤的半成品成本按加工顺序逐步结转,影响了成本核算工作的及时性。

(2) 在综合结转方式下,若需要分析产品成本构成,需进行成本还原,工作量大。

(3) 在分项结转方式下,不利于对各加工步骤完工产品进行分析和考核。

(三) 逐步结转分步法的适用范围

逐步结转分步法一般应在半成品种类不多、逐步结转半成品成本的工作量不大,或者半成品种类较多但管理上要求提供各生产步骤半成品成本资料的情况下采用。

任务三 平行结转分步法的核算程序与应用

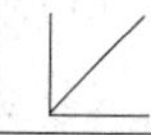

一、平行结转分步法的概念

平行结转分步法是指在计算产成品成本时,不计算各步骤所产半成品成本,也不计算各步骤所耗上一个步骤半成品成本,而只计算本步骤发生的各项耗费以及这些耗费中应计入产成品成本的份额。将相同产品各步骤成本明细账中的这些份额平行结转汇总,即可算出该种产品的完工产品成本。

由于平行结转分步法无法提供各步骤完工半成品的成本,所以平行结转分步法主要适用于管理上要求分步归集生产耗费,但不需要提供半成品成本的大量大批、多步骤生产企业。

二、平行结转分步法的特点

(一) 半成品成本在生产过程中不随半成品实物转移而结转

在某一个步骤半成品完工后,实物可转入半成品库或下一个步骤继续加工,但其成本仍留在本步骤的基本生产成本明细账中。在该方法下,各生产步骤不计算半成品成本,各步骤的基本生产成本明细账只归集本步骤发生的耗费,不归集从上步骤转入的半成品成本。

(二) 各步骤需计算计入产成品的"份额"

当产品经过所有加工步骤进入产成品库时,将各步骤的基本生产成本明细账中归集的生产耗费,采用一定的方法在最终完工产品与月末在产品之间进行分配,将计入完工产品成本的份额转出,平行汇总计算完工产品成本。

(三) 完工与在产品的含义

该方法下的完工产品是指企业最终的完工产品,广义的在产品是指尚未生产完工的全部在产品和半成品,包括:①尚在本步骤加工中的在产品,即狭义的在产品;②本步骤完工转入半成品库的半成品;③从半成品库转入以后各步骤进一步加工、尚未最终完工的产品。

(四) 需要设置"自制半成品"账户

在平行结转分步法下,半成品实物仍在各步骤之间进行流转,但只有在产成品完工

后，才将各步骤成本中应计入产成品成本的份额从各步骤成本明细账中转出，从“基本生产成本”账户转入“库存商品”账户，即不论半成品是否通过仓库收发，都不需要设置“自制半成品”账户进行核算。

三、平行结转分步法的成本核算程序

运用平行结转分步法计算产品成本，其一般程序如下。

(1) 按产品品种及各加工步骤，设置产品成本明细账。

(2) 分别成本项目归集其在本步骤加工发生的生产耗费，但不包括其所耗上一步骤的半成品成本。

(3) 月末采用一定的方法将归集在各步骤的生产费用在最终完工产品与在产品之间进行分配，计算各步骤中应计入产成品成本的份额。

(4) 将各步骤中计入产成品成本的“份额”按成本项目平行结转，汇总计算出产成品的总成本和单位成本。

平行结转分步法的成本核算程序如图 8-2 所示。

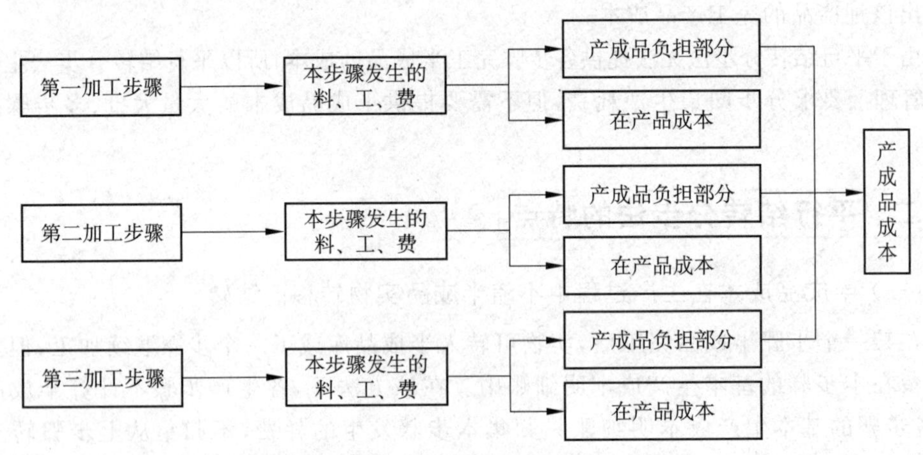

图 8-2　平行结转分步法成本核算工作图

四、平行结转分步法的应用举例

在平行结转分步法下，确定各步骤应计入产成品成本的份额是成本核算的关键。只要有效确定其各步骤的份额，然后将其直接相加，就可得到产成品成本。各步骤份额的确定，取决于完工产品与在产品的成本分配。企业在选择分配方法时，通常采用约当产量法、在产品按定额成本计价法或定额比例法进行计算。

【例 8-6】

长江管道公司生产 B 配件需分三个步骤进行，原材料在第一个生产步骤一次投入。各步骤的半成品，直接为下一个生产步骤所耗用，不经过半成品库。月末在产品成本按约当产量法计算，各步骤的在产品完工程度均为本步骤的 50%，其他有关资料如下。

(1) 该月各生产车间产量资料如表 8-14 所示。

表 8-14　产量资料表

20××年 5 月　　单位:件

项　　目	第一个步骤	第二个步骤	第三个步骤
月初在产品	50	90	80
本月投入量	200	150	200
本月完工量	150	200	160
月末在产品	100	40	120

(2) 月初在产品及本月生产费用资料如表 8-15、表 8-16 所示。

表 8-15　月初在产品成本

20××年 5 月　　单位:元

项　　目	直接材料	直接人工	制造费用	合　　计
第一个步骤	5 960	3 050	980	9 990
第二个步骤	—	2 820	835	3 655
第三个步骤	—	3 970	1 140	5 110
合　　计	5 960	9 840	2 955	18 755

表 8-16　本月生产费用

20××年 5 月　　单位:元

项　　目	直接材料	直接人工	制造费用	合　　计
第一个步骤	23 470	15 890	9 286	48 646
第二个步骤	—	13 070	8 500	21 570
第三个步骤	—	18 700	9 630	28 330
合　　计	23 470	47 660	27 416	98 546

(3) 按平行结转分步法计算 B 产成品成本,各步骤产品成本核算单如表 8-17～表 8-19 所示。

表 8-17　第一个步骤产品成本核算单

产品名称:B半成品　　20××年 5 月

项　　目	直接材料	直接人工	制造费用	合　　计
月初在产品成本/元	5 960	3 050	980	9 990
本月发生费用/元	23 470	15 890	9 286	48 646
生产费用合计/元	29 430	18 940	10 266	58 636
完工产品数量/件	160	160	160	—
在产品约当产量/件	260	210	210	—
总约当产量/件	420	370	370	—
应计入产成品的份额/元	11 211.43	8 190.27	4 439.35	23 841.05
月末在产品成本/元	18 218.57	10 749.73	5 826.65	34 794.95

① 第一个步骤。

材料费用分配：

$$总约当产量=160+100+40+120=420(件)$$

$$应计入产成品成本的份额=\frac{29\ 430}{420}\times 160\approx 11\ 211.43(元)$$

$$月末在产品成本=29\ 430-11\ 211.43=18\ 218.57(元)$$

人工费用的分配：

$$总约当产量=160+100\times 50\%+40+120=370(件)$$

$$应计入产成品成本的份额=\frac{18\ 940}{370}\times 160\approx 8\ 190.27(元)$$

$$月末在产品成本=18\ 940-8\ 190.27=10\ 749.73(元)$$

制造费用的分配：

$$总约当产量=160+100\times 50\%+40+120=370(件)$$

$$应计入产成品成本的份额=\frac{10\ 266}{370}\times 160\approx 4\ 439.35(元)$$

$$月末在产品成本=10\ 266-4\ 439.35=5\ 826.65(元)$$

表 8-18　第二个步骤产品成本核算单

产品名称：B半成品　　　　　　　　20××年5月

项　　目	直接材料(半成品)	直接人工	制造费用	合　　计
月初在产品成本/元	—	2 820	835	3 655
本月生产费用/元	—	13 070	8 500	21 570
生产费用合计/元	—	15 890	9 335	25 225
完工产品数量/件	—	160	160	—
在产品约当产量/件	—	140	140	—
总约当产量/件	—	300	300	—
应计入产成品的份额/元	—	8 474.67	4 978.67	13 453.34
月末在产品成本/元	—	7 415.33	4 356.33	11 771.66

② 第二个步骤。

直接人工费用的分配：

$$总约当产量=160+40\times 50\%+120=300(件)$$

$$应计入产成品的份额=\frac{15\ 890}{300}\times 160\approx 8\ 474.67(元)$$

$$月末在产品成本=15\ 890-8\ 474.67=7\ 415.33(元)$$

制造费用的分配：

$$应计入产成品的份额=\frac{9\ 335}{300}\times 160\approx 4\ 978.67(元)$$

$$月末在产品成本=9\ 335-4\ 978.67=4\ 356.33(元)$$

表 8-19 第三个步骤产品成本核算单

产品名称:B产成品　　　　　　20××年5月

项　　目	直接材料(半成品)	直接人工	制造费用	合　　计
月初在产品成本/元	—	3 970	1 140	5 110
本月生产费用/元	—	18 700	9 630	28 330
生产费用合计/元	—	22 670	10 770	33 440
完工产品数量/件	—	160	160	—
在产品约当产量/件	—	60	60	—
总约当产量/件	—	220	220	—
应计入产成品的份额/元	—	16 487.27	7 832.73	24 320
月末在产品成本/元	—	6 182.73	2 937.27	9 120

③ 第三个步骤。

直接人工费用的分配:

$$总约当产量=160+120\times50\%=220(件)$$

$$应计入产成品的份额=\frac{22\ 670}{220}\times160\approx16\ 487.27(元)$$

$$月末在产品成本=22\ 670-16\ 487.27=6\ 182.73(元)$$

制造费用的分配:

$$应计入产成品的份额=\frac{10\ 770}{220}\times160\approx7\ 832.73(元)$$

$$月末在产品成本=10\ 770-7\ 832.73=2\ 937.27(元)$$

根据上述三步骤的产品成本核算单,编制B完工产品成本核算单,如表8-20所示。

表 8-20 完工产品成本核算单

产品名称:B产成品　　　　　　20××年5月　　　　　　单位:元

成本项目	直接材料	直接人工	制造费用	合　　计
第一个步骤转入份额	11 211.43	8 190.27	4 439.35	23 841.05
第二个步骤转入份额	—	8 474.67	4 978.67	13 453.34
第三个步骤转入份额	—	16 487.27	7 832.73	24 320
总成本	11 211.43	33 152.21	17 250.75	61 614.39
单位成本	70.07	207.20	107.82	385.09

根据B产品成本核算单和产成品入库单,编制如下会计分录。

借:库存商品——B产品　　　　　　61 614.39

　贷:基本生产成本——第一个步骤　　　　23 841.05

　　　　　　　　——第二个步骤　　　　13 453.34

　　　　　　　　——第三个步骤　　　　24 320

五、平行结转分步法的适用范围

（一）平行结转分步法的优点

与逐步结转分步法相比较，平行结转分步法具有以下优点。

（1）各步骤可以同时计算产品成本，从而简化和加速成本核算工作。

（2）结转过程中按成本项目平行结转，在最终产成品中能够直接提供按原始成本项目反映的产品成本资料，不必进行成本还原。

（二）平行结转分步法的缺点

不能提供各步骤半成品成本资料及各步骤所耗的上一步骤半成品成本，因而不能全面反映各步骤生产耗费的水平，不利于各步骤的成本管理。

（三）平行结转分步法的适用范围

平行结转分步法适合在半成品种类较多、逐步结转半成品成本工作量大、管理上又不要求提供各步骤半成品成本资料的情况下采用。使用该方法时，须加强各步骤在产品收发结存时的数量核算，以便为在产品的实物管理和资金管理提供资料，使成本核算更加准确。

六、逐步结转分步法和平行结转分步法的区别

逐步结转分步法和平行结转分步法是分步法应用的两种具体方法，这两种方法在成本管理要求、成本核算方式及在产品含义等方面均有所不同。

（一）成本管理要求不同

逐步结转分步法是需要分步骤计算半成品成本的，而平行结转分步法不需要分步骤计算。若企业自制半成品对外销售或某种半成品为企业多种产品共同耗用，那就需要计算半成品成本，采用逐步结转分步法；如果企业半成品种类多，且不对外销售，在成本管理上也不要求计算半成品成本，就采用平行结转分步法。

（二）成本核算方式不同

逐步结转分步法是按照生产步骤，逐步计算和结转半成品成本，下一个步骤需等待上一个步骤的核算结果，直至最后步骤计算出完工产品成本。若采用综合结转法，为反映原始成本项目构成，还需进行成本还原，核算工作量大。

平行结转分步法是将各生产步骤应计入产成品的份额，同时平行汇总计入产成品成本，无须等待，可以简化和加速成本核算工作。

（三）在产品含义不同

在逐步结转分步法下，各步骤的完工产品是指该步骤完工半成品（只有最后一个步骤才是完工产品），而在产品是指该步骤狭义的在产品，即该步骤正在加工中的在产品。在该方法下，半成品成本随实物转移而结转，各步骤在产品成本的发生地和在产品的所在地是一致的，有利于在产品和半成品的管理。

在平行结转分步法下，各生产步骤的完工产品均指企业最终的完工产品；而在产品是

指广义的在产品，既包括尚在本步骤加工中的在产品，也包括本步骤已完工转入半成品库的半成品，还包括从半成品库转出到以后各步骤基础加工的产品。在该方法下，半成品实物虽被转移，但成本仍保留在上一个步骤，各生产步骤的在产品成本的发生地和所在地往往不一致，不利于在产品和半成品的管理。

1. 分步法的概念和特点是什么？适用于何种生产类型的企业？
2. 逐步结转分步法和平行结转分别的成本核算程序分别是什么？
3. 逐步结转分步法和平行结转分步法分别适用于何种类型的生产？
4. 逐步结转分步法和平行结转分步法有何异同？
5. 综合结转分步法与分项结转分步法有何异同？

项目小结

本项目主要介绍了成本核算方法中分步法的特点、核算程序及分类(分为逐步结转分步法和平行结转分步法)。逐步结转分步法中重点介绍了综合结转分步法、成本还原、分项结转分步法下的产品成本核算，以及成本核算单的编制；平行结转分步法中主要介绍了该方法的特点、成本核算程序和适用范围。本项目内容结构如图 8-3 所示。

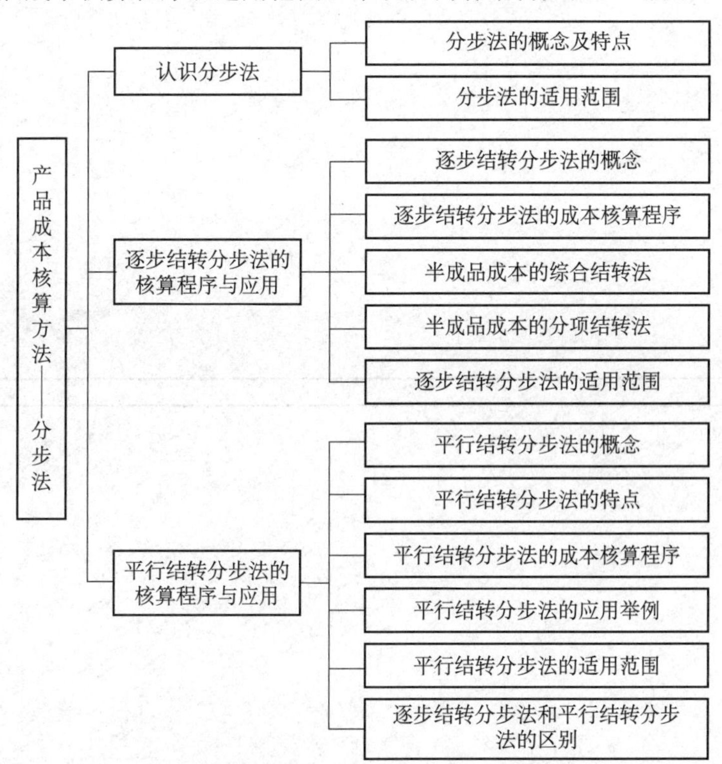

图 8-3 产品成本核算方法——分步法内容结构

练习与实训

知识检测

实训操作

评价表

评价项目	评价指标	评价结果			
学习目标评价	知识目标	□优质完成	□良好完成	□基本完成	□未完成
	技能目标	□优质完成	□良好完成	□基本完成	□未完成
	素质目标	□优质完成	□良好完成	□基本完成	□未完成
练习与实训	知识检测	得分：______		正确率：______	
	实训操作	□优质完成	□良好完成	□基本完成	□未完成
自我总结与评价：					

产品成本核算的辅助方法

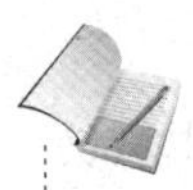

【知识目标】

1. 了解分类法的适用范围及特点,掌握分类法的计算程序;
2. 了解定额法的适用范围及特点,掌握定额法的计算程序。

【技能目标】

1. 能够根据企业产品特点选择合适的成本核算方法;
2. 能够运用分类法和定额法进行产品成本核算。

【素质目标】

1. 具有良好的逻辑思维能力;
2. 具有主动提高业务素质能力的意识。

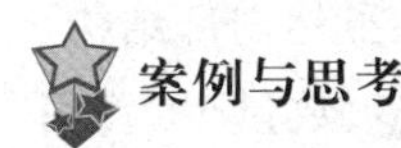

案例与思考

长江管道公司下属子公司中有一家大型的食品厂,主要经营面包(切片面包、夹心面包等)、饼干(威化饼干、苏打饼干、手指饼干等)及蛋糕(巧克力味蛋糕、冰激凌蛋糕等)等产品。该厂拥有二十四小时生产线,产品所需的原料都按配料比例耗用。该厂为各种食品制定了精确的消耗定额和费用定额,食品的生产周期短,月末在产品数量不多,原材料费用占全部生产成本的60%。该厂如何进行成本核算呢?

作为会计人员,你认为该厂是否可以采用品种法进行成本核算?该厂适合采用那类方法进行成本核算?

任务一 分类法的核算程序与应用

一、分类法概述

(一)分类法的定义

分类法是先按产品类别归集生产费用,再在计算出各类完工产品总成本的基础上,按

照一定标准，在类内各种不同品种、规格产品之间分配，计算出每种产品成本的一种成本核算方法。

实际上，分类法不是一种独立的成本核算方法，它可以和品种法、分步法、分批法等结合起来应用。分类法实质上只是一种分摊方法，按一定的比例分摊类内各完工产品的成本。

（二）适用范围

分类法一般适用于使用相同的原材料，经过基本相似的加工工艺过程，所生产的产品品种繁多、规格不一、型号各异，并且可以按照一定标准进行分类的生产企业。分类法与企业的生产类型没有直接关系，它可以在各种类型的生产企业中应用。

(1) 用同种原材料、同样的工艺过程进行不同规格产品的生产。例如，电子厂生产的各种型号和规格的电子元器件，服装厂生产的各种种类和规格的服装，食品厂生产的各种饼干和面包等。

(2) 用同一原材料进行加工，可以同时生产出几种主要产品。例如，炼油厂的原油经过提炼，可以同时生产出各种汽油、煤油和柴油等产品。

(3) 在生产主要产品时附带生产一些非主要产品。例如，炼钢厂生产的炉渣，煤气厂生产的焦炭。

分类法也适用于由于内部结构、所耗原材料质量或工艺技术等客观原因发生变化而造成的不同等级的产品成本的计算，但如果不同等级的产品是由于工人操作失误造成的，则不能采用分类法计算成本。对于除主要产品之外的零星产品生产，如为协作单位生产少量的零部件或自制少量材料和工具等，也可采用分类法。这些零星产品虽然内部结构、所耗原材料质量或工艺技术过程不一定完全相近，但是它们的品种规格多、数量少、费用比较小，为了简化成本核算工作，通常采用分类法计算成本。

（三）分类法的特点

(1) 以产品类别作为成本核算对象，归集各类产品的总成本。在划分产品类别时，以产品的性能结构、用途、耗用材料、工艺过程等因素作为划分标准，一般把材料相同，工艺过程或性能结构相近的产品归为一类。如类别划分过粗，影响成本核算的准确性；如划分过细，计算对象过多，增加工作的繁重程度。产品类别划分得是否适当，是影响分类法计算的关键所在。同时，应选择合理的分配标准，在每类产品的各种产品之间分配费用，计算每类产品类各种产品的成本。

(2) 成本核算期不固定，根据生产特点及管理要求来确定成本核算期。分类法不是一种独立的基本成本核算方法，而是要根据各类产品的不同生产工艺特点，和品种法、分批法、分步法结合使用。因此，分类法的计算期与企业成本核算的基本方法保持一致；如果与品种法或分步法结合使用，则应定期在月末进行成本核算；如果与分批法结合使用，成本核算期应于生产周期一致。

(3) 类别内各种产品成本费用的分配标准固定。类别内产品成本费用分配标准是否合理，是影响各种产品成本核算是否正确的关键。分配标准一经确定，企业不可随意更改。类别内产品耗费分配标准一般有定额消耗量、定额成本、售价以及产品的重量、体积和长度。选择分配标准时，必须尽可能选择与产品成本的高低关系较大的分配标准。各成本项目的分配可选用同一分配标准，也可根据成本项目的特点选择不同的标准。如分配直接材料选择定额消耗量，分配直接人工、制造费用选择定额工时标准，以使分配结果更加符合实际情况，使成本核算更准确。

（四）分类法的核算程序

采用分类法计算产品成本，可以简化成本核算工作，计算的程序就是“先分类再分配”。具体核算过程如下。

(1) 对产品进行分类，按类别归集生产费用，计算各类产品的成本。各类产品在生产过程中发生的各种生产费用，应根据费用与各类产品的关系，分别计入各类产品的生产成本明细账。其中，可以直接认定的费用，直接计入该类别产品的生产成本明细账；类别间共同耗用的费用，应采用适当的标准在类别间进行分配。

(2) 月末，将各类别产品生产成本明细账归集的生产费用进行汇总，采用适当的分配方法在本类完工产品和月末产品之间进行分配，计算出各类产品的完工产品成本。

(3) 选择合理的分配标准，将各类别完工产品成本在类内各产品之间进行分配，计算类内各种产品的总成本和单位成本。

二、分类法的应用

类内各产品成本的划分方法通常有系数法和定额比例法。

（一）系数法

系数法又叫“标准产量法”，是把分配标准折成相对固定的系数，按照系数在类内各种产品之间分配费用，具体步骤如下。

(1) 确定标准产品。在类内产品中选择一种产量较大，生产比较稳定或规格比较适中的产品作为标准产品，将其系数定为“1”。

(2) 计算类内各种产品的系数。将类内其他各种产品的单位产品的分配标准（如定额消耗量、定额工时）除以标准产品单位分配标准，得出产品的单位系数。其计算公式如下：

$$类内某产品单位系数=\frac{该产品定额消耗量（或定额工时）}{标准产品定额消耗量（或定额工时）}$$

(3) 计算标准总产量。将各种产品的实际产量乘以其系数，换算为标准总产量。其计算公式如下：

$$某产品标准总产量=该产品实际产量\times该产品单位系数$$

(4) 计算费用分配率。将该类完工产品的某项费用总额除以该类内各种产品标准产量之和，计算出单位标准产品应分配的费用。其计算公式如下：

$$类内各产品某项费用分配率=\frac{该类完工产品的某项费用总额}{该类内各种产品标准产量之和}$$

(5) 计算各种产品应分配的费用。将各种产品的标准产量和某项费用的分配率相乘即可计算出类内各种产品的成本。其计算公式如下：

$$某种产品应负担的某项费用=某种产品的标准产量\times该类产品某项费用的分配率$$

【例 9-1】

长江管道公司下属子公司中有一家专门从事各类小型电机生产的企业，采用分类法计算产品成本。该厂生产的A类电机中，包括A1、A2、A3三种规格的产品，以其中的A1产品作为标准产品。各产品材料在生产开始时一次投入，月末生产费用在完工产品和A类在产品之间采用约当产量比例法进行分配。20××年6月有关资料如表9-1～表9-3所示。

表 9-1　各产品消耗定额

产品名称	原材料消耗定额/千克	工时消耗定额/小时
A1产品	10	4
A2产品	12	6
A3产品	8	3

表 9-2　各产品6月月末产量

产品名称	月末在产品		在产品约当产量/件	完工产品数量/件
	数量/件	完工程度/%		
A1产品	500	50	250	4 000
A2产品	600	50	300	5 000
A3产品	0	—	—	2 400

表 9-3　A类产品成本资料　　单位：元

摘要	直接材料	直接人工	制造费用	合计
月初在产品	35 280	3 900	9 600	48 780
本月发生费用	293 220	94 100	130 400	517 720
合计	328 500	98 000	140 000	566 500

要求：根据上述资料，采用系数法，计算该厂A1、A2、A3产品成本。

解析：

(1) 根据上述资料，计算原材料费用系数和公式消耗定额系数，如表9-4所示。

表 9-4　系数计算表

产品名称	原材料消耗定额/千克	材料费用系数	工时消耗定额/小时	工时消耗系数
A1产品	10	1	4	1
A2产品	12	1.2	6	1.5
A3产品	8	0.8	3	0.75

(2) 计算标准总产量，如表 9-5 和表 9-6 所示。

表 9-5　标准产品产量(原材料)　　单位:件

产品名称	完工产品数量(1)	在产品数量(2)	原材料			
			材料费用系数(3)	完工产品折合标准数量(4)=(1)×(3)	在产品折合标准数量(5)=(2)×(3)	标准产量合计(6)=(4)+(5)
A1 产品	4 000	500	1	4 000	500	4 500
A2 产品	5 000	600	1.2	6 000	720	6 720
A3 产品	2 400	0	0.8	1 920	0	1 920
合　计	—	—	—	11 920	1 220	13 140

表 9-6　标准产品产量(工时)　　单位:小时

产品名称	完工产品数量(1)	在产品数量(2)	工　时			
			工时消耗系数(3)	完工产品折合标准数量(4)=(1)×(3)	在产品折合标准数量(5)=(2)×(3)	标准产量合计(6)=(4)+(5)
A1 产品	4 000	250	1	4 000	250	4 500
A2 产品	5 000	300	1.5	7 500	450	6 720
A3 产品	2 400	0	0.75	1 800	0	1 920
合　计	—	—	—	13 300	700	14 000

(3) 计算各类完工产品成本，如表 9-7 所示。

表 9-7　生产成本明细账　　单位:元

摘　要	直接材料	直接人工	制造费用	合　计
月初在产品	35 280	3 900	9 600	48 780
本月发生费用	293 220	94 100	130 400	517 720
合　计	328 500	98 000	140 000	566 500
分配率	328 500/13 140=25	98 000/14 000=7	140 000/14 000=10	—
完工产品成本	298 000	93 100	133 000	524 100
月末在产品成本	30 500	4 900	7 000	42 400

(4) 计算各类产品的成本,如表 9-8 所示。

表 9-8 各产品成本核算表 单位:元

项目	产量	分配原材料的标准产量	分配工资的标准产量	直接材料	直接人工	制造费用	成本合计	单位成本
分配率	—	—	—	25	7	10	—	—
A1 产品	4 000	4 000	4 000	100 000	28 000	40 000	168 000	42
A2 产品	5 000	6 000	7 500	150 000	52 500	75 000	277 500	55.5
A3 产品	2 400	1 920	1 800	48 000	12 600	18 000	78 600	32.75
合计	—	11 920	13 300	298 000	93 100	133 000	524 100	—

(二) 定额比例法

如果企业的定额管理基础比较好,能够为每一种产品制定准确、稳定的消耗定额,也可以采用定额比例法来计算类内各产品的成本。定额比例法是按照类内各种产品的定额成本或定额消耗量比例,对类内产品的总成本进行分配,然后计算出各产品的成本。

1. 计算本期定额耗用量总数

分成本项目计算出类内产品本月定额成本或定额消耗总数。在实际工作中,通常原材料按照定额消耗量来进行计算,直接人工和制造费用按照定额工时来进行计算。

本月定额耗用总量=本月完工产品定额耗用量+月末在产品定额耗用量

2. 计算分配率

分成本项目计算该类产品各项成本的分配率。

$$\text{直接材料分配率}=\frac{\text{该类产品直接材料本月实际总成本}}{\text{该类产品原材料定额消耗总量}}$$

$$\text{费用分配率}=\frac{\text{该类产品直接人工(或制造费用)本月实际总成本}}{\text{该类产品定额工时总量}}$$

3. 计算类内各种完工产品和在产品的成本

某种完工产品的直接材料成本=该种完工产品原材料定额消耗量×直接材料分配率

某种完工产品的直接人工(或制造费用)成本=该种完工产品定额工时总量×费用分配率

某种在产品的直接材料成本=该种产品在产品原材料定额消耗量×直接材料分配率

某种在产品的直接人工(或制造费用)成本=该种产品在产品定额工时总量×费用分配率

【例 9-2】

长江管道公司大量生产 A、B、C 三种产品,这三种产品所用的原材料相同,生产工艺技术过程相近。为简化核算工作,公司决定将其归为一类(甲类)产品,采用分类法计算其成本。三种产品所需的原材料在生产开始时一次投入,月末生产费用在完工产品和甲类在产品之间采用约当产量比例法进行分配,月末在产品完工程度为 50%。20××年 8 月有关资料如表 9-9~表 9-11 所示。

表 9-9 甲类产品成本资料

20××年 8 月 单位:元

摘 要	直接材料	直接人工	制造费用	合 计
月初在产品	58 920	7 024	8 460	74 404
本月发生费用	331 080	56 936	44 840	432 856
合 计	390 000	63 960	53 300	507 260

表 9-10 甲类产品 8 月月末产量

20××年 8 月

产品名称	月末在产品		在产品约当产量/件	完工产品数量/件
	数量/件	完工程度/%		
A	100	50%	50	1 200
B	80	50%	40	600
C	40	50%	20	800

表 9-11 单位产品定额资料

20××年 8 月

产品名称	原材料消耗定额/元	工时消耗定额/小时
A	10	2
B	8	2.5
C	9	1.5

要求:根据上述资料,采用定额比例法对该厂 A、B、C 产品进行成本核算。

解析:

(1) 计算本月定额耗用量总数,如表 9-12 所示。

表 9-12 定额总量计算表

20××年 8 月

产品名称		原材料定额成本			工时定额		
		实际产量/件	单位定额/元	定额总成本/元	约当产量/件	单位定额/小时	定额总工时/小时
产成品	A	1 200	10	12 000	1 200	2	2 400
	B	600	8	4 800	600	2.5	1 500
	C	800	9	7 200	800	1.5	1 200
	小计	—	—	24 000	—	—	5 100
在产品	A	100	10	1 000	50	2	100
	B	80	8	640	40	2.5	100
	C	40	9	360	20	1.5	30
	小计	—	—	2 000	—	—	230

(2) 计算各成本项目分配率。

直接材料成本分配率＝390 000/(24 000＋2 000)＝15

直接人工成本分配率＝63 960/(5 100＋230)＝12

制造费用分配率＝53 300/(5 100＋230)＝10

(3) 各完工产品和甲类在产品的成本核算,如表9-13所示。

表9-13 各产品成本核算表

20××年8月

项目		实际产量/件	原材料定额总成本/元	直接材料/元	定额总工/小时	直接人工/元	制造费用/元	总成本/元	单位成本/元
分配率		—	—	15	—	12	10	—	—
完工成品	A	1 200	12 000	180 000	2 400	28 800	24 000	232 800	194
	B	600	4 800	72 000	1 500	18 000	15 000	105 000	175
	C	800	7 200	108 000	1 200	14 400	12 000	134 400	168
	小计	—	24 000	360 000	5 100	61 200	51 000	472 200	—
甲类在成品	A	100	1 000	15 000	100	1 200	1 000	17 200	—
	B	80	640	9 600	100	1 200	1 000	11 800	—
	C	40	360	5 400	30	360	300	6 060	—
	小计	—	2 000	30 000	230	2 760	2 300	35 060	—

(三) 联产品的成本核算

联产品是指使用同种原材料,经过同一生产过程,同时生产出来的两种或两种以上的具有同等地位的主要产品。例如炼油厂,投入原油后,经过某个加工过程,可以生产出汽油、柴油、气体等产品。

联产品的分离点是指在联产品生产中,投入相同的原料,经过同一生产过程,分离为各种联产品的时点。联产品在生产中一般要经历两个阶段:分离前和分离后。在分离点分离后以前发生的成本,称为联合成本。分离后的联产品有的可以直接销售,有的还需要经过进一步的加工,才能够销售,进一步加工的成本称为可归属成本。因此,联产品成本的计算可以分为两个阶段进行:①联合成本的分配。联产品在分离前,可合并成同一类产品,将其联合成本总额按一定的分配方法(如系数法、实物数量法等)在各联产品之间进行分配。②分离后成本的归集。分离后的联产品发生的可归属成本,根据“谁受益谁承担”的原则,归集到对应的联产品。用分离后成本加上由联合成本分配来的成本,构成该种产品整个生产过程成本。

由于联产品具有同等地位,在成本核算时,应对各联产品的联合成本采用相同的成本分配方法,来确定各联产品的生产成本。联合成本的分配方法有系数法、实物数量法、售价法和可变现净值法。

1. 系数法的运用

系数法是将各种联产品的实际产量按事先规定的系数折算为标准产量,然后将联产品的联合成本按各联产品的标准产量进行分配。采用系数法来分配联合成本,其准确程度取决于系数的确定是否合理。系数的确定标准可以根据重量体积、质量性能、含量和加工难易程度来确定,也可以根据定额成本、售价等来确定。系数的确定方法与分类法中系数的确定方法相同。

【例 9-3】

长江管道公司利用同一种原材料,经过同一生产过程生产出甲、乙、丙三种联合产品。企业采用系数法分配联合成本,以单位售价作为标准确定系数,将乙产品确定为标准产品。甲、丙两种产品分离后可以直接销售,乙产品还需要进一步加工为 A 产品才能对外销售。20××年 8 月生产的三种产品的资料如表 9-14、表 9-15 所示。

表 9-14 联产品成本资料

20××年 8 月 单位:元

项　目	直接材料	直接人工	制造费用
分离前的联合成本	226 125	92 125	67 000
分离后乙产品的可归属成本	6 400	3 600	4 240

表 9-15 联产品产量和售价

20××年 8 月

产品名称	产量/千克	单位售价/元
甲	6 000	30
乙	4 000	20
丙	5 000	15

要求:根据上述资料,计算各联产品的成本。

解析:

(1) 计算分配系数和标准产量,如表 9-16 所示。

表 9-16 系数和标准产量计算表

20××年 8 月

产品名称	产量/千克	单位售价/元	系数	标准产量/千克
甲	6 000	30	1.5	9 000
乙	4 000	20	1	4 000
丙	5 000	15	0.75	3 750

(2) 计算联合成本的分配率及各联产品联合成本的分配额,如表 9-17 所示。

表 9-17 联合成本分配计算表

20××年 8 月　　单位:元

产品名称	标准产量	直接材料		直接人工		制造费用		合　计
		分配率	分配额	分配率	分配额	分配率	分配额	
甲	9 000	—	121 500	—	49 500	—	36 000	207 000
乙	4 000	—	54 000	—	22 000	—	16 000	92 000
丙	3 750	—	50 625	—	20 625	—	15 000	86 250
合　计	16 750	13.5	226 125	5.5	92 125	4	67 000	385 250

(3) 计算联产品成本,如表 9-18 所示。

表 9-18 联产品成本核算表

20××年 8 月　　单位:元

产品名称	产量	分配的联合成本			可归属成本			总成本	单位成本
		直接材料	直接人工	制造费用	直接材料	直接人工	制造费用		
甲	6 000	121 500	49 500	36 000	—	—	—	207 000	34.5
乙	4 000	54 000	22 000	16 000	6 400	3 600	4 240	106 240	26.56
丙	5 000	50 625	20 625	15 000	—	—	—	86 250	17.25
合　计	15 000	226 125	92 125	67 000	—	—	—	399 490	

2. 实物数量法的应用

实物数量法是指将产品的联合成本按分离点上各种联产品的实物数量进行分配。这里的实物数量可以是数量、重量、容积等。它又可以分为简单平均单位成本法和加权平均单位成本法,后者类似于上述的系数法。在实际工作中,并非所有成本的发生都与实物数量直接相关,因此该方法一般适用于成本的发生与产量关系密切,或所生产的产品的价格很不稳定或无法直接确定的情况。

【例 9-4】

以表 9-14、表 9-15 的资料为例,采用实物数量法(加权平均成本法)进行联产品成本的分配,计算结果如表 9-19 所示。

表 9-19 联产品的成本核算表

20××年 8 月

项　目	产量/件	分配的联合成本/元			可归属成本/元			总成本/元	单位成本/元
		直接材料	直接人工	制造费用	直接材料	直接人工	制造费用		
联合成本	—	226 125	92 125	67 000	—	—	—	—	—
分配率	—	15.08	6.14	4.47	—	—	—	—	—
甲	6 000	90 480	36 840	26 820	—	—	—	154 140	25.69
乙	4 000	60 320	24 560	26 820	6 400	3 600	4 240	125 940	31.49
丙	5 000	75 325	30 725	13 360	—	—	—	119 410	23.89

3. 售价法的应用

售价法是指将联合成本按分离点上的每种产品的销售价格进行分配。这种分配法要求每种产品在分离点时的销售价格能够可靠地计量，一般适用于分离后不再加工且价格波动不大的联产品成本核算。采用这种分配方法时，售价较高的联产品应该负担较高份额的联合成本，售价较低的联产品应该负担较低份额的联合成本，其结果是各种联产品的毛利率相同。

【例 9-5】

承接例 9-3 资料，若该厂生产出甲、乙、丙三种联产品均可在分离后直接销售，甲产品的售价为 50 元/千克，乙产品的售价是 35 元/千克，丙产品的售价是 40 元/千克，采用售价法进行联产品成本的分配，计算结果见表 9-20。

表 9-20　联产品成本核算表

20××年 8 月

项目	产量/件	售价/元	销售价格/元	销售价格所占比例/%	联合成本	分配的联合成本/元	单位成本/元	毛利/元	毛利率/%
甲	6 000	50	300 000	46.88	—	180 605.2	30.1	119 394.8	39.8
乙	4 000	35	140 000	21.88	—	84 292.7	21.07	55 707.3	39.8
丙	5 000	40	200 000	31.24	—	120 352.1	24.07	79 647.9	39.8
合计	15 000	—	64 000	—	385 250	—	—	—	—

4. 可变现净值法的应用

可变现净值法是指将联合成本按分离点上各产品可实现价值的比例进行分配。可实现价值是指将联合产品的最终销售价格扣除其分离后进一步加工的成本的余额。这种分配法主要适用于在分离后需进一步加工的联产品成本的计算。

【例 9-6】

承接例 9-3 资料，若分离后甲产品的直接售价为 50 元/千克，丙产品接售价是 40 元/千克，乙产品经过进一步加工后的售价是 35 元/千克，采用可变现净进行联产品成本的分配，计算结果见表 9-21。

表 9-21　联产品成本核算表

20××年 8 月

项目	产量/件	售价/元	销售价格/元	联合成本/元	可归属成本/元	分离点可变现净值/元	可变现净值比例/%	分配的联合成本/元	单位成本/元
甲	6 000	50	300 000	—	—	300 000	45.85	176 637.1	29.44
乙	4 000	35	140 000	—	14 240	154 240	23.58	90 841.95	22.71
丙	5 000	40	200 000	—	—	200 000	30.57	117 770.95	23.55
合计	15 000	—	640 000	385 250	—	654 240	—	—	—

（四）副产品成本的核算

副产品是指在同一生产过程中，使用同种原料，在生产主要产品的同时附带生产出来的非主要产品。例如，肥皂厂在生产肥息的过程中附带生产出副产品甘油，酿酒厂在酿造白酒的过程中附带生产的副产品酒槽等。

副产品的价值相对较低，而且在全部产品生产过程中所占的比重较小。故而，在分配主要产品和副产品的联合成本时，通常先确定副产品的成本，然后直接从联合成本中扣除副产品的成本就是主产品的成本。因此，分配主副产品联合成本的关键是确定副产品的成本，而副产品成本核算的关键是副产品按什么标准进行计价。如果副产品计价过高，就会将主产品成本转移到副产品成本中；反之，如果副产品计价过低，就会将副产品成本转移到主产品成本中。

副产品被分离后，有的可以直接对外销售，有的还需要经过进一步加工后才能销售，因此，副产品的计价可以采用以下方法。

1. 副产品不计价

如果副产品分离后可直接对外销售，且价值较低，那么为简化计算，可以不计算副产品的成本。此时，主副产品发生的联合成本全部由主产品承担，副产品销售收入可作为其他业务收入处理。如果副产品的销售收入不足以抵偿其销售费用，在分配联合成本时，也应采用这种方法。

【例 9-7】

某厂生产甲产品的过程中附带生产出乙副产品，甲、乙产品均可直接对外销售，甲产品 150 元/千克，乙产品 10 元/千克。某月，该厂生产甲产品 10 000 千克，生产乙产品 800 千克，发生联合成本 600 000 元，则甲产品的总成本为 600 000 元，单位成本为 60 元，乙副产品的总成本为 0 元。

2. 副产品按可归属成本计价

如果副产品分离后还需要经过进一步加工才能对外销售，且价值较小，则副产品只需负担分离后发生的可归属成本，而分离前发生的联合成本全部由主产品负担。

【例 9-8】

某厂生产甲产品的过程中附带生产出乙副产品，乙副产品需经过进一步加工才能对外销售，甲产品 150 元/千克，乙产品 10 元/千克。某月，该厂生产甲产品 10 000 千克，生产乙产品 800 千克，发生联合成本 600 000 元，乙副产品进一步加工发生的成本为 1 600 元，则甲产品的总成本 600 000 元，单位成本为 60 元，乙副产品的总成本为 1 600 元，单位成本为 2 元。

3. 副产品按固定成本计价

如果副产品成本变化不大，且市价稳定，则可以用固定成本作为副产品的成本，从联合成本中扣除。固定成本可以按预先规定的固定单价或者单位定额成本来计价。

【例 9-9】

承接例 9-8，假定乙副产品的单位定额成本为 2.5 元/千克，则乙副产品应负担的联合成本为 2 000 元(2.5 ×800＝2 000)，甲产品应承担的联合成本为 598 000 元(600 000－2 000＝598 000)，甲产品的总成本为 598 000 元，单位成本为 59.8 元，副产品的总成本为 3 600 元(2 000＋1 600＝3 600)，单位成本为 4.5 元。

4. 副产品按可变现价值计价

如果副产品的价值较高，其计价往往以其销售价格作为基础，扣除销售税金、销售费用和正常销售利润后的余额作为副产品成联合成本中扣除。如果副产品分离后还需要进一步加工才能对外销售，则应从销售价格中扣除分离后的加工成本。

对于副产品应负担的联合成本，可以从联合成本中的"直接材料"项目直接扣除，也可以按比例从各成本项目中分别扣除。价值较小的副产品成本可以从"直接材料"项目直接扣除。

【例 9-10】

长江管道公司在生产甲产品的生产过程中同时生产出乙副产品。分离后，甲、乙产品均可直接对外销售，乙副产品的单位售价 30 元，单位税金 1.5 元，单位销售费用 2.5 元，单位销售利润 4 元。20××年 7 月，主副产品的联合成本中，直接材料 80 000 元，直接人工 50 000 元，制造费用 20 000 元。甲产品的产量 8 000 千克，乙副产品的产量 1 500 千克。副产品成本按比例从各成本项目中扣除。各产品成本核算如表 9-22 所示。

表 9-22　联合成本分配表

20××年 7 月

项　目	联合成本		分配的联合成本	
	金额/元	比例/%	乙副产品/元	甲产品/元
直接材料	80 000	53	17 490	62 510
直接人工	50 000	33	10 890	39 110
制造费用	20 000	14	4 620	15 380
合　计	150 000	—	33 000	117 000

乙副产品应负担的联合成本＝(30－1.5－2.5－4)×1 500＝33 000(元)

假如上述乙副产品需进一步加工后才可以对外销售，进一步加工发生的人工费用是 3 000 元，制造费用是 1 800 元，则乙副产品应负担的联合成本＝(30－1.5－2.5－4)×1 500－3 000－1 800＝28 200(元)。此时的各产品成本核算如表 9-23 所示。

表 9-23　主副产品成本核算表

20××年 7 月

项　目	联合成本		分配的联合成本/元		分离后成本/元		乙副产品总成本/元	甲产品总成本/元
	金额/元	比例/%	乙副产品	甲产品	乙副产品	甲产品		
直接材料	80 000	53	14 946	65 054	—	—	14 946	65 054
直接人工	50 000	33	9 306	40 694	3 000	—	12 306	40 694
制造费用	20 000	14	3 948	16 052	1 800	—	5 748	16 052
合　计	150 000	—	28 200	121 800	4 800	—	33 000	121 800

联产品和副产品都是投入相同的原料，经过同一生产过程，生产出不同的产品；不同之处在于联产品的价值一般较大，而副产品的价值相对较小。当然，主产品和副产品是相对而言的，并非绝对不变的。随着科学技术的发展和消费市场的变化，主副产品有时可能会相互转化。在会计处理上，如果认为有必要，可以将副产品按照联产品进行核算。

（五）等级产品成本的核算

等级产品是指使用相同的原材料，经过相同的生产过程，生产出品种相同、但质量不同的产品。比如，纺织品、陶瓷制品的生产过程中常有不同等级产品产生。等级产品的质量差异一般是在允许的使用范围之内，这些差异一般不影响产品的正常使用，所以等级产品都是合格产品。不过，产品的等级不同，其售价也不相同。等级产品成本的计算方法，应视等级产品造成的原因而定。等级产品的产生通常有以下两种原因。

(1) 等级产品是由于工人操作不当、技术不熟练等主要原因造成的。对此，应采用实物量分配法计算各等级产品的成本，以使计算出来的各等级产品的单位成本相同。因为在此等级产品的生产过程中，产品耗用的原材料是相同的、经过的生产过程也是相同的，所以生产出来的各等级产品的单位成本也应该是相同的。

(2) 等级产品是由于耗用的原材料质量不同，或目前生产技术水平限制等客观因素造成的。例如，对原棉进行加工时，受棉花质量的限制，会加工出不同售价的成品棉。对于这类情况，一般应采用售价比例分配法，根据等级产品的单位售价确定分配系数，按系数比来分配各等级产品应承担的联合成本，以便对各等级产品确定不同的单位成本。这样，耗用优质原材料生产出的等级高、售价高的产品，负担较多的成本；而耗用质量一般的原材料生产出的等级低、售价低的产品，则负担较少的成本。

【例 9-11】

长江管道公司下属制衣厂生产女士毛衫，20××年 6 月共生产毛衫 40 000 件，其中一级品 30 000 件，二级品 6 000 件，三级品 4 000 件，各等级毛衫售价分别为 400 元、360 元和 240 元，全部联合成本采用分类法计算出来为 3 591 000 元，等级产品成本按售价比例法计算。其计算结果见表 9-24。

表 9-24 等级产品计算表

20××年 6 月

产品等级	产量/件	单位售价/元	系数	相对产量/件	联合成本/元	分配率	分配的联合成本/元	单位成本/元
一级	30 000	400	1	30 000	—	—	2 850 000	95
二级	6 000	360	0.9	5 400	—	—	513 000	85.5
三级	4 000	240	0.6	2 400	—	—	228 000	57
合　计	40 000	—	—	37 800	3 591 000	95	3 591 000	—

任务二 定额法的核算程序与应用

一、定额法概述

(一) 定义

定额法是以产品现行的定额成本为基础,根据定额成本、脱离定额差异、材料成本差异及定额变动差异计算产品实际成本。在定额成本法下,产品实际成本的计算公式如下:

产品实际成本=定额成本±脱离定额差异±材料成本差异±定额变动差异

1. 定额成本

在企业的经营管理中,企业会针对生产过程中需要消耗的各种资源,制定出各种各样的消耗标准。这些标准如果以量化标准的形式体现在各个生产环节中,称为消耗定额;如果以费用的形式体现,则称为费用定额。定额成本是根据企业现行的这些消耗定额或费用定额,按照各种资源的计划价格而计算出的产品成本。

定额成本和计划成本都是以产品的消耗定额或费用定额和计划价格来确定产品的成本。但是,计划成本是以计划期(一般为1年)内的平均消耗定额为依据来计算的,通常在计划期内不发生变化;而定额成本是以现行的消耗定额为依据来计算的。随着生产技术的进步和管理水平的提升,现行的消耗定额可以不断修订。

定额成本一般不包括废品损失和停工损失,实际发生的废品损失和停工损失都是超过定额成本的差异。

2. 脱离定额差异

脱离定额差异是指产品在生产过程中实际发生的生产费用与定额成本的差异。从原则上说,脱离定额差异应当包括材料成本差异。但在实际工作中,为了便于产品成本的分析和考核,一般单独计算产品成本应负担的材料成本差异,而在脱离定额差异中原材料项目只核算消耗数量的差异(即量差),其金额为原材料消耗数量的差异与其计划单价的乘积,不包括材料成本差异(即价差)。

3. 材料成本差异

材料成本差异是指生产过程中实际发生的原材料费用与实际原材料耗用量按计划单价计算的成本之间的差异,其金额为实际原材料耗用量按计划单价计算的总成本与材料成本差异率的乘积。

4. 定额变动差异

定额变动差异是指由于修订消耗定额或费用定额而产生的新旧定额之间的差异。它是定额自身变动的结果,与生产费用的节约或超支无关。新定额一般在月初开始执行。在有定额变动的月份,当月投入的产品费用都是按新定额来计算定额成本和脱离定额差异,但月初的在产品定额仍按旧定额来计算。为了在新定额的基础上统一计算产品总定额成本,需要对月初在产品的旧定额成本按新定额进行调整。因此,定额变动差异是指月初在产品由于定额变动产生的差异，在金额上等于月初在产品原定额成本与按新定额计算的定额成本之间的差异。在定额成本降低时，定额变化差异用正数表示，定额成本上升时，定额变化差异用负数表示。

（二）适用范围

采用定额法计算产品成本，能及时揭示产品成本差异，有利于加强成本控制，提高企业的成本和费用管理水平。采用定额成本法的企业应具备以下两个方面的条件。

(1) 定额管理制度比较健全，定额管理工作的基础比较好。

(2) 产品的生产已经基本定型，各项消耗定额比较准确、稳定。

定额成本法与产品的生产类型没有直接关系，只要满足上述条件，都可以采用定额法。但是，定额法不是一种独立的成本核算方法，应与成本核算的品种法、分批法、分步法等方法结合使用。

（三）定额法的特点

采用定额法，能及时反映和监督生产费用脱离产品定额成本的差异，实现事前、事中、事后控制的有效结合。定额法的特点主要表现在以下几个方面。

1. 事前控制

采用定额法，必须事前制定产品的各种消耗定额、费用定额和定额成本，将其作为降低成本的目标，使企业在生产之前对产品成本的控制有一个清晰的认识。

2. 事中控制

采用定额法，在生产费用发生时，将符合定额的费用和发生的差异分别进行核算，及时揭示实际费用脱离定额的差异，有利于企业及时找出发生差异的原因并纠正偏差。

3. 事后控制

采用定额法，月末完工产品的实际成本是在定额成本的基础上加减各种成本差异计算而来的，可以直观反映完工产品脱离定额成本的各项的偏差，为成本的定期考核和分析提供详细的资料。

二、定额法的计算程序

（一）制定定额成本

采用定额法，应先制定产品原材料、动力、工时等消耗定额，再计算产品单位定额成本。定额成本一般以产品现行的消耗定额和计划价格或费用的计划分配率为依据进行计算，其计算公式如下：

单位产品直接工资定频成本＝单位产品生产工时定额×计划小时工资率

单位产品直接材料定成本＝单位产品材料定额用量×材料计划单价

单位产品制造费用定额成本＝单位产品生产工时定额×计划小时制造费用率

$$计划小时工资率=\frac{计划产量的定额工资总额}{计划产量的定额生产工时}$$

$$计划小时制造费用率=\frac{计划产量的定额制造费用总额}{计划产量的定额生产工时}$$

制定定额成本，可以使企业的成本控制和考核更加符合实际情况。如果产品的零部件不多，一般先计算零部件的定额成本，然后汇总计算部件的定额成本，进而计算产品的定额成本。

对于零部件较多的产品，为了简化成本核算工作，可不计算零件的定额成本，直接计算部件的定额成本，然后汇总计算产品的定额成本；或者根据零部件的定额成本，直接计算产品定额成本。

零件定额成本、部件定额成本及产品定额成本核算表分别如表 9-25～表 9-27 所示。

表 9-25 零件定额成本核算表

零件名称：A1

材料编号	计量单位	材料消耗定额/小时	计划单价/元		材料定额成本/元	
甲	千克	15	10	150		
工序编号	工时定额	累计工时定额	小时工资率	小时费用率	工资定额	制造费用定额
1	3	3	8	5	24	15
2	6	9	8	5	48	30

表 9-26 部件定额成本核算表

部件名称：A

零件名称	零件数量	材料定额						金额合计/元	工时定额/小时
		甲材料			乙材料				
		数量/件	计划单价/元	金额/元	数量/件	计划单价/元	金额/元		
A1	1	5	8	40	—	—	—	40	9
A2	2		—	—	8	10	80	80	3
合　计	—	—	—	40	—	—	80	120	12

部件定额成本项目

原材料	人工成本		制造费用		定额成本合计/元
	计划小时工资率	金额/元	计划小时费用率	金额/元	
120	8	96	5	60	276

表 9-27 产品定额成本核算表

产品名称：103

部件名称	部件数量	材料定额		工时定额	
		部件	产品	部件	产品
A	2	120	240	12	24
B	1	50	50	2	2
合　计	—	—	290	—	26

产品定额成本项目

原材料	人工成本		制造费用		产品定额成本
	计划小时工资率	金额	计划小时费用率	金额	
290	8	208	5	130	628

（二）脱离定额差异的计算

如果采用定额法计算产品成本，则应在生产费用发生时，将各项目的实际发生数额与其定额相比较，把实际费用分为定额费用部分和脱离定额费用部分来计算。要加强生产成本的日常控制，必须计算脱离定额差异，及时分析差异发生的原因，明确差异的责任，及时采取有效的措施进行处理。脱离定额差异的内容包括直接材料脱离定额差异、人工费用脱离定额差异和制造费用脱离定额差异。

1. 直接材料脱离定额差异

在产品成本构成中，直接材料费用一般占有较大的比重，因而有必要在费用发生时，就按产品计算定额成本和脱离定额差异，以加强控制。直接材料脱离定额差异的计算方法一般有以下三种。

（1）限额法。在定额法下，原材料的领用应该实行限额领料（或定额发料）制度，符合定额的原材料应根据限额领料单等定额凭证领发。为了增加产量而需要增加用料时，应在追加限额手续后领发，也可以根据定额凭证领发。由于其他原因需要超额领料或者领用代用材料，应根据专设的“超额领料单”“代用材料领料单”等差异凭证，经过一定的审批手续领发。在差异凭证中，要填明差异的数量、金额以及发生差异的原因。其中，由于采用代用材料、利用废料和材料质量劣质等原因引起的脱离定额差异，通常还必须经过技术部门的鉴定；对于材料代用和废料利用，应在有关的限额领料单中注明，并且从原定的限额内扣除。月末，企业应根据领料部门退回的余料编制“退料单”，办理退料手续。“限额领料单”中的余额和“退料单"中的数额都属于材料脱离定额的节约差异；而“超额领料单”中的数额则属于材料脱离定额的超支差异。

【例 9-12】

长江管道公司本月限额领料单规定：甲产品投产数量是 400 台，单位产品 A 材料消耗定额为 6 千克，每千克计划单价为 12 元。实际领料为 2 300 千克，企业实际投产的产品数量为 360 台，车间期初余料为 300 千克，期末余料为 120 千克。要求：计算甲产品的 A 材料定额差异。

解析：

甲产品的 A 材料定额成本＝400×6×12＝28 800（元）

甲产品的 A 材料脱离定额差异＝[（300＋2 300－120）－400×6]×10＝80（元）

（2）切割法。对于需要切割才能使用的材料（如板材、棒材等），还应采用材料切割核算单来核算用料差异，控制用料。这种核算单一般按切割材料的批别开立，单中填明切割材料的种类、数量、消耗定额和应切割成的毛坯数量和消耗定额。材料切制完毕后，再在核算单上填写实际切制的毛坯数量和材料的实际消耗量。根据实际切制成的毛坏数量和消耗定额，计算材料定额消耗量，以此与材料实际消耗量对比，计算出脱离定额的差异。对于材料定额消耗量和脱离定额的差异，也应填入“材料切割核算单”中，注明发生差异的原因，并由相关责任人签字确认。材料切割核算单如表 9-28 所示。

表 9-28 材料切割核算单

材料编号或名称:A 材料　　材料计划单位:千克　　材料计划单价:10 元
产品名称:甲产品　　零件编号:1 101　　图纸号:103
切割工人姓名:李斯　　机床编号:J108
发交切割日期:20××年 6 月 8 日　　完工日期:20××年 6 月 12 日

<table>
<tr><td colspan="3">发料数量</td><td colspan="4">退回余料数量</td><td colspan="2">材料实际消耗量</td><td>废料实际回收量</td></tr>
<tr><td colspan="3">200</td><td colspan="4">10</td><td colspan="2">190</td><td>4</td></tr>
<tr><td colspan="2">单件消耗定额</td><td colspan="2">单件回收废料定额</td><td colspan="3">应切割毛坯数量</td><td>实际切割毛坯数量</td><td>材料定额消耗量</td><td>废料定额回收量</td></tr>
<tr><td colspan="2">10</td><td colspan="2">0.1</td><td colspan="3">18</td><td>17</td><td>170</td><td>3</td></tr>
<tr><td colspan="3">材料脱离定额差异</td><td colspan="4">废料脱离定额差异</td><td colspan="2">脱离定额差异原因</td><td>责任人</td></tr>
<tr><td>数量</td><td>单价</td><td>金额</td><td colspan="2">数量</td><td>单价</td><td>金额</td><td colspan="2" rowspan="2">未按规定要求操作</td><td rowspan="2">李斯</td></tr>
<tr><td>20</td><td>10</td><td>200</td><td colspan="2">−1</td><td>2</td><td>−2</td></tr>
</table>

(3) 盘存法。对于大量生产的企业,为了更好地控制用料,可通过定期盘存法来计算材料脱离定额的差异。首先,根据完工产品数量和在产品盘存数量计算出投产产品数量,再乘以材料消耗定额,计算出材料定额消耗量。其次,根据限额领料单、超额领料单、退料单等凭证以及车间余料的盘存数,计算原材料的实际消耗量。最后,将材料的定额消耗量与实际消耗量相减,计算出材料脱离定额差异。

【例 9-13】

长江管道公司生产甲产品,期初在产品数量 20 件,本月完工 100 件,月末在产品 15 件。甲产品耗用的 A 材料在生产开始时一次投入,原材料消耗定额为 10 千克,计划单价为 8 元。本月限额领料凭证登记数量为 920 千克,材料超额领料凭证登记数量为 180 千克,期末车间盘存余料为 140 千克。要求:按盘存法计算材料脱离定额差异。

解析:

本月投产数量=100+15−20=95(件)

本期材料定额消耗量=95×10=950(千克)

本期材料实际消耗量=920+180−140=960(千克)

材料脱离定额差异=(960−950)×8=80(元)

2. 直接人工脱离定额差异的计算

在计件工资制度下,生产工人工资属于直接计入费用,其脱离定额差异的计算与原材料脱离定额差异的计算类似。

在计时工资制度下,生产工人工资属于间接计入费用,实际工作总额要到月末才能确定,工资脱离定额差异不能随时按照产品直接计算,其影响因素有两个:一是生产工时;二是小时工资率。计算其脱离定额差异的公式如下:

某产品实际人工费用=该产品实际产量的实际生产工时×实际小时工资率

某产品定额人工费用=该产品定额生产工时×计划小时工资率

=实际投产量×定额单耗工时×计划小时工资率

工资脱离定额差异=某产品的实际人工费用−某产品的定额人工费用

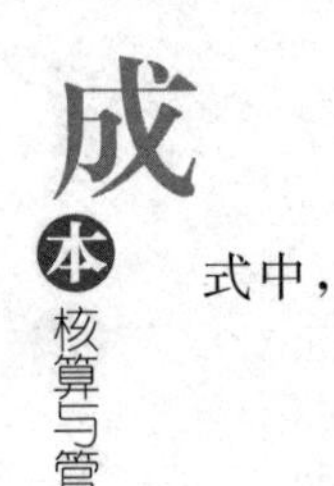

式中，

$$实际小时工资率=\frac{某车间实际生产工人工资总额}{该车间实际生产工时总额}$$

$$计划小时工资率=\frac{某车间计划产量的定额工人工资}{该车间计划产量的定额生产工时总额}$$

需要说明的是，如果企业生产过程中的加工是逐步进行的，则在计算直接工资脱离定额差异时，其实际投产数量必须按照以下公式计算。

本期投产数量＝本期完工数量＋期末在产品按加工程度计算的约当产量－期初在产品按加工程度计算的约当产量

【例 9-14】

长江管道公司生产甲产品，单位产品定额工时为 10 小时，本月实际投产量为 70 件，计划小时工资率为 6 元，单位产品实际工时为 9 小时，实际小时工资率为 6.2 元。要求：计算工资差异。

解析：

实际人工费用＝70×9×6.2＝3 906(元)

定额人工费用＝70×10×5＝3 500(元)

直接人工脱离定额差异＝3 906－3 500＝406(元)

3. 制造费用脱离定额差异的计算

制造费用属于间接计入费用，在日常核算中不能按照产品直接计算脱离定额的差异，只能按照费用项目，结合费用计划或预算，核算脱离计划的差异，据以控制和监督费用的发生。月末，将实际费用分配给各产品之后，将实际费用与定额费用相减，即可计算出各种产品制造费用脱离定额的差异。

【例 9-15】

承接例 9-14，该企业本月实际发生制造费用 2 062 元，计划每小时制造费用率为 3 元。要求：计算制造费用脱离定额差异。

解析：

定额制造费用 70×9×3＝1 890(元)

制造费用脱离定额差异＝2 062－1 890＝172(元)

(三) 材料成本差异的计算

在定额法下，材料的日常核算往往是按计划成本进行的。因此，在月末计算实际成本时，应计算分配材料成本差异。其计算公式如下：

某产品应分配材料成本差异＝(该产品直接材料定额成本±直接材料脱离定额差异)×材料成本差异率

【例 9-16】

承接例 9-13，假定该企业材料成本差异率为－2%。要求：计算甲产品应分配的材料成本差异。

解析：

$$(920\times8+80)\times(-2\%)=-148.8(\text{元})$$

(四) 定额变动差异的计算

随着生产技术和劳动生产率的提高，原来制定的消耗定额或费用定额在经过一定时期后需要进行修订。修订后的新定额与修订前的旧定额之间的差异，就是定额变动差异。定额变动差异只是定额修改的结果，它与生产中费用支出的节约或浪费无关，也与管理水平无关。定额变动差异的形成，必须满足以下两个条件。

(1) 存在期初在产品。如果没有期初在产品，定额变动差异就不可能存在。

(2) 与上期定额成本相比，本期的定额成本发生了变动。

定额一般在年初、季初或月初进行修订。在定额变动的月份，月初在产品的定额成本是按照旧定额计算的，当月投入生产的产品定额成本、完工产品的定额成本以及期末在产品的定额成本都是按照新定额来计算的。因此，为了统一计算产品成本，需要将月初在产品的定额成本按照新的定额进行调整。其计算公式如下：

期初在产品定额成本调整＝期初在产品按新定额计算的定额成本
－期初在产品按旧定额计算的定额成本

期初在产品定额变动差异＝期初在产品按旧定额计算的定额成本
－期初在产品按新定额计算的定额成本

计算期初在产品定额成本调整的目的是使期初在产品按新定额反映定额成本。由于期初在产品的定额成本是按计划成本核算出来的期初在产品成本，因此需要将新旧定额之间的差额作为定额变动差异，计入当期生产费用，以保持期初在产品定额成本总额不变。这样一来，期初在产品定额成本调整数与定额变动差异数是符号相反的同一个数额，从而既调整了期初在产品成本的定额，使之与新定额一致，又不影响期初在产品成本总额。定额降低时，定额变动差异为正数，将月初从在产品定额成本中减去的定额成本加回到本月的费用中；定额提高时，定额变动差异为负数，将月初增加的在产品定额成本从本月的费用中减去。

为了简化计算工作，也可以按照单位产品采用下列系数折算的方法计算：

$$\text{定额变动系数}=\frac{\text{按新定额计算产量的单位产品费用}}{\text{按旧定额计算产量的单位产品费用}}$$

期初在产品定额变动差异＝期初在产品按旧定额计算的定额成本
×(1－定额变动系数)

【例 9-17】

长江管道公司自20××年11月1日起修订原材料消耗定额，单位产品的旧定额为100元，新定额为88元。该种产品10月31日在产品的原材料定额成本为2 000元。要求：计算期初在产品定额成本调整。

解析：

$$\text{定额变动系数}=\frac{88}{100}=0.88$$

期初在产品定额变动差异＝2 000×(1－0.88)＝240(元)

期初在产品定额成本调整＝－240(元)

三、定额法的应用

【例 9-18】

长江管道公司生产甲产品，原材料在生产开始一次投入。某月初，甲产品在产品定额成本为 40 000 元，其中直接材料 20 000 元，直接人工 7 500 元，制造费用 12 500 元；月初在产品脱离定额差异为 402.5 元，其中直接材料−1 250 元，直接人工 625.5 元，制造费用 1 000 元。本月，甲产品的单位产品直接材料成本定额由 500 元调整为 487.5 元；原材料定额成本为 190 125 元，按计划单价和实际消耗量计算的原材料费用为 193 750 元，材料成本差异率为 1.2%；实际人工费用为 149 340 元，人工费用定额为 148 125 元；实际制造费用为 243 800 元，制造费用定额为 246 875 元。

本月完工甲产品 400 件，单位产品成本定额为 1 487.5 元，其中直接材料 487.5 元，直接人工 375 元，制造费用 625 元。材料成本差异和定额变动差异均由完工产品负担。计算结果如表 9-29 所示。

表 9-29 产品成本明细账　　单位：元

项目		行次	直接材料	直接人工	制造费用	成本合计
月初在产品成本	定额成本	①	20 000	7 500	12 500	4 000
	脱离定额差异	②	−1 250	652.5	1 000	402.5
月初在产品定额变动	定额成本调整	③	−500	—	—	−500
	定额变动差异	④	500	—	—	500
本月生产费用	定额成本	⑤	190 125	148 125	246 875	585 125
	脱离定额差异	⑥	3 625	1 215	−3 075	1 765
	材料成本差异	⑦	2 325	—	—	2 325
生产费用合计	定额成本	⑧=①+③+⑤	209 625	155 625	259 375	624 625
	脱离定额差异	⑨=②+⑥	2 375	1 867.5	−2 075	2 167.5
	材料成本差异	⑩=⑦	2 325	—	—	2 325
	定额变动差异	⑪=④	500	—	—	500
差异率	脱离定额差异	⑫	1.133%	1.2%	−0.8%	—
本月完工产品成本	定额成本	⑬	195 000	150 000	250 000	595 000
	脱离定额差异	⑭=⑬×⑫	2 209.35	1 800	−2 000	2 009.35
	材料成本差异	⑮=⑩	2 325	—	—	—
	定额变动差异	⑯=⑪	500	—	—	—
	实际成本	⑰=⑬+⑭+⑮+⑯	200 034.35	151 800	248 000	599 834.35
月末在产品成本	定额成本	⑱=⑧−⑬	14 625	5 625	9 375	29 625
	脱离定额差异	⑲=⑨−⑭	165.65	67.5	−75	158.15

具体计算步骤如下。

第4行

$$月初在产品数量=\frac{2\ 000}{500}=40(件)$$

$$定额变动差异=40\times(500-487.5)=500(元)$$

第6行

$$直接材料脱离定额差异=193\ 750-190\ 125=3\ 625(元)$$

$$直接人工脱离定额差异=149\ 340-148\ 125=1\ 215(元)$$

$$制造费用脱离定额差异=243\ 800-246\ 875=-3\ 075(元)$$

第7行

$$本月材料成本差异=(190\ 125+3\ 625)\times1.2\%=2\ 325(元)$$

第12行

$$直接材料脱离定额差异分配率=\frac{2\ 375}{209\ 625}\times100\%\approx1.133\%$$

$$直接人工脱离定额差异分配率=1\ 867.5+155\ 625\times100\%=1.2\%$$

$$制造费用脱离定额差异分配率=\frac{-2\ 075}{259\ 375}\times100\%=-0.8\%$$

第13行

$$完工产品定额成本=完工产品产量\times单位产品定额成本$$

复习与思考

1. 说明分类法的核算程序。
2. 说明定额法的核算程序。
3. 说明联产品和副产品的成本核算方法。

项目小结

本项目介绍了产品成本核算的两种辅助方法，即分类法和定额法，并详细讲解了两种核算方法的特点以及计算程序和应用类型。本项目内容结构如图9-1所示。

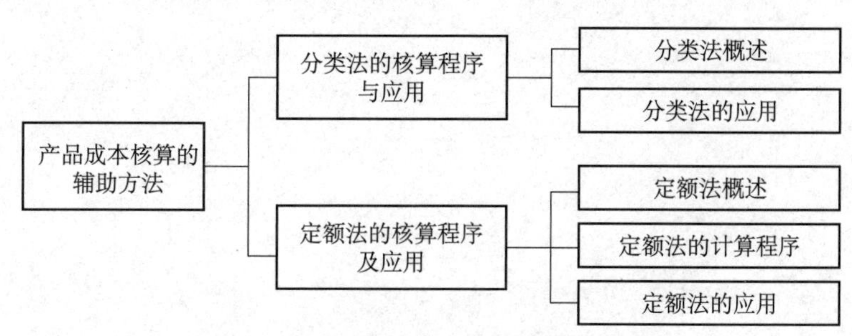

图9-1 产品成本核算的辅助方法内容结构

练习与实训

知识检测

实训操作

评价表

评价项目	评价指标	评价结果			
学习目标评价	知识目标	□优质完成	□良好完成	□基本完成	□未完成
	技能目标	□优质完成	□良好完成	□基本完成	□未完成
	素质目标	□优质完成	□良好完成	□基本完成	□未完成
练习与实训	知识检测	得分：________		正确率：________	
	实训操作	□优质完成	□良好完成	□基本完成	□未完成
自我总结与评价：					

第二部分

成本分析与管理

产品成本管理方法——标准成本法

项目十

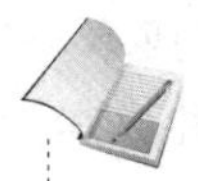

【知识目标】

1. 了解标准成本法的含义、作用和实施步骤；
2. 掌握材料标准成本、人工标准成本的制定；
3. 掌握变动制造费用标准成本、固定费用标准成本的制定。

【技能目标】

1. 能够完成各种标准成本差异的计算；
2. 能够完成标准成本法下成本差异账务处理。

【素质目标】

1. 具有爱岗敬业的岗位精神；
2. 具有沟通、协调的团队工作能力；
3. 具有良好的问题分析与文字表达能力。

案例与思考

长江管道公司是一家生产规模较大、生产工艺成熟、产品资料较为齐全的特大联合企业。近段时间，该公司产品成本只增不减，产品毛利微薄。为了进一步提升成本管理水平，加强成本管控，长江管道公司结合实际经营情况，决定对产品成本核算和分配进行全面排查，以发现产品成本增加的原因。

请你结合所学会计知识，谈谈应怎样进行成本管控。

任务一　认识标准成本法

一、标准成本法的产生与发展

标准成本法诞生于20世纪20年代的美国，是科学管理的泰罗制与会计相结合的产物。1930年，美国会计师哈里逊研究发表了世界上第一部论述标准成本制度的专著《标准成本》，美国会计学界经过长期争论，最终将标准成本纳入了会计系统，从此出现了真正的标准成本会计制度。20世纪20年代后期，随着资本市场的发展，一些上市公司开始采用标准成本法进行销售成本确认和存货估值。由于这些公司必须遵循公认的会计准则，这一时期的标准成本法的使用和发展更多的是在财务会计范畴内。第二次世界大战以后，随着管理会计的发展，标准成本法在成本预算的控制方面得到广泛的应用，并发展成为包括标准成本的制定、差异的分析、差异的处理三个组成部分的完整的成本控制系统。

二、标准成本法的含义与应用要求

（一）标准成本法的含义

标准成本法是指企业以预先制定的标准成本为基础，通过比较标准成本与实际成本，计算和分析成本差异、揭示成本差异动因，进而实施成本控制、评价经营业绩的一种成本管理方法。它是以标准成本为核心，通过标准成本的制定、执行、核算、控制、差异分析等一系列有机结合的环节，将成本的核算、控制、考核、分析融为一体，以实现成本管理的目的。

（二）标准成本法的应用要求

标准成本法一般适用于产品及其生产条件相对稳定或生产流程与工艺标准化程度较高，标准管理水平较高的企业。企业应用标准成本法时，应遵循以下要求：一是企业要处于较稳定的外部市场经营环境中，且市场对产品的需求相对平稳；二是企业应成立由采购、生产、技术、营销、财务、人力资源、信息等有关部门组成的跨部门团队，负责标准成本的制定、分解、下达、分析等；三是企业能够及时、准确地取得标准成本制定所需要的各种财务和非财务信息。

三、标准成本的含义与种类

（一）标准成本的含义

标准成本是指在正常的生产技术水平和有效的经营管理条件下，企业经过努力应达到的产品成本水平。标准成本是通过精确的调查、分析与技术测定而制定的，用来评价实际成本、衡量工作效率的一种目标成本。在标准成本中，基本上排除了不应该发生的“浪费”，因此被认为是一种“应该成本”。

标准成本要体现企业的目标和要求，主要用于衡量产品制造过程的工作效率和控制成本，也可用于存货和销货成本计价。“标准成本”一词在实际工作中有以下两种含义。

(1) 单位产品的标准成本，是根据单位产品的标准消耗量和标准单价计算出来的，准确地来说应称为“成本标准”，可表示为

成本标准＝单位产品标准成本＝单位产品标准消耗量×标准单价

(2) 实际产量的标准成本总额，是根据实际产品产量和单位产品标准成本核算出来的，可表示为

标准成本＝实际产量×单位产品标准成本

（二）标准成本的种类

1. 按所根据的生产技术和经营管理水平分类

(1) 理想标准成本是在最优的生产条件下，利用现有规模和设备能达到的最低成本，

是理论上的业绩标准、生产要素的理想价格和可能实现的最高生产能力的利用水平。理想的业绩标准是指生产过程中毫无技术浪费时的生产要素消耗量，在最熟练的工人全力以赴工作、不存在废品损失和停工时间等条件下可能实现的最优业绩。最高生产能力的利用水平是指理论上可能达到的设备利用程度，只扣除不可避免的机器修理、改换品种、调整设备的时间，而不考虑产品销路不畅、生产技术故障造成的损失。这种标准是“工厂的极乐世界”，很难成为现实，即使出现也不可能持久。它的主要用途是提供一个完美无缺的目标，揭示成本下降的潜力，但不能作为考核的依据。

(2) 正常标准成本是在效率良好的条件下，根据下期应该发生的生产要素消耗量、预计价格和预计生产经营能力利用程度制定出的标准成本，把难以避免的损耗和低效率等情况也计算在内，使之切实可行。从数量上看，它大于理想标准成本，但又小于历史平均水平，实施以后实际成本可能是逆差，是要经过努力才能达到的一种标准。因而，正常标准成本的制定可以调动职工的积极性。

在标准成本系统中，广泛使用正常的标准成本。它具有以下特点：它是用科学方法根据客观实验和过去实践经充分研究后制定出来的，具有客观性和科学性；它既排除了各种偶然性和意外情况，又保留了目前条件下难以避免的损失，代表正常情况下的消耗水平，具有现实性；它是应该发生的成本，可以作为评价业绩的尺度，成为督促职工去努力争取的目标，具有激励性；它可以在工艺技术水平和管理有效性水平变化不大时持续使用，不需要经常修订，具有稳定性。

2. 按适用期分类

(1) 现行标准成本是指根据其适用期间应该发生的价格、效率和生产经营能力利用程度等预计的标准成本。在这些决定性因素发生变化时，需要按照改变了的情况加以修订。这种标准成本可以成为评价实际成本的依据，也可以用来对存货和销货成本进行计价。

(2) 基本标准成本是指一经制定，只要生产的基本条件无重大变化，就不予变动的一种标准成本。所谓“生产的基本条件的重大变化”，是指产品的物理结构变化、重要原材料和劳动力价格的重要变化、生产技术和工艺的根本变化等。只有这些条件发生变化，基本标准成本才需要修订。诸如因市场供求变化导致的售价变化和生产经营能力利用程度的变化，由于工作方法改变而引起的效率变化等，都不属于生产的基本条件变化。此类变化发生时，不需要修订基本标准成本。基本标准成本与各期实际成本对比，可反映成本变动的趋势。如果基本标准成本不按各期实际进行动态修订，就不宜用来直接评价工作效率和成本控制的有效性。

四、标准成本法的作用

(一) 便于成本核算

只要划定成本中心、确定成本标准、制定成本项目后，按一定的程序便可核算出标准成本、实际成本及成本差异。采用标准成本后，在制品按成本的标准留存，剩下的成本即为转出成本，这样解决了在制品留法不合理的难题。

（二）便于分清各成本中心的责任

由于标准成本将成本中心划定为一、二、三级，而三级成本已划到车间、作业区这一级。三级成本中心也能揭示出标准成本差异，这样消灭了吃“大锅饭”的现象。标准成本的每个成本项目都采用单独的价格标准和数量标准，因而可以确定每个成本项目实际脱离标准差异的责任归属，从而分清各部门的责任。

（三）便于成本控制

明确成本中心的责任后，使成本控制的责任下放到车间、作业区三级成本中心，并使成本标准、成本指标层层分解到个人，加强了考核力度，使奖金与成本业绩挂钩。另外，在标准成本实践中还实行月度成本计划措施，有利于计算月度成本消耗量，采购员、领料员按月度成本控制计划采购、领料，从而达到控制原材料成本的目的。

（四）提高决策准确性和有效性

进行标准成本管理，便于确认企业的单位边际贡献，有利于企业测算出盈亏平衡点，从而提高决策的准确性和有效性。传统成本管理——特别是全部成本管理——在考虑产品收益时，不仅包括变动成本，而且包括固定成本，这就干扰了决策者的决策。而标准成本管理的实施，为企业正确核算产品单位变动成本提供了科学依据，更有利于企业决策者做出正确的决策。

任务二 标准成本法的核算程序与应用

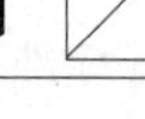

一、标准成本法的核算程序

企业应用标准成本法，一般按照确定应用对象、制定标准成本、实施过程控制、成本差异计算与动因分析、修订与改进标准成本等程序进行。

（一）确定应用对象

为了实现成本的精细化管理，企业应根据标准成本法的应用环境，结合内部管理要求，确定应用对象。标准成本法的成本对象可以是不同种类、不同批次或不同步骤的产品。

（二）制定标准成本

企业制定标准成本，可由跨部门团队采用上下结合的模式进行，经企业管理层批准后实施。在制定标准成本时，企业一般应结合经验数据、行业标杆或实地测算的结果，运用统计分析、工程试验等方法，按照以下程序进行。

（1）就不同的成本或费用项目，分别确定消耗量标准和价格标准。

（2）确定每一成本或费用项目的标准成本。

（3）汇总不同成本项目的标准成本，确定产品的标准成本。

（三）实施过程控制

企业应在制定标准成本的基础上，将产品成本及其各成本或费用项目的标准用量和标准价格层层分解，落实到部门及相关责任人，形成成本控制标准。各归口管理部门(或成本中心)应根据相关成本控制标准，控制费用开支与资源消耗，监督、控制成本的形成过程，及时分析偏离标准的差异与成因，并及时采取措施加以改进。

(四) 成本差异计算与动因分析

在标准成本法的实施过程中，各归口管理部门(或成本中心)应对其所管理的项目进行跟踪分析。

生产部门一般应根据标准用量、标准工时等，实时跟踪和分析各项耗用差异，从操作人员、机器设备、原料质量、标准制定等方面寻找差异原因，采取应对措施，控制现场成本，并及时反馈给人力资源、技术、采购、财务等相关部门，共同实施事中控制。采购部门一般应根据标准价格，按照各项目采购批次，揭示和反馈价格差异形成的动因，控制和降低总采购成本。

(五) 修订与改进标准成本

企业应定期将实际成本与标准成本进行比较和分析，确定差异数额及性质，根据差异形成的原因，寻求可行的改进途径和措施。

二、标准成本法的应用

(一) 标准成本确定

制定标准成本时，通常要先确定直接材料和直接人工标准成本；然后，确定制造费用标准成本；最后，汇总并确定单位产品标准成本。

制定一个成本项目的标准成本，一般需要分别确定其用量标准和价格标准，两者相乘后得出单位产品成本项目的标准成本。

用量标准包括单位产品材料消耗量、单位产品直接人工工时等，主要由生产技术部门主持制定，同时吸收执行标准的部门及职工参加。

价格标准包括标准的原材料单价、小时工资率、小时制造费用分配率等，由会计部门和有关其他部门共同研究确定。采购部门是材料价格的责任部门，劳资部门和生产部门对小时工资率负有责任，各生产车间对小时制造费用率承担责任，在制定有关价格标准时要与有关部门协商。

1. 直接材料标准成本

直接材料标准成本是指直接用于产品生产的材料标准成本，包括标准用量和标准单价两方面。直接材料标准成本的计算公式如下：

直接材料标准成本＝单位产品的标准用量×材料标准单价

制定直接材料的标准用量，一般由生产部门负责，会同技术、财务、信息等部门，按照以下程序进行。

(1) 根据产品图纸等技术文件进行产品研究，列出所需的各种材料以及可能的替代材料，并说明这些材料的种类、质量以及库存情况。

(2) 在对过去用料经验记录进行分析的基础上，参考过去用料平均值、最高与最低值的平均数、最节省数量、实际测定数据或技术分析数据等，科学地制定标准用量。

制定直接材料的标准单价，一般由采购部门负责，会同财务、生产、信息等部门，在考虑市场环境及其变化趋势、订货价格以及最佳采购批量等因素的基础上综合确定。对于材料按计划成本核算的企业，其材料的标准单价可以采用材料计划单价。

【例 10-1】

长江管道公司生产 CJ-1 型产品所用甲、乙两种直接材料标准成本的实例，如表 10-1 所示。

表 10-1　CJ-1 型产品直接材料标准成本

标　　准	甲材料	乙材料
价格标准		
发票单价/元	10	40
装卸检验费/元	1	2
每千克标准价格/元	11	42
用量标准		
设计用量/千克	3	2
允许损耗量/千克	0.1	
单位产品标准用量/千克	3.1	2
成本标准		
单位产品直接材料标准成本/元	11×3.1=34.1	42×2=84
直接材料标准成本/元	118.1	

2. 直接人工标准成本

直接人工成本标准是指直接用于产品生产的人工成本标准，包括标准工时和标准工资率。直接人工标准成本的计算公式如下：

直接人工标准成本=单位产品的标准工时×小时标准工资率

制定直接人工的标准工时，一般由生产部门负责，汇同技术、财务、信息等部门，在对产品生产所需作业、工序、流程工时进行技术测定的基础上，考虑正常的工作间隙、生产条件变化、生产工序与操作技术的改善以及相关工作人员主观能动性充分发挥等因素，合理确定单位产品的工时标准。

制定直接人工的标准工资率，一般由人力资源部门负责，根据企业薪酬制度等制定。

【例 10-2】

长江管道公司生产的 CJ-1 型产品实行计时工资制，该产品的直接人工标准成本如表 10-2 所示。

表 10-2　CJ-1 型产品的直接人工标准成本

标　　准	第一道工序
工资率标准	
单位小时工资率/(元/小时)	16

续表

标　　准	第一道工序
附加福利工资/元	4
直接人工工资率标准/(元/小时)	20
工时标准	
必要时间/小时	4
调整设备时间/小时	0.2
工间休息/小时	0.5
其他/小时	0.3
工时合计/小时	5
直接人工标准成本/元	20×5=100

3. 制造费用标准成本

制造费用成本标准应区分变动制造费用项目和固定制造费用项目分别确定。

1）变动制造费用标准成本

变动制造费用是指通常随产量变化而成正比例变化的制造费用。变动制造费用项目的标准成本根据标准用量和标准价格确定。变动制造费用的计算公式如下：

$$\begin{matrix}\text{变动制造费用}\\\text{项目标准成本}\end{matrix}=\begin{matrix}\text{变动制造费用}\\\text{项目的标准用量}\end{matrix}\times\begin{matrix}\text{变动制造费用}\\\text{项目的标准价格}\end{matrix}$$

变动制造费用的标准用量可以是单位产量的燃料、动力、辅助材料等标准用量，也可以是产品的直接人工标准工时，或者是单位产品的标准机器工时。对于标准用量的选择，需考虑用量与成本的相关性，其制定方法与直接材料的标准用量、直接人工的标准工时类似。

变动制造费用的标准价格可以是燃料、动力、辅助材料等标准价格，也可以是小时标准工资率等。其制定方法与直接材料的标准价格、直接人工的标准工资率类似。

【例 10-3】

长江管道公司生产的 CJ-1 型产品按照直接人工费用分配制造费用。CJ-1 型产品的变动制造费用标准成本如表 10-3 所示。

表 10-3　CJ-1 型产品变动制造费用标准成本

标　　准	第一道工序
变动制造费用预算	
间接材料费用/元	10 400
间接人工费用/元	10 000
水电费/元	6 000
费用合计/元	26 400

续表

标　　准	第一道工序
直接人工标准总工时/小时	5 280
变动制造费用分配标准/(元/小时)	5
工时用量标准/小时	5
变动制造费用标准成本/元	5×5=25

2）固定制造费用标准成本

固定制造费用是指在一定产量范围内，其总额不会随产量变化而变化，始终保持固定不变的制造费用。固定制造费用一般按照费用的构成项目实行总量控制；也可以根据需要，通过计算标准分配率，将固定制造费用分配至单位产品，形成固定制造费用的标准成本。

制定固定费用标准，一般由财务部门负责，会同采购、生产、技术、营销、财务、人事、信息等有关部门，按照以下程序进行。

(1) 依据固定制造费用的不同构成项目的特性，充分考虑产品的现有生产能力、管理部门的决策以及费用预算等，测算并确定各固定制造费用构成项目的标准成本。

(2) 通过汇总各固定制造费用项目的标准成本，得到固定制造费用的标准总成本。

(3) 确定固定制造费用的标准分配率，标准分配率可根据产品的单位工时与预算总工时的比率确定。

其中，预算总工时是指由预算产量和单位工时标准确定的总工时。单位工时标准可以依据相关性原则在直接人工工时或者机器工时之间做出选择。

固定制造费用标准成本的计算顺序及公式如下：

$$\text{固定制造费用总成本} = \sum \text{固定制造费用项目标准成本}$$

$$\text{固定制造费用标准分配率} = \frac{\text{单位产品的标准工时}}{\text{预算总工时}}$$

$$\text{固定制造费用标准成本} = \text{固定制造费用总成本} \times \text{固定制造费用标准分配率}$$

【例 10-4】

长江管道生产的 CJ-1 型产品按照直接人工分配制造费用。CJ-1 型产品的变动制造费用标准成本如表 10-4 所示。

表 10-4　CJ-1 型产品固定制造费用标准成本

标　　准	第一道工序
固定制造费用预算	
折旧费用/元	2 200
管理人员工资/元	2 400
其他费用/元	680
费用合计/元	5 280

续表

标　　准	第一道工序
直接人工标准总工时/小时	5 280
固定制造费用分配标准/(元/小时)	1
工时用量标准/小时	5
固定制造费用标准成本/元	1×5=5

4. 单位产品标准成本

在确定直接材料和直接人工标准成本，以及制造费用标准成本后，可汇总得到单位产品标准成本。

【例 10-5】

承接例 10-1 和例 10-4，得到各项标准成本，通过直接汇总得到 CJ-1 型产品的各项标准成本，如表 10-5 所示。

表 10-5　CJ-1 型产品单位标准成本

成 本 项 目	价格标准	用量标准	标准成本
甲材料	11 元/千克	3.1 千克	34.1 元
乙材料	42 元/千克	2 千克	84 元
材料费用合计	—	—	118.1 元
直接人工	20 元/小时	5 小时	100 元
变动制造费用	5 元/小时	5 小时	25 元
固定制造费用	1 元/小时	5 小时	5 元
制造费用合计	—	—	30 元
单位产品标准成本	—	—	248.1 元

（二）成本差异分析

1. 直接材料成本差异分析

直接材料成本差异，是指直接材料实际成本与标准成本之间的差额，该项差异可分解为直接材料价格差异和直接材料数量差异。直接材料价格差异是指在采购过程中，直接材料实际价格偏离标准价格所形成的差异；直接材料数量差异是指在产品生产过程中，直接材料实际消耗量偏离标准消耗量所形成的差异。相关计算公式如下：

直接材料成本差异=实际成本-标准成本

直接材料成本差异=实际耗用量×实际单价-标准耗用量×标准单价

直接材料成本差异=直接材料价格差异+直接材料数量差异

直接材料价格差异=实际耗用量×(实际单价-标准单价)

直接材料数量差异=(实际耗用量-标准耗用量)×标准单价

材料价格差异是在材料采购过程中形成的，不应由耗用材料的生产部门负责，而应由材料的采购部门负责并说明。采购部门未能按标准价格进货的原因有许多，如供应厂家调整售价、未能及时订货造成的紧急订货等。对此,需要进行具体分析和调查,才能明确最终原因和责任归属。

材料数量差异是在材料耗用过程中形成的,用以反映生产部门的成本控制业绩。材料数量差异形成的具体原因也有许多,如工人操作疏忽造成废品或废料增加、操作技术改进而节省材料、新工人上岗造成用料增多等。有时,用料量增多并不一定是生产部门的责任,也可能是购入材料质量低劣等原因。对此,需要进行具体的调查研究,以进一步明确责任归属。

【例 10-6】

20××年 12 月,长江管道公司生产 CJ-1 型产品 400 件,实际耗用甲材料 1 200 千克,材料单价为 11.5 元/千克;实际耗用乙材料 820 千克,材料单价为 40 元/千克。要求:计算并分析 CJ-1 型产品直接材料成本的差异。

解析:

甲材料成本差异 = 1 200 × 11.5 − 400 × 3.1 × 11 = 160(元)

甲材料价格差异 = (11.5 − 11) × 1 200 = 600(元)

甲材料数量差异 = 11 × (1 200 − 400 × 3.1) =− 440 元

乙材料成本差异 = 820 × 40 − 400 × 2 × 42 =− 800(元)

乙材料价格差异 = (40 − 42) × 820 =− 1 640(元)

乙材料数量差异 = 42 × (820 − 400 × 2) = 840 元

CJ-1 型产品直接材料成本差异=160−800=−640(元)

以上计算结果表明,CJ-1 型产品直接材料成本形成了 640 元的有利差异。其中,甲材料发生了 160 元的不利差异,这是甲材料实际价格上升与耗用量减少共同作用的结果;乙材料发生了 800 元的有利差异,这是由乙材料实际价格降低和耗用量增加共同造成的。因此,该企业对甲、乙两种材料的成本控制效果是不一样的,应进一步分析评价,明确相关部门的责任。

2. 直接人工成本差异分析

直接人工成本差异是指直接人工实际成本与标准成本之间的差额,该差异可分解为工资率差异和人工效率差异。工资率差异是指实际工资率偏离标准工资率形成的差异,按实际工时计算确定;人工效率差异是指实际工时偏离标准工时形成的差异,按标准工资率计算确定。

直接人工成本差异的相关计算公式如下:

直接人工成本差异 = 实际成本 − 标准成本

直接人工成本差异 = 实际工时 × 实际工资率 − 标准工时 × 标准工资率

直接人工成本差异 = 直接人工工资率差异 + 直接人工效率差异

直接人工工资率差异 = 实际工时 ×(实际工资率 − 标准工资率)

直接人工效率差异 =(实际工时 − 标准工时)× 标准工资率

直接人工工资率差异的形成原因,包括直接生产工人升级或降级使用、奖励制度未产生实效、工资率调整、加班或使用临时工、出勤率变化等,复杂且难以控制。一般而言,由人力资源部门管控。

直接人工效率差异的形成原因也很多，包括工作环境不良、工人经验不足、劳动情绪不佳、新工人上岗太多、机器或工具选用不当、设备故障较多、生产计划安排不当、产量规模太少而无法发挥经济批量优势等。这主要属于生产部门的责任。

【例 10-7】

承接例 10-6 资料，20××年 12 月长江管道生产 CJ-1 型产品实际耗用人工小时数是 1 980小时，实际发生的直接人工成本是 40 590 元。要求：计算并分析 CJ-1 型产品直接材料成本的差异。

解析：

实际工资率 ＝ 40 590 ÷ 1 980 ＝ 20.5(元)

直接人工成本差异 ＝ 1 980 × 20.5 － 5 × 400 × 20 ＝ 590(元)

直接人工工资率差异 ＝ 1 980 × (20.5 － 20) ＝ 990(元)

直接人工效率差异 ＝ (1 980 － 5 × 400) × 20 ＝－ 400(元)

以上计算结果表明，CJ-1 型产品直接人工成本形成了 590 元的不利差异。其中，直接人工工资率产生 990 元不利差异，直接人工效率发生了 400 元的有利差异。因此，该企业人资部门和生产部门成本控制效果是不一样的，应进一步分析评价，明确相关部门的责任。

3. 制造费用成本差异分析

1）变动制造费用成本差异

变动制造费用项目的差异，是指变动制造费用项目的实际发生额与变动制造费用项目的标准成本之间的差额，该差异可分解为变动制造费用项目的价格差异和数量差异。

变动制造费用项目的价格差异，是指燃料、动力、辅助材料等变动制造费用项目的实际价格偏离标准价格的差异；变动制造费用项目的数量差异，是指燃料、动力、辅助材料等变动制造费用项目的实际消耗量偏离标准用量的差异。变动制造费用项目成本差异的计算和分析原理与直接材料和直接人工成本差异的计算和分析相同。

变动制造费用成本差异的相关计算公式如下：

变动制造费用成本差异＝实际成本－标准成本

变动制造费用成本差异＝实际耗用量×实际单价－标准耗用量×标准单价

变动制造费用成本差异＝变动制造费用价格差异＋变动制造费用数量差异

变动制造费用价格差异＝实际耗用量×(实际单价－标准单价)

变动制造费用数量差异＝(实际耗用量－标准耗用量)×标准单价

【例 10-8】

承接例 10-6 资料，20××年 12 月，长江管道公司生产 CJ-1 型产品的实际耗用人工小时数是 1 980 小时，实际工时变动制造费用分配率是 5.2 元/小时。要求：计算并分析 CJ-1 型产品变动制造费用成本的差异。

解析：

变动制造费用成本差异 ＝ 1 980 × 5.2 － 400 × 5 × 5 ＝ 296(元)

变动制造费用价格差异 ＝ 1 980 × (5.2 － 5)＝ 396(元)

变动制造费用数量差异 ＝ (1 980 － 400 × 5)× 5 ＝－ 100(元)

以上计算结果表明,CJ-1 型产品变动制造费用形成了 296 元的不利差异。其中,变动制造费用项目的价格产生了 396 元的不利差异,变动制造费用项目的数量产生了 100 元的有利差异。

2）固定制造费用成本差异

固定制造费用项目成本差异,是指固定制造费用项目实际成本与标准成本之间的差额。其计算公式如下：

$$\text{固定制造费用项目成本差异}=\text{固定制造费用项目实际成本}-\text{固定制造费用项目标准成本}$$

企业应根据固定制造费用项目的性质,分析差异的形成原因,并追溯至相关责任中心。

固定制造费用的差异分析与各项变动成本差异分析不同,其分析方法有二因素分析法和三因素分析法两种。本部分主要讲述“二因素分析法”。

二因素分析法是将固定制造费用差异分为耗费差异和能量差异。

耗费差异是指固定制造费用的实际金额与固定制造费用预算金额之间的差额。固定费用与变动费用不同,其不因业务量而变,故差异分析有别于变动费用。在考核时,不考虑业务量的变动,以原来的预算数作为标准。当实际数超过预算数时,即视为耗费过多。其计算公式为

固定制造费用耗费差异＝固定制造费用实际数－固定制造费用预算数

能量差异是指固定制造费用预算与固定制造费用标准成本的差额,或者说是生产能量与实际业务量的标准工时的差额用标准分配率计算的金额。它反映实际产量标准工时未能达到生产能量而造成的损失。其计算公式如下：

固定制造费用能量差异＝固定制造费用预算数－固定制造费用标准成本

＝(生产能量－实际产量标准工时)×固定制造费用标准分配率

【例 10-9】

承接例 10-6,20××年 12 月长江管道公司生产 CJ-1 型产品实际产量 400 件,实际发生固定制造费用成本 2 200 元,实际工时为 1 800 小时;企业生产能量为 500 件,即 2 500 小时;每件产品固定制造费用标准成本为 5 元/件,即每件产品标准工时为 5 小时,标准分配率为 1 元/小时。

固定制造费用耗费差异＝2 200－2 500×1＝－300(元)

固定制造费用能量差异＝2 500×1－400×5×1＝2 500－2 000＝500(元)

固定制造费用成本差异＝2 200－2 000＝200(元)

以上计算结果表明,CJ-1 型产品固定制造费用形成了 200 元的不利差异。

（三）成本差异处理

企业把标准成本纳入账簿体系,这不仅能够提高成本核算的质量和效率,使标准成本发挥更大的功效,而且能简化记账程序。

1. 标准成本法下账务处理的特点

(1)“生产成本”“制造费用”和“库存商品”账户登记应用标准成本,无论借贷方均登

记实际数量的标准成本,其余额也反映这些资产的标准成本。

(2) 在标准成本法下,需要加设“直接材料数量差异”“直接材料价格差异”“直接人工效率差异”“直接人工工资率差异”“变动制造费用价格差异”“变动制造费用数量差异”“固定制造费用耗费差异”“固定制造费用能量差异”科目。

在日常账户登记时,按标准成本数据记入“生产成本”“制造费用”“库存商品”账户,而将实际成本脱离标准成本的差异则分别记入有关的差异账户。为便于考核,各成本差异账户还可以按责任部门设置明细账,分别记录各部门的成本差异。

(3) 计算并分析各种成本差异,每月月末将各种成本差异余额转入“主营业务成本”或“本年利润”明细账,计入当期损益。

2. 标准成本法下会计账务处理

下面以长江管道公司生产的CJ-1型产品数据资料为例,说明标准成本账务处理程序。

(1) 根据表10-1、表10-5和例10-6中计算的数据资料,对CJ-1型产品的直接材料差异进行归集,并编制会计分录如下。

借:基本生产成本——CJ-1型产品　　47 240
　　直接材料价格差异——甲材料　　600
　　直接材料数量差异——乙材料　　840
　贷:原材料——甲材料　　13 800
　　　　　——乙材料　　32 800
　　　直接材料价格差异——乙材料　　1 640
　　　直接材料数量差异——甲材料　　440

(2) 根据表10-2、表10-5和例10-7中计算的数据资料,对CJ-1型产品的直接人工差异进行归集,并编制会计分录如下。

借:基本生产成本——CJ-1型产品　　40 000
　　直接人工工资率差异　　990
　贷:应付职工薪酬　　40 590
　　　直接人工效率差异　　400

(3) 根据表10-3、表10-5和例10-8中计算的数据资料,对CJ-1型产品的变动制造费用差异进行归集,并编制会计分录如下。

借:制造费用　　10 000
　　变动制造费用价格差异　　396
　贷:原材料、应付职工薪酬等　　10 296
　　　变动制造费用价格差异　　100

(4) 根据表10-4、表10-5和例10-9中计算的数据资料,对CJ-1型产品的固定制造费用差异进行归集,并编制会计分录如下。

借:制造费用　　2 000
　　固定制造费用能量差异　　500
　贷:原材料、应付职工薪酬等　　2 200
　　　固定制造费用耗费差异　　300

复习与思考

1. 标准成本法的含义和应用要求是什么?
2. 标准成本可以分为哪些类别?
3. 标准成本法下直接材料、直接人工和制造费用的标准应如何确定?
4. 直接材料标准成本、直接人工标准成本和制造费用标准成本如何计算?
5. 标准成本法下,如何进行成本差异会计处理?

项目小结

本项目主要介绍了标准成本法的含义、制定和应用。任务一涵盖了标准成本法的产生、含义、种类和作用。任务二主要介绍了标准成本法的制定、成本差异分析和差异的账务处理,其中成本差异分析包括直接材料差异分析、直接人工差异分析和制造费用差异分析。本项目内容结构如图 10-1 所示。

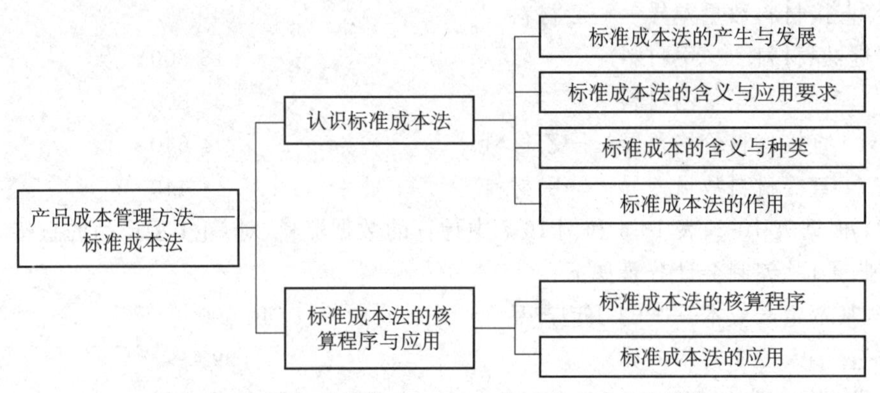

图 10-1 产品成本管理方法——标准成本法内容结构

学习笔记

练习与实训

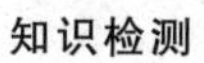

知识检测

实训操作

评价表

评价项目	评价指标	评价结果			
学习目标评价	知识目标	□优质完成	□良好完成	□基本完成	□未完成
	技能目标	□优质完成	□良好完成	□基本完成	□未完成
	素质目标	□优质完成	□良好完成	□基本完成	□未完成
练习与实训	知识检测	得分：________		正确率：________	
	实训操作	□优质完成	□良好完成	□基本完成	□未完成
自我总结与评价：					

项目十一

产品成本管理方法——作业成本法

【知识目标】

1. 了解作业成本法的含义和作用；
2. 掌握作业成本法的实施步骤；
3. 掌握作业成本的优缺点。

【技能目标】

能够完成作业成本法的基本计算。

【素质目标】

1. 具有爱岗敬业的岗位精神；
2. 具有沟通、协调的团队工作能力；
3. 具有良好的问题分析与文字表达能力。

案例与思考

长江管道公司下属子公司有一家汽车零配件制造公司。汽车零配件制造公司拥有三条产品线，每条产品线各占其销售量的1/3。重型印模配件销往一个汽车制造商，而其他印模和车体外装产品主要销往其他两个汽车制造商。汽车零配件制造公司采用直接人工分配制造费用，公司的产品成本核算表明，三条产品线每年的亏损额都为13万～20万元。尽管有了这些数据，公司领导层还是难以接受这样的事实，于是公司对各产品线进行重新评估。

在重新评估中，采用作业成本法对公司的三条产品线获利能力重新分析。分析结果表明：重型印模配件产品线每年亏损110万元，而其他印模和车体外装产品线每年分别获利10万元和50万元，绝不是三条产品线都亏损。当年，公司停止了重型印模配件产品线，第二年公司开始盈利。

请你以汽车零配件制造公司为例，从企业战略定位和产品获利能力诊断的角度，讨论作业成本法与传统成本核算方法的差异。

任务一 认识作业成本法

一、作业成本法的产生及发展

（一）科学技术的发展改变了企业成本的构成

20 世纪 80 年代以来，在以信息技术、新能源技术、新材料技术等为代表的新技术革命的推动下，企业生产经营的自动化程度和技术装备水平空前提高。在制造方面，随着数控机床、机器人、计算机辅助设计、计算机辅助制造等的广泛应用，计算机一体化制造系统逐步形成。各种高新技术在生产领域的广泛应用改变了产品成本结构，使得直接材料成本、直接人工成本的比重大为下降，而制造费用的比重却大幅度上升，在有的高技术企业中甚至超过了 70%，科学合理地分配制造费用成为一个重要问题。另外，企业生产过程中的成本比重在下降，而产品开发成本和经营管理过程中的成本却大幅上升，可这恰恰是传统成本会计所忽视的部分。

（二）市场需求的变化和竞争的加剧改变了企业的生产组织形式

随着经济的发展，消费者的选择越来越个性化、多样化和多变化，标新立异成为时尚潮流，市场需求日益多元而易变。与此同时，市场竞争日趋激烈，高新技术突飞猛进，产品更新换代加速，寿命周期缩短，时效性增强。来自市场的重大变化要求企业必须具有灵活的反应能力，使得按顾客订单组织生产、采用柔性制造系统、多品种、小批量、生产快速转换、产品迅速交货成为新的生产形态。传统成本核算方法适用于产品品种单一化、常规化和数量批量化的企业。在这种生产组织方式下，制造费用较少且与工时（人工工时或机器工时）具有一定的相关性。因此，企业可以采用单一的工时标准分配制造费用。然而在新的条件下，制造费用不仅数额巨大，而且费用构成极为复杂。如果仍然使用单一的数量分配标准，无疑会失去相关性，进而严重扭曲成本信息，造成生产经营决策的失误。

（三）新的管理革命要求改革成本核算方法

为了在激烈的竞争中取胜，企业必须快速反应市场并把成本控制做到极致，零库存、零缺陷、业务流程持续优化等成为企业追求的目标，适时管理（JIT）由此应运而生。适时生产系统是一种由后向前的需求拉动式生产模式。在适时制下，企业的供产销各个环节在时间、品种、数量、质量等多方面必须周密衔接，准确无误，材料应适时到达生产现场，前一生产程序的半成品应适时送达后一生产程序，产成品要适时供应给顾客，力争使生产经营各个环节无库存、废品和返修情况。为了防止废品和返修引起生产中断和生产秩序的紊乱，企业在实施适时制的同时，还要求实施全面质量管理。全面质量管理是全面的质量管理、全过程的管理和全员参与的管理。适时制和全面质量管理要求管理深入作业层次，要求提供作业成本的信息，但传统成本会计对此无能为力。

（四）信息技术的发展为作业成本核算法的实际应用奠定了技术基础

作业成本法是以作业为基础，按多个成本动因分配制造费用并计算产品生产成本的

一种成本核算方法。这种多元化的制造费用分配标准带来了庞大的信息采集与计算、处理工作量，这在信息时代之前是难以处理的。但进入20世纪80年代以来，随着信息技术的高速发展、计算机的普遍应用和生产管理的高度自动化、网络化，作业成本核算法的实施已毫无障碍。

美国科勒教授最早从理论与实践上探讨作业会计，并于1952年在其编著的《会计师词典》中系统地阐述了作业会计思想。第二位系统研究作业会计的是斯托布斯教授，他于1971年出版了《作业成本核算和投入产出会计》，在书中对作业、作业成本、作业会计等概念进行了全面探讨。20世纪80年代以后，大批西方会计学者开始对传统的成本会计系统进行全面的反思。着眼于适时制对成本会计和成本管理带来的影响，人们掀起了对作业成本会计研究的热潮。从1988年到1989年，库珀先后发表了《一论ABC的兴起》到《四论ABC的兴起》，对作业成本法的各种理论问题进行了系统的阐述。1992年，库珀、卡普兰等几位学者根据八大公司的作业成本会计试点报告，写成《推行作业基础成本管理：从分析到行动》一书，比较系统地总结了作业成本法的种种应用问题。至今为止，对作业成本法的研究仍未停止，由美国扩散到了各国，越来越多的企业开始采用这种成本核算制度，获得了诸多有益经验和教训。

二、作业成本法的含义

作业成本法是指以“作业消耗资源、产出消耗作业”为原则，按照资源动因将资源费用追溯或分配至各项作业，计算出作业成本，然后再根据作业动因，将作业成本追溯或分配至各成本对象，最终完成成本核算的成本管理方法。

（一）资源费用

资源费用是指企业在一定期间内开展经济活动所发生的各项资源耗费。资源费用既包括房屋及建筑物、设备、材料、商品等有形资源的耗费，也包括信息、知识产权、土地使用权等各种无形资源的耗费，还包括人力资源耗费以及其他各种税费支出等。

（二）作业

作业是指企业基于特定目的重复执行的任务或活动，是连接资源和成本对象的桥梁。一项作业既可以是一项非常具体的任务或活动，也可以泛指一类任务或活动。

1. 按消耗对象不同分类

(1) 主要作业是被产品、服务或客户等最终成本对象消耗的作业。

(2) 次要作业是被原材料、主要作业等价于中间地位的成本对象消耗的作业。

2. 按受益对象、层次和重要性分类

(1) 产量级作业是指明确地为个别产品(或服务)实施的、使单个产品(或服务)受益的作业。该类作业的数量与产品(或服务)的数量成正比例变动。该类作业包括产品加工、检验等。

(2) 批别级作业是指为一组(或一批)产品(或服务)实施的、使该组(或批)产品(或服务)受益的作业。该类作业的发生是由生产的批量数而不是单个产品(或服务)引起的，其数量与产品(或服务)的批量数成正比变动。该类作业包括设备调试、生产准备等。

(3) 品种级作业是指为生产和销售某种产品(或服务)实施的、使该种产品(或服务)的每个单位都受益的作业。该类作业用于产品(或服务)的生产或销售,但独立于实际产量或批量,其数量与品种的多少成正比例变动。该类作业包括新产品设计、现有产品质量与功能改进、生产流程监控、工艺变换需要的流程设计、产品广告等。

(4) 客户级作业是指为服务特定客户所实施的作业。该类作业保证企业将产品(或服务)销售给个别客户,但作业本身与产品(或服务)数量独立。该类作业包括向个别客户提供的技术支持活动、咨询活动、独特包装等。

(5) 设施级作业是指为提供生产产品(或服务)的基本能力而实施的作业。该类作业是开展业务的基本条件,其使所有产品(或服务)都受益,但与产量或销量无关。该类作业包括管理作业、针对企业整体的广告活动等。

(三) 成本对象

成本对象是指企业追溯或分配资源费用、计算成本的对象物。成本对象可以是工艺、流程、零部件、产品、服务、分销渠道、客户、作业、作业链等需要计量和分配成本的项目。

(四) 成本动因

成本动因是指诱导成本发生的原因,是成本对象与其直接关联的作业和最终关联的资源之间的中介。按其在资源流动中所处的位置和作用,成本动因可分为资源动因和作业动因。

三、作业成本法的作用及应用要求

(一) 作业成本法的作用

1. 扩展了成本习性的概念,促进了完全成本法的复兴

作业成本法用成本动因解释成本习性,把成本划分为短期变动成本、长期变动成本和固定成本三类。成本动因的引入提高了决策的科学性。在当今有高新技术加持的制造环境下,作业成本法的迅猛发展,有力地促进了完全成本法的复兴。

2. 使企业产品成本核算更正确,定价策略更灵活

采用作业成本法计算产品成本,要先将成本按各个作业进行归集。除了直接材料、直接人工可直接归集于产品外,制造费用应分别按各项作业活动归集到同质的成本库中。然后,分别选择合理的作业分配标准,将成本库中的制造费用分摊于产品中。对于那些产品规格特殊、无明显市价规则、价格弹性很低的产品,管理当局可以提高其价格水平。

3. 改进了责任中心的业绩评价模式

资源通过作业形成产出价值,以作业中心为基础,设置责任中心,控制了资源消耗,充分发挥了资源在提供顾客价值过程中的作用。

总之,作业成本法一方面把资源的消耗(成本)作业联系起来,进而把作业和产品联系起来;另一方面又把企业内部系列作业提供给顾客的累计价值和企业的收入联系起来。而提供给顾客最终价值的形成过程和通过作业成本法所计算的相应资源消耗,又都被纳

入贯彻始终的作业管理体系中，以促进企业生产经营各个环节的协调一致，共同实现企业经营目标。

（二）作业成本法的应用要求

1. 适用作业成本法的企业的特征

作业成本法一般适用于具备以下特征的企业：作业类型较多且作业链较长；同一生产线生产多种产品；企业规模较大且管理层对产品成本准确性要求较高；产品、客户和生产过程多样化程度较高；间接或辅助资源费用所占比重较大等。

2. 适应作业成本法的企业的环境要求

企业应用作业成本法所处的外部环境，一般应具备以下特点之一：一是客户个性化需求较高，市场竞争激烈；二是产品的需求弹性较大，价格敏感度高。

企业应成立由生产、技术、销售、财务、信息等部门的相关人员构成的设计和实施小组，负责作业成本系统的开发设计与组织实施工作。

企业应能够清晰地识别作业、作业链、资源动因和成本动因，为资源费用和作业成本的追溯或分配提供合理的依据。

企业应拥有先进的计算机及网络技术，配备完善的信息系统，能够及时、准确地提供各项资源、作业、成本动因等方面的信息。

任务二 作业成本法的核算程序与应用

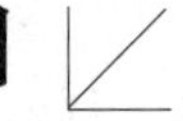

一、作业成本法实施的一般步骤

（一）划分作业中心，确定成本动因

运用作业成本法时，首先要进行制度设计，其中最重要的是划分作业中心和确定成本动因。

1. 划分作业中心

企业生产经营过程中的作业千差万别。划分作业中心时，应细致地分析各项具体作业，确认其中的主要作业，按照各项具体作业之间的相互关系，将全部作业划分到不同的作业中心。在这个过程中，应贯彻重要性原则，对具有以下特征的作业，应该单独作为作业中心，予以特别注意：一是资源昂贵、金额巨大；二是产品之间的使用程度差异较大；三是需求的形态与众不同。在初步划分作业中心的基础上，接着确定各作业中心的成本动因，在这个过程中，可能需要对已划分的作业中心进行必要的调整，有的要为便于确定成本动因进行分拆，有的因为性质相近而可以合并。

2. 确定成本动因

成本动因包括资源动因和作业动因。资源动因的确定与传统成本会计类似，关键在于确定作业动因。在作业成本法中，确定成本动因的个数主要考虑以下两个因素。

（1）成本动因与实际制造费用的相关程度。在既定的精确度下，运用相关程度较高的成本动因时，则成本动因的数目就可以较少；反之，如果缺少与实际制造费用相关程度较高的成本动因，则为达到一定的精确度水准，必须增加成本动因的数目。

（2）产品成本的精确度要求和产品组合的复杂程度。倘若对产品成本的精确度要求比较高，则成本动因的数目必增加；反之，则可以减少。产品组合的复杂程度低则多个作业成本可汇集在同一作业成本库中；反之，则汇集比较困难，所要求的成本动因数目也相应增多。

在为每个作业中心具体确定成本动因时，应注意以下问题。

（1）成本动因与实耗资源成本应密切相关。一个作业中心的成本可能有多个驱动因素，但只能选择其中的一个作为分配成本标准的成本动因，该动因应该满足一定的相关性要求，如80％以上的成本由此引起。如果没有一个驱动因素符合条件，那么该作业中心应分拆为两个或多个新的作业中心分别确定满足相关性要求的成本动因。

（2）在保证上述相关性的前提下，尽可能选择易于计量或有现成计量记录的成本动因。因为计量成本动因需要花费成本，所以应做成本效益分析。

（3）有助于控制成本和激励业绩的改进。在作业繁多时，为简化计算和降低信息成本，可以将性质相近、具有相同成本动因的不同作业或作业中心合并为同质作业。为了满足管理的要求，这种同质作业整合甚至可以打破部门的界限。同质作业所产生的成本都归集到同质作业成本库中合并分配。

在制度设计工作完成后，具备软硬件条件的企业即可正式启用作业成本法。作业成本法是一种两阶段成本分配体系。

（二）以作业中心为成本库，汇集成本

作业成本核算的第一步，是将发生的各项资源成本（主要指相对于产品而言的间接计入成本，直接计入成本还是直接计入产品），按资源动因分配归集到各作业成本库中（根据作业中心或同质作业设立）。

（三）将各个成本库的成本分配到最终产品

作业成本核算的第二步，是将各作业成本库所汇集的成本总额，分别按所选定的作业动因在各相关产品之间分配，进而计算最终产品的总成本和单位成本。

上述作业成本核算程序如图11-1所示。

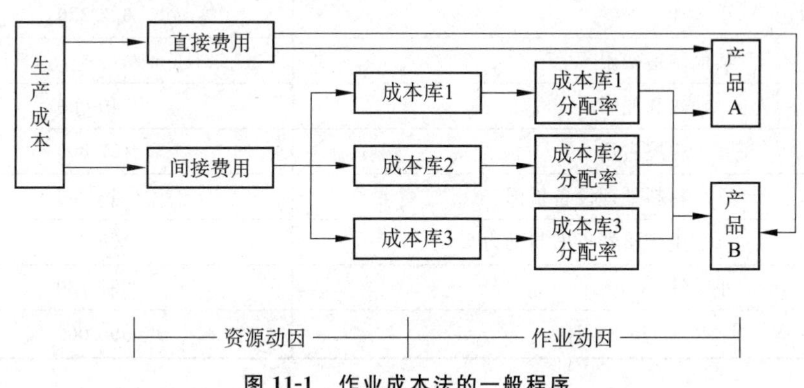

图11-1 作业成本法的一般程序

二、作业成本法的应用

【例 11-1】

长江管道公司同时生产 CJ-1 型、CJ-2 型、CJ-3 型三种产品，CJ-1 型产品是老产品，产量和销量都比较稳定，每批生产 5 000 件以备客户订货的需要，年产 CJ-1 型产品 60 000 件；CJ-2型产品是应客户的要求改进的产品，每批生产 50 件，年产 CJ-2 型产品 30 000 件；CJ-3 型产品是一种新的、复杂的产品，每批生产 5 件，年产 CJ-3 型产品 6 000 件。三种产品按传统成本核算方法计算的成本资料如表 11-1 所示（制造费用按各产品的直接人工比例分配）。

表 11-1　产品生产成本表

成本项目	直接材料/元	直接人工/元	制造费用/元	总成本/元	总产量/件	单位成本/(元/件)
CJ-1 型	300 000	120 000	600 000	1 020 000	60 000	17.00
CJ-2 型	180 000	60 000	300 000	540 000	30 000	18.00
CJ-3 型	48 000	18 000	90 000	156 000	6 000	26.00
合　计	528 000	198 000	990 000	1 716 000	—	—

该企业决定改用作业成本法，依据不同的成本库来归集制造费用，如表 11-2 所示。

表 11-2　按作业成本归集的制造费用表

制造费用项目	金额/元
间接人工	
采购人员	125 600
材料处理人员	140 000
整备人员	154 020
检验人员	135 000
产品分类人员	67 600
车间管理人员	70 000
小　计	692 220
其他制造费用	
热和照明	40 000
房屋占用	107 800
材料处理设备折旧	40 360
生产机器折旧与动力	109 620
小　计	297 780
合　计	990 000

有关的成本动因资料如下。

CJ-1 型、CJ-2 型、CJ-3 型产品的单位机器小时比例是 1∶1.5∶3.5。

每生产一批次产品需要一次标准的整备工作。

每批产品的标准检验单位是：CJ-1 型产品每批 50 件、CJ-2 型产品每批 5 件、CJ-3 型产品每批 2 件。

CJ-1 型、CJ-2 型、CJ-3 型产品每批材料移动次数分别是 25、50、100。

CJ-1 型、CJ-2 型、CJ-3 型产品的购货定单数分别是 100、200、700。

CJ-1 型、CJ-2 型、CJ-3 型产品的分类次数分别为 50、75、200。

根据上述资料，按照单位作业、批别作业、产品作业和维持作业四个作业层次分配制造费用如下。

1. 单位作业

单位作业包括直接材料成本、直接人工成本和生产机器折旧与动力。

(1) 直接成本(直接材料成本和直接人工成本)的计算与传统成本核算方法相同。

(2) 生产机器折旧与动力成本按机器工时按比例分配给各产品，计算过程如表 11-3 所示。

表 11-3 生产机器折旧与动力成本分配表

产品名称	产量/件	机器小时比例	合计/小时	分配率/(元/小时)	分配额/元
CJ-1 型	60 000	1	60 000	—	52 200
CJ-2 型	30 000	1.5	45 000	—	39 150
CJ-3 型	6 000	3.5	21 000	—	18 270
合 计	—	—	126 000	0.87	109 620

2. 批别作业

批别作业包括材料处理成本、整备成本和检验成本。

(1) 材料处理成本包括人工成本(140 000 元)和设备折旧(40 360 元)，共计 180 360 元，以材料移动次数为基础进行分配，计算过程如表 11-4 所示。

表 11-4 材料处理成本分配表

产品名称	全年批数/批	每批移动次数/次	总次数/次	分配率/(元/次)	分配额/元
CJ-1 型	12	25	300	—	360
CJ-2 型	600	50	30 000	—	36 000
CJ-3 型	1 200	100	120 000	—	144 000
合 计	—	—	150 300	1.20	180 360

(2) 整备成本以整备次数为基础进行分配，计算过程如表 11-5 所示。

(3) 检验成本以检验数量为基础进行分配，计算过程如表 11-6 所示。

表 11-5 整备成本分配表

产品名称	整备次数/次	分配率/(元/次)	分配额/元
CJ-1 型	12	—	1 020
CJ-2 型	600	—	51 000
CJ-3 型	1 200	—	102 000
合　计	1 812	85.00	154 020

表 11-6 检验成本分配表

产品名称	全年批数/批	每批检验数/次	检验总数/次	分配率/(元/次)	分配额/元
CJ-1 型	12	50	600	—	13 500
CJ-2 型	600	5	3 000	—	67 500
CJ-3 型	1 200	2	2 400	—	54 000
合　计	—	—	6 000	22.50	135 000

3. 产品作业

产品作业包括采购成本和产品分类成本。

(1) 采购成本以购货定单数为基础进行分配,计算过程如表 11-7 所示。

表 11-7 采购成本分配表

产品名称	购货定单数/单	分配率/(元/单)	分配额/元
CJ-1 型	100	—	12 560
CJ-2 型	200	—	25 120
CJ-3 型	700	—	87 920
合　计	1 000	125.60	125 600

(2) 产品分类成本以分类次数为基础进行分配,计算过程如表 11-8 所示。

表 11-8 产品分类成本分配表

产品名称	分类次数/次	分配率/(元/次)	分配额/元
CJ-1 型	50	—	10 400
CJ-2 型	75	—	15 600
CJ-3 型	200	—	41 600
合　计	325	208.00	67 600

4. 维持作业

维持作业该作业成本包括车间管理人员工资(70 000 元)、热和照明(40 000 元)和房屋占用费(107 800 元),共计 217 800 元,可以以直接成本(直接材料成本+直接人工成本)作为分配基础,计算过程如表 11-9 所示。

表 11-9 维持成本分配表

产品名称	直接材料/元	直接人工/元	直接成本/元	分配率	分配额/元
CJ-1 型	300 000	120 000	420 000	—	126 000
CJ-2 型	180 000	60 000	240 000	—	72 000
CJ-3 型	48 000	18 000	66 000	—	19 800
合 计	528 000	198 000	726 000	0.30	217 800

综合上述计算结果,按照作业成本法,CJ-1 型、CJ-2 型、CJ-3 型产品的总成本和单位成本汇总如表 11-10 所示。

表 11-10 产品生产成本表

项 目	甲产品(60 000 件)		乙产品(30 000 件)		丙产品(6 000 件)	
	总成本/元	单位成本/(元/件)	总成本/元	单位成本/(元/件)	总成本/元	单位成本/(元/件)
单位作业						
直接材料	300 000	5.00	180 000	6.00	48 000	8.00
直接人工	120 000	2.00	60 000	2.00	18 000	3.00
机器折旧	52 200	0.87	39 150	1.31	18 270	3.05
批别作业						
材料处理	360	0.01	36 000	1.20	144 000	24.00
整备	1 020	0.02	51 000	1.70	102 000	17.00
检验	13 500	0.22	67 500	2.25	54 000	9.00
产品作业						
采购	12 560	0.21	25 120	0.84	87 920	14.65
产品分类	10 400	0.17	15 600	0.52	41 600	6.93
维持作业	126 000	2.10	72 000	2.40	19 800	3.30
合 计	636 040	10.60	546 370	18.22	533 590	88.93

作业成本法采用多个具有因果关系的成本动因分配制造费用,其计算的结果显然比传统方法精确得多。在本例的两种方法下,甲产品和丙产品的成本核算结果相差较大,考虑这两种产品的性质,我们可以断定:传统成本核算方法是以单一的、相关性较弱的工时为基础,分配制造费用,计算产品成本。当处于新制造环境时,这会严重高估大批量、低技术、复杂性产品的成本,而严重低估小批量、高技术、复杂性产品的成本,即:在不自觉中用前者补贴了后者。而成本信息的严重扭曲,又很容易造成生产经营决策的失误和成本管理上的无策。

三、作业成本法的优缺点

（一）作业成本法的优点

1. 可以获得更准确的产品和产品线成本

作业成本法的主要优点是减少了传统成本信息对决策的误导。一方面，作业成本法扩大了追溯到个别产品的成本比例，减少了成本分配对产品成本的扭曲；另一方面，采用多种成本动因作为间接成本的分配基础，使得分配基础与被分配成本的相关性得到改善。准确的成本信息，可以提高经营决策（包括定价、扩大生产规模、放弃产品线等决策）的质量。

2. 有助于改进成本控制

作业成本法提供了了解产品作业过程的途径，使管理人员知道成本是如何发生的。成本动因的确定，使他们将注意力集中于成本动因的耗用上，而不仅仅是关心产量和直接人工。从成本动因上改进成本控制（包括改进产品设计和生产流程等），可以消除非增值作业，提高增值作业的效率，有助于持续降低成本和不断消除浪费。

3. 为战略管理提供信息支持

战略管理需要相应的信息支持。例如，价值链分析是指企业用于评估客户价值感知重要性的一个战略分析工具。它包括确定当前成本和绩效标准，并评估“整个供应链中哪些环节可以增加客户价值、减少成本费用”的一整套工具和程序。由于产品价值是由一系列作业创造的，企业的价值链也就是其作业链。价值链分析需要识别供应作业、生产作业和分销作业，并且识别每项作业的成本驱动因素以及各项作业之间的关系。作业成本法与价值链分析概念一致，可以为其提供信息支持。再如，成本领先战略是公司竞争战略的选择之一。实现成本领先战略，除了要实现规模经济外，还需要有低成本完成作业的资源和技能。这种有别于竞争对手的资源和技能，主要来源于技术创新和持续的作业管理。而作业管理包括成本动因分析、作业分析和绩效衡量等，其主要数据来源于作业成本核算。

（二）作业成本法的局限性

1. 开发和维护费用较高

作业成本法的成本动因多于完全成本法，成本动因的数量越大，开发和维护费用越高。即使有了计算机和数据库技术，采用传统的作业成本法仍然是一件成本很高的事情。如果将作业成本法仅仅作为一项会计创举，不能通过作业成本数据的使用改善决策和作业管理，提高公司的竞争力，则很可能得不偿失。

2. 作业成本法不符合对外财务报告的需要

采用作业成本法的企业，为了使对外财务报表符合会计准则的要求，需要重新调整成本数据。这种调整与变动成本法的调整相比，不仅工作量大，而且技术难度大，有可能出现混乱。

3. 确定成本动因比较困难

间接成本并非都与特定的成本动因相关联。有时，人们可能找不到与成本相关的驱动因素，或者设想的若干驱动因素与成本的相关程度都很低，或者取得驱动因素数据的成本很高。

复习与思考

1. 说明作业成本法的含义、作用及应用要求。
2. 作业的分类方法有哪些？每种方法下又各分成哪些作业？
3. 实施作业成本法有哪些步骤？
4. 作业成本法的优点和局限性分别是什么？

项目小结

本项目主要介绍了成本管理方法中的作业成本法，说明了作业成本法的产生与发展、含义、作用、实施步骤、应用及优缺点。本项目内容结构如图 11-2 所示。

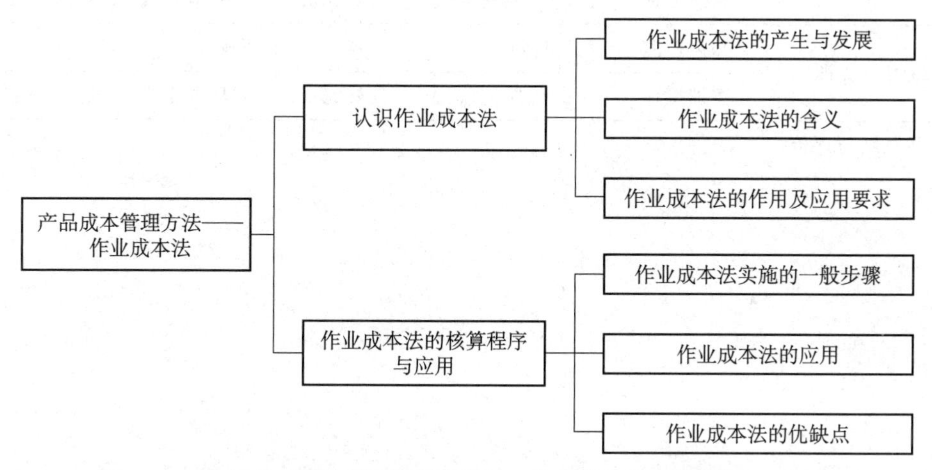

图 11-2　产品成本管理方法——作业成本法内容结构

学习笔记

练习与实训

知识检测

实训操作

评价表

评价项目	评价指标	评价结果			
学习目标评价	知识目标	□优质完成	□良好完成	□基本完成	□未完成
	技能目标	□优质完成	□良好完成	□基本完成	□未完成
	素质目标	□优质完成	□良好完成	□基本完成	□未完成
练习与实训	知识检测	得分：______		正确率：______	
	实训操作	□优质完成	□良好完成	□基本完成	□未完成
自我总结与评价：					

成本报表的编制与分析

项目十二

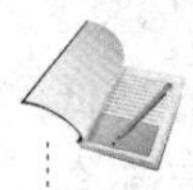

【知识目标】

1. 了解成本报表的概念和种类；
2. 掌握成本报表的作用与编制要求；
3. 掌握成本分析的主要内容。

【技能目标】

1. 能够说明产品生产成本表、主要产品单位成本报表和各种费用报表的结构；
2. 能够完成产品生产成本表、主要产品单位成本报表和各种费用报表的编制；
3. 能够运用成本分析方法。

【素质目标】

1. 具有爱岗敬业的岗位精神；
2. 具有沟通、协调的团队工作能力；
3. 具有良好的问题分析与文字表达能力。

案例与思考

小张是长江管道公司刚参加工作的会计人员。临近年底，财务部王经理把一年来公司生产的三种主要产品的成本资料交给小张，要求他根据这些数据资料编制产品的生产成本分析表，并分析出成本管理中存在的问题与不足，提出解决问题的办法与改进措施。

如果你接受此任务，你会从哪些方面进行思考，并收集、整理和分析相关资料？

任务一 成本报表概述

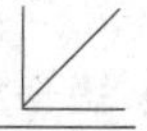

一、成本报表的概念与特点

成本报表是根据企业日常产品成本和期间费用的核算资料以及其他有关资料编制的，用于综合反映企业一定时期内成本费用的水平、构成、升降变动以及计划执行情况等的一种报告性书面文件，是会计报表体系的重要组成部分。编制和分析成本报表是成本会计日常工作的一项重要内容。

成本报表是企业的内部报表，它所提供的成本费用资料属于企业内部的商业秘密，用于企业内部的管理与决策，不对外公布。成本报表具有以下特点。

(1) 信息内容的灵活性。成本报表属于内部报表，其种类、内容、格式、编制方法、编制时间、报送范围等都由企业根据内部管理的需要自行决定，不受外界因素的影响。

(2) 信息要求的差异性。不同企业的生产特点与成本管理要求各不相同，使得其对成本信息和成本报表的要求颇有差异。

(3) 信息质量的综合性。成本报表提供成本信息，而成本信息是最具综合性的信息。企业产品产量的多少，质量的高低，原材料、燃料、动力的节约与浪费，劳动生产率的高低和工资水平的变动，固定资产的利用程度，废品率的变化，以及管理水平的高低等等都会或多或少，或直接或间接地反映到成本费用上来，成本报表提供的信息可以综合反映企业经营管理工作的质量。

二、成本报表的作用

(一) 综合地反映企业报告期内产品成本水平

企业的供、产、销的各个环节的经营管理水平，最终都直接、间接地反映到产品成本中来，产品成本是反映企业生产经营各方面工作质量的一项综合性指标。通过成本报表资料，能够及时发现在生产、技术、质量和管理等方面取得的成绩和存在问题。同时还可以通过成本报表的实际数与计划数相比较，进一步检查和分析计划的执行情况和原因。

(二) 有利于正确评价和考核成本环节成本管理业绩

利用成本报表上所提供的资料，经过有关指标计算、对比，可以明确各有关部门和人员在执行成本计划、费用预算过程中的成绩和差距，以便总结工作的经验和教训，进一步提高企业生产技术能力与经营管理水平。

(三) 有利于企业对成本预测和决策提供信息

通过成本报表资料的分析，可以揭示成本差异对产品成本升降的影响程度，发现产生差异的原因和责任，并有针对性地采取措施，把注意力放在解决那些属于不正常的、对成本有重要影响的关键性差异上，为企业挖掘降低成本的潜力指明方向。

三、成本报表的种类

成本报表的种类和格式不是由国家统一会计制度规定的，成本报表具有灵活性和多样性的特点。但就生产性企业来说，一般可以按以下标准进行分类。

(一) 按照编制时间

(1) 定期报表是为了满足企业日常成本管理的需要，及时反馈企业成本信息而编制的。一般来说，可以分为日报、周报、旬报、月报、季报和年报。

(2) 不定期报表主要是为了满足企业内部管理的特殊要求而在需要时编报的，体现了成本报表在时间上的灵活性。

（二）按照成本报表反映的内容

（1）反映成本情况的报表，主要有产品生产成本表或产品生产成本及销售成本表、主要产品生产成本表、责任成本表、质量成本表等。这类报表侧重于揭示企业为生产一定种类和数量产品所花费的成本是否达到了预定的目标，通过分析比较，找出差距，明确薄弱环节，进一步采取有效措施，为挖掘降低成本的内部潜力提供有效的资料。

（2）反映费用情况的报表，主要有制造费用明细表、销售费用明细表、管理费用明细表等。通过它们可以了解到企业在一定期间内费用支出总额及其构成，并可以了解费用支出的合理性以及支出变动的趋势，这有利于企业和主管部门正确制定费用预算，控制费用支出，考核费用支出指标的合理性，明确有关部门和人员的经济责任，防止随意扩大费用开支范围的情况发生。

（三）按照报送单位

（1）对外成本报表是指企业向外部单位，如上级主管部门和联营主管单位等报送的成本报表。在市场经济中，成本报表一般被认为是企业内部管理用的报表，为了保守秘密，按惯例不对外公开公告。但企业的投资者等相关利益主体需要了解企业经营状况和效益，都要求企业提供成本资料。所以说，对外的成本报表实际上也是一种扩大范围的内部报表。

（2）对内成本报表是指为了企业本单位内部经营管理需要而编制的各种报表，主要是送报内部管理部门进行相关的成本管理。其内容、种类、格式、编制方法和程序、编制时间及报送对象，都由企业根据自身生产经营和管理的特点和需要来确定。成本报表的编制目的，主要在于让企业决策管理人员及时了解日常成本费用计划的执行情况，以便进行决策和采取有效措施，不断降低成本费用，提高经营管理水平。

任务二 成本报表的编制

一、编制成本报表的依据

成本报表要依据真实、完整、及时的有关资料来进行编制，具体应当包括报告期的成本账簿资料；本期成本计划及费用预算等资料；以前年度的会计报表资料；企业有关的统计资料和其他资料等。

二、成本报表的编制要求

为了提高成本信息的质量，充分发挥成本报表的作用，成本报表的编制应符合下列基本要求。

（1）真实性。真实性也就是数字真实，即成本报表的指标数字必须真实可靠，能如实地集中反映企业实际发生的成本费用。

(2) 正确性。正确性也就是计算准确，即成本报表的指标数字要计算正确；各种成本报表之间、主表与附表之间、各项目之间，凡是有勾稽关系的数字，应相互一致；本期报表与上期报表之间有关的数字，应相互衔接。

(3) 重要性。重要性也就是主次分明，即对于重要的项目（如重要的成本、费用项目），在成本报表中应单独列示，以显示其重要性；对于次要的项目，可以合并反映。

(4) 完整性。完整性也就是内容完整，即应编制的各种成本报表必须齐全；应填列的指标和文字说明必须全面；表内项目和表外补充资料——不论根据账簿资料直接填列，还是分析计算填列——都应当准确无误，不得随意取舍。

(5) 及时性。及时性也就是编报及时，即按规定日期报送成本报表，保证成本报表的及时性，以便各方面利用和分析成本报表，充分发挥成本报表应有的作用。

总之，企业只有精心设计好成本报表的种类和格式、指标内容和填制方法，合理规定好成本报表的编制时间和报送范围，及时提供内部管理必需的、真实、准确、完整的、具有实用性和针对性的成本信息，才能充分发挥成本报表的作用。

三、成本报表编制的资料来源

成本报表的数据来源主要有两个渠道，即会计数据来源和其他数据来源。从数据的时期来看，可分为当期资料与历史资料。

会计数据来源是成本报表资料来源的主要渠道，其构成内容可进一步细分为：①会计账簿资料，包括总分类账、明细分类账、备查账簿等；②会计报表资料，如历史成本报表资料；③会计凭证资料，用于填写某些项目指标。

其他数据来源主要指企业的统计、计划资料以及业务核算资料，用于填列一些与本年计划要求相比较的项目以及附在表后的一些相关的技术经济指标，如职工工资总额、全年平均职工人数等。

四、成本报表的一般编制方法

各种成本报表中，有的反映本期的实际成本、费用，有的还可能反映本期累计的实际成本、费用。为了考核和分析成本计划的执行情况，成本报表还应反映有关的计划数和其他资料。

成本报表中的本期实际成本、费用，应根据有关的产品成本或费用明细账的本期实际发生额填列。表中的累计实际成本、费用，应根据本期报表中的本期实际成本、费用，加上上期报表中的累计实际成本、费用计算并填列；如果有关的明细账中登记了期末累计实际成本、费用，可以直接据此填列。

成本报表中的计划数，应根据有关的计划资料填列；表中其他资料，应根据具体成本报表编制的有关规定填列。

五、产品生产成本表的结构及编制方法

成本报表一般作为对内报表，其种类、格式、项目、编制方法、编报日期等一般可由企

业根据管理需要自行确定。产品生产成本表是反映企业在报告期内生产全部产品(包括可比产品和不可比产品)的总成本以及各种主要产品的单位成本和总成本的报表。该表一般分为两种,一种按成本项目反映,另一种按产品种类反映。具体的结构和编制方法通过以下各成本报表来加以说明。

(一) 按照成本项目反映的产品生产成本表的结构与编制

1. 按照成本项目反映的产品生产成本表的结构

按成本项目反映的商品产品成本表,是按成本项目汇总反映企业在报告期内发生的全部生产费用及产品生产总成本的报表。该表可以分为生产费用和生产成本两部分,具体格式如表12-1所示。

表 12-1　产品生产成本分析表(按成本项目编制)——X 产品

编制单位:长江管道有限责任公司　　20××年12月　　单位:万元

项　　目	上年实际	本年计划	本月实际	本年累计实际
直接材料	2 500	2 250	253	2 125
直接人工	1 500	1 400	143	1 337.5
制造费用	25	24	2	25
生产费用合计	4 025	3 674	398	3 487.5
加:在产品、自制半成品期初余额	18	17.5	17.4	16.95
减:在产品、自制半成品期末余额	26	20.5	20.45	20.45
生产成本合计	4 017	3 671	394.95	3 484

2. 按照成本项目反映的产品生产成本表的编制

表中生产费用部分按照成本项目反映报告期内发生的直接材料、直接人工和制造费用各项生产费用合计数。产品生产成本部分是在生产费用合计基础上,加上在产品、自制半成品的期初余额,减去在产品和自制半成品的期末余额,计算出产品生产成本合计数。为了便于分析,各项费用和成本按上年实际数、本年计划数、本月实际数、本年累计实际分栏计算并填列。

(二) 按照产品品种反映的产品生产成本表的结构与编制

1. 按照产品品种反映的产品生产成本表的结构

按产品品种反映的产品生产成本表,是按产品种类汇总反映企业在报告期内生产的全部产品的单位成本和总成本的报表。该表将全部产品分为可比产品和不可比产品,分别列示各种产品的单位成本、本月总成本、本年累计总成本。

产品成本表中的可比产品是指企业以前年度正式生产过,具有较完备的成本资料的产品。不可比产品是指企业以前年度没有正式生产过,也没有完备的成本资料的产品。其结构如表12-2所示。

表 12-2　产品生产成本分析表(按产品品种和类别编制)

编制单位:长江管道有限责任公司　　　　20××年 12 月

产品名称	实际产量/台		单位成本/(元/台)				本月总成本/元			本年累计总成本/元		
	本月	本年累计	上年实际平均	本年计划	本月实际	本年累计实际平均	按上年实际平均单位成本计算	按本年计划平均单位成本计算	本月实际	按上年实际平均单位成本计算	按本年计划平均单位成本计算	本年累计实际
	①	②	③	④	⑤	⑥	⑦=①×③	⑧=①×④	⑨=①×⑤	⑩=②×③	⑪=②×④	⑫=②×⑥
可比产品合计:	—	—	—	—	—	—	66 000	60 000	56 000	624 000	560 000	540 000
其中:A 产品	200	1 600	210	200	190	195	42 000	40 000	38 000	336 000	320 000	312 000
B 产品	200	2 400	120	100	90	95	24 000	20 000	18 000	288 000	240 000	228 000
不可比产品合计:	—	—	—	—	—	—	—	16 000	16 800	—	208 000	213 200
C 产品	40	520	—	400	420	410	—	16 000	16 800	—	208 000	213 200
合计	—	—	—	—	—	—	—	76 000	72 800	—	768 000	753 200

补充资料:

(1)可比产品成本降低额为 84 000 元,本年计划降低额为 60 000 元,即 624 000－540 000＝84 000(元)。

(2)可比产品成本降低率为 13.46%,本年计划降低率为 9.62%,即 84 000÷624 000＝13.46%,60 000÷624 000＝9.62%。

2. 按照产品品种反映的商品产品成本表的编制

编制产品生产成本表，主要依据有关产品的“产品成本明细账”、年度成本计划、上年本表等资料，填列下列有关项目。

(1) 产品名称。本项目应填列主要的可比产品与不可比产品的名称。

(2) 实际产量。此项目分为两栏，分别反映本月和从年初到本月末各种主要商品产品的实际产量，应根据成本核算单或产品成本明细账的记录计算并填列。

(3) 单位成本。此项目分为四栏，分别反映各种主要商品产品的上年实际平均、本年计划、本月实际以及本年累计实际平均单位成本。其中：

① 上年实际平均单位成本。此项目应根据上年度本表所列各种产品的全年实际平均单位成本填列，因不可比产品无上年相关资料，因而只有各种可比产品要填列此项目。

② 本年计划单位成本。本项目根据本年度成本计划所列的单位成本有关资料填列。

③ 本月实际单位成本。本项目根据表中本月实际总成本除以本月实际产量计算并填列。

④ 本年累计实际平均单位成本。本项目根据表中本年累计实际总成本除以本年累计实际产量计算并填列。

(4) 本月总成本。本项目分为三栏，反映各种主要商品产品本月实际产量的上年实际平均、本年计划和本月实际总成本，以便按月考核产品成本计划的完成情况。其中：

① 按上年实际平均单位成本核算的总成本。本项目根据上年实际平均单位成本乘以本月实际产量计算并填列。

② 按本年计划平均单位成本核算的总成本。本项目根据本年计划单位成本乘以本月实际产量计算并填列。

③ 本月实际总成本。本项目根据本月成本核算单或产品成本明细账的有关记录填列。

(5) 本年累计总成本。本项目也分为三栏，反映各种主要商品产品本年累计实际产量的上年实际平均、本年计划和本年累计实际的总成本，用于考核年度内成本计划的执行情况与结果。其中：

① 按上年实际平均单位成本核算的总成本。本项目根据上年实际平均单位成本乘以本年累计实际产量计算并填列。

② 按本年计划平均单位成本核算的总成本。本项目根据本年计划单位成本乘以本年累计实际产量计算并填列。

③ 本年累计实际总成本。本项目根据成本核算单或产品成本明细账有关记录填列。

3. 主要产品单位成本表的结构和编制方法

主要产品成本表一般是反映企业在报告期内生产的各种主要产品单位成本的构成情况和各项主要技术经济指标执行情况的报表。该表是按主要产品分别编制的，是对产品生产成本表的有关单位成本所做的进一步补充说明。主要产品是指企业经常生产，在企业所生产的全部产品中所占的比重较大，能概括地反映企业生产经营面貌的在产品。借助此表，可以考核各种主要产品单位成本计划的执行结果，分析各成本项目和消耗定额的变化及其原因，分析成本构成的变化趋势等。

(1) 主要产品单位成本表的结构。主要产品单位成本表分为上、下两部分。上半部分列示主要产品的基本情况；下半部分则分别按成本项目列示历史先进水平、上年实际平均、本年计划、本月实际和本年累计实际平均的单位成本，呈现主要技术经济指标的历史先进水平、上年实际平均、本年计划本月实际和本年累计实际平均的单位用量。主要产品单位成本表如表 12-3 所示。

表 12-3 主要产品单位成本表

编制单位：长江管道有限责任公司　　20××年 12 月

产品名称	D 产品		本月实际产量/件		55
规格	—		本年累计实际产量/件		625
计量单位	件		销售单价/元		1 350
成本项目	历史先进水平/元	上年实际平均/元	本年计划/元	本月实际/元	本年累计实际平均/元
直接材料	420	270	439	450	445
直接人工	320	370	375	375	372
制造费用	340	360	350	350	341
生产成本合计	1 080	1 200	1 164	1 175	1 158

(2) 主要产品单位成本表的编制方法。

① 上半部分列示主要产品的基本情况，如产品名称、规格、计量单位等，应根据有关产品目录填列；本月及本年累计实际产量，应根据生产成本明细账或产成品成本汇总表填列；销售单价应根据产品定价表填列，也可以根据主营业务收入明细账资料填列。

② 各项成本项目的历史先进水平，应根据本企业历史上该种产品成本最低年度的成本表中的“本年累计实际平均”项目填列。

③ 各项成本项目的上年实际平均单位成本，应根据上年度成本表中的“本年累计实际平均”项目填列。

④ 各项成本项目的本年计划单位成本，应根据本年度成本计划填列。

⑤ 各项成本项目的本月实际单位成本，应根据生产成本明细账或产成品成本汇总表填列。

⑥ 各项成本项目的本年累计实际平均单位成本，应根据该种产品的生产成本明细账所记自年初起到报告期末完工入库产品实际总成本，除以累计实际产量，计算并填列。

⑦ 产品生产成本合计，分别按历史先进水平、上年实际平均、本年计划、本月实际以及本年累计实际平均的成本项目组成内容的合计数额填列。

上述各项成本项目填列的数字，应与产品成本表中的有关数字核对相符。

(3) 制造费用明细表的结构和编制方法。制造费用明细表是反映企业在报告期内发生的各项制造费用及其构成情况的报表。该表一般按制造费用项目，分别反映企业制造费用的本年计划数、上年同期实际数和本年累计实际数。根据制造费用明细表，可以了解报告期内制造费用的实际支出水平，考核制造费用计划的执行情况，判断制造费用的变化趋势,以便加强对制造费用的控制和管理等。

(4) 制造费用明细表的结构。制造费用明细表是反映企业在报告期内所发生的制造费用的报表。其格式如表 12-4 所示。

表 12-4　制造费用明细表

编制单位:长江管道有限责任公司　　　　20××年 12 月　　　　单位:元

项　　目	本年计划数	上年同期实际数	本月实际数	本年累计实际数
工资及福利费				
租赁费				
折旧费				
修理费				
办公费				
水电费				
运输费				
机物料消耗				
劳动保护费				
在产品盘亏				
停工损失				
其他				
合　　计				

(5) 制造费用明细表的编制方法。

① 本年计划数,应根据制造费用年度计划数填列。

② 上年同期实际数,应根据上年同期本表所列本月实际数填列。

③ 本月实际数,应根据"制造费用"总账所属各基本生产车间制造费用明细账的本月合计数填列。

④ 本年累计实际数,应根据上月本表该栏的累计数和本月实际数汇总合计填列。

六、期间费用明细表的编制

期间费用报表是反映企业在报告期内发生的各种期间费用情况的报表,包括管理费用明细表、财务费用明细表和销售费用明细表。编制期间费用明细表是为了反映、分析和考核期间费用的计划执行情况及其执行结果,分析期间费用内部各项费用的构成情况、上年同期相比增减变化情况及其升降变化的主要原因。

(一) 销售费用明细表的编制

销售费用明细表是反映企业在报告期内发生的产品销售费用及其构成情况的报表。该表一般按照费用项目分别反映各该费用的本年计划数、上年同期实际数、本月实际数和本年累计实际数,其格式如表 12-5 所示。

表 12-5　销售费用明细表

编制单位:长江管道有限责任公司　　　　20××年 12 月　　　　单位:元

项　　目	本年计划数	上年同期实际数	本月实际数	本年累计实际数
职工薪酬				
运输费				
装卸费				
包装费				
保险费				
展览费				
广告费				
其他				
合　　计				

在销售费用明细表中,“本年计划数”应根据销售费用计划填列;“上年同期实际数”应根据上年同期本表本月实际数填列;“本月实际数”应根据销售费用明细账的本月合计数填列;“本年累计实际数”可以根据上月本表该栏数字和本月实际数汇总相加填列。若需要,还可以在该表中增加“本月计划数”栏,此栏可根据销售费用的年度分月计划来填列。

(二) 管理费用明细表的编制

管理费用明细表是反映企业在报告期内发生的管理费用及其构成情况的报表。该表一般按照费用项目分别反映各该费用的本年计划数、上年同期实际数、本月实际数和本年累计实际数,其格式如表 12-6 所示。

表 12-6　管理费用明细表

编制单位:长江管道有限责任公司　　　　20××年 12 月　　　　单位:元

项　　目	本年计划数	上年同期实际数	本月实际数	本年累计实际数
职工薪酬				
折旧费				
工会经费				
业务招待费				
印花税				
房产税				
车船使用税				
土地使用税				
无形资产摊销				
职工教育经费				
劳动保险费				

续表

项　　目	本年计划数	上年同期实际数	本月实际数	本年累计实际数
待业保险费				
坏账损失				
材料产品盘亏、损失				
其他				
合　　计				

在该表中,“本年计划数”应根据管理费用计划填列;“上年同期实际数”应根据上年同期本表本月实际数填列;“本月实际数”应根据管理费用明细账的本月合计数填列;“本年累计实际数”可以根据上月本表该栏数字和本月实际数汇总相加填列。如果需要,还可以在本表中增加“本月计划数”栏,此栏可根据管理费用的年度分月计划来填列。

(三)财务费用明细表的结构和编制

财务费用明细表是反映企业在报告期内发生的财务费用及其构成情况的报表。该表一般按费用项目分别反映各该费用项目的年度计划数、上年同期实际数、本月实际数和本年累计实际数,其格式如表 12-7 所示。

表 12-7　财务费用明细表

编制单位:长江管道有限责任公司　　　　20××年 12 月　　　　单位:元

项　　目	本年计划数	上年同期实际数	本月实际数	本年累计实际数
利息支出				
汇兑损失				
手续费				
其他				
合　　计				

在该表中,“本年计划数”应根据财务费用计划填列;“上年同期实际数”应根据上年同期本表本月实际数填列;“本月实际数”应根据财务费用明细账的本月合计数填列;“本年累计实际数”可以根据上月本表该栏数字和本月实际数汇总相加填列。若需要,还可以在本表中增加“本月计划数”栏,此栏可根据财务费用的年度分月计划来填列。借助该表,可以分析和考核财务费用计划的执行结果,分析财务费用的构成情况和增减变动的原因。

任务三　成本分析

一、成本分析的含义

成本分析是企业利用成本核算资料和成本计划资料及其他有关资料,运用一系列专门方法，揭示企业费用预算和成本计划的完成情况，查明影响成本费用升降的原因，寻找降低成本、节约费用的途径，挖掘企业内部增产节约潜力的一项专门工作。成本分析是成本核算工作的延续，是成本会计的重要组成部分。

企业进行成本分析，是为了改进企业内部生产经营管理，节约生产耗费，降低成本，提高经济效益。通过成本分析，可以检查企业成本计划的完成情况，分析原因，并对成本计划本身和成本计划执行结果进行评价，发现成本管理中存在的问题并改正，总结经验教训，为以后的成本管理服务。同时，还可以明确生产各部门各环节的成本管理责任，有利于考核和评估其管理业绩。此外，通过成本分析，还可以促使企业不断降低成本，节约费用，从而提高产品在市场上的竞争力。

二、成本分析的方法

成本分析的方法是完成成本分析目标的重要手段，通常采用的技术方法有比较分析法、比率分析法和因素分析法等。

（一）比较分析法

比较分析法是通过将两个有内在联系的可比的经济指标在时间上和空间上进行相减对比分析的一种方法。通过比较分析，可以确定差异、评价业绩、掌握动态、挖掘潜力，达到降低成本、提高经济效益的目的。

在进行具体指标比较分析时，分析者可以根据目的，选择对比的基期数字，可以是本企业本期和历史各期。比较分析法主要有以下几种形式。

（1）实际数与计划数对比。这主要是为了了解企业计划完成情况，找出脱离计划的差距和产生差距的原因。

（2）报告期实际数与基期实际数据对比。基期实际数据可以是本企业上期、上年同期或历史上是最好水平。这种对比主要是要了解企业成本动态变化，找出差距，总结经验，进而改进企业成本管理工作。

（3）企业与同类先进企业的相同指标实际数据相对比。这种对比主要是了解企业与国内外先进企业之间的差距，以便采取措施，挖掘潜力，提高企业在同行业中的竞争力。

比较分析法是一种绝对数分析法，一般适用于同类型企业、同类指标之间的对比分析。采用此法进行成本分析时，必须注意指标间的可比性，注意指标计算的口径、计价的基础是否一致等。在与同类先进企业进行对比时，要注意它们在技术经济上的可比性。

（二）比率分析法

比率分析法主要是通过计算有关指标之间的相对数（也就是比率）进行分析，一般有以下三种形式。

1. 计算相关比率

计算相关比率是指将两个性质不同而又相关的指标进行对比相除，得出各种指标的比率，并据以分析成本管理活动的质量、水平和结构。在实际的工作中，由于各个企业的规模不同，单纯采用比较分析法进行对比，很难说明企业经济效益和成本管理的优劣。如果将利润与成本相比，计算出成本利润率，则可以反映出每耗费一元成本所获得的盈利额。其计算公式如下：

$$相关比率=\frac{某项经济指标的绝对数值}{另一有联系的某经济指标的绝对值}\times 100\%$$

2. 计算构成比率

计算构成比率主要是计算某项指标的各个组成部分在总体中所占的比重，即部分与总体的比率，以便进一步掌握该项经济活动的特点和变化趋势。通过计算分析，了解这些构成变化与技术改造、经营管理之间的相互关系，从而确定加强管理的重点。其计算公式为

$$某项结构比率=\frac{某项经济指标的部分数值}{某项经济指标的总体数值}\times 100\%$$

3. 计算趋势比率

计算趋势比率是指对某项经济指标不同时期数值进行对比，求出比率，揭示该项成本指标发展方向和增减速度，以观察成本费用的变化趋势的一种分析方法，也称为动态比率分析法。趋势比率主要有以下两种形式。

(1) 定基比率也称为定基发展速度，就是将报告期水平与某一固定基期水平相除，用来反映现象在较长时间内变化的相对程度。其计算公式为

$$定基发展速度=\frac{报告期发展水平}{某一固定基期水平}\times 100\%$$

(2) 环比比率也称为环比发展速度，就是将报告期水平与其前一期的发展水平相除，用来反映现象在相应的时期内变化的相对程度。其计算公式为

$$环比发展速度=\frac{报告期水平}{前一期发展水平}\times 100\%$$

通过比率计算，把一些平时不可比的企业变成可比的企业，可以为外部或内部决策者在选择决策方案时进行比较分析。但也存在不足之处，如指标比率只反映比值，不能说明其绝对数额的变动；且同比较分析法一样，无法说明指标变动的具体原因，达不到成本分析的目标。

(三) 因素分析法

因素分析法是依据分析指标与其影响因素之间的关系，确定各因素对各分析指标影响程度的一种技术方法。连环替代法是因素分析法的一种主要形式，是根据因素之间的内在依存关系，依次测定各因素变动对经济指标差异影响的一种分析方法。运用此方法，可以测算各因素的影响程度，有利于查明原因，分清责任，评估业绩，并针对问题提出相应的措施；可以解决比较分析法和比率分析法无法说明和解决的问题。

1. 连环替代法的程序

(1) 将指标因素分解并将因素排序。将影响某项经济指标完成情况的因素，按其内在依存关系，分解其构成因素，并按一定的顺序排列，得出各影响因素与分析指标之间的关系式。以材料费用指标为例，根据它与影响因素之间的关系，可分解为

$$\begin{aligned}材料费用&=产品产量\times 单位产品材料费用\\&=产品产量\times 单位产品材料消耗量\times 材料单价\end{aligned}$$

(2) 根据分析指标的报告期数值与基期数值列出关系式或指标体系，确定分析对象。

如材料费用的指标体系如下：

基期材料费用＝基期产品产量×基期材料单耗×基期材料单价

实际材料费用＝实际产品产量×实际材料单耗×实际材料单价

分析对象(材料费用差异额)＝实际材料费用－基期材料费用

(3) 连环顺序替代,计算替代结果。

(4) 比较各因素的替换结果,确定各因素对分析指标的影响程度。

(5) 检验分析结果。将各因素对分析指标的影响额相加,其代数和应等于分析对象。如果二者相等,说明分析结果可能是正确的;如果二者不相等,则说明分析结果一定是错误的。

需要指出的是,连环替代法的程序或步骤是紧密相连、缺一不可的。尤其是前四个步骤,任何一个步骤出现错误,都会出现错误结果。连环替代法的典型模式可以用简单的数学公式表示。

假设某项指标 N 是由相互联系的 A、B 两个因素组成,各因素指标之间的关系如下：

$$N=A\times B_0$$

上年数 $N_0=A_0\times B$

本年数 $N_1=A_1\times B_1$

要测定 A、B 两因素变动对 N 的影响,即可采用连环替代来进行分析：

综合指标 $N_0=A_0\times B_0$

第一步替换 $N=A_1\times B_0$

第二步替换 $N_1=A_1\times B_1$

则可以通过：

$$N-N_0=(A_1-A_0)\times B_0=\Delta A\times B_0$$

分析 A 因素的变化影响 N 综合指标的结果。

同理,

$$N_1-N=A_1\times(B_1-B_0)=A_1\times\Delta B$$

分析 B 因素对 N 指标的影响结果,两个因素共同影响结果是：

$$N_1-N_0=A_1\times B_1-A_0\times B_0=(N_1-N)+(N-N_0)=\Delta A\times B_0+A_1\times\Delta B$$

【例 12-1】

假设长江管道公司有关产量、材料单耗和材料单价及材料总成本资料如表 12-8 所示。

表 12-8 有关产量、材料单耗、单价及材料总成本资料

项　　目	上年数	本年数	差异
产品产量/件	10 000	12 000	20 000
材料单耗/千克	10	8	－2
材料单价/元	10	12	2
总成本/元	1 000 000	1 152 000	152 000

分析过程如下。

(1) 将指标因素分解并将因素排序。

材料费用＝产品产量×单位产品材料消耗量×材料单价

(2) 确定分析对象。

材料总成本差异＝1 152 000－1 000 000＝152 000(元)

(3) 进行逐步替换。

上年材料总成本＝10 000×10×10＝1 000 000(元)

第一次替换：　12 000×10×10＝1 200 000(元)

第二次替换：　12 000×8×10＝960 000(元)

第三次替换：　12 000×8×12＝1 152 000(元)

(4) 比较各因素的替换结果,确定各因素对分析指标影响程度。

产品产量增加使材料总成本增加：

1 200 000－1 000 000＝200 000(元)

或　(12 000－10 000)×10×10＝200 000(元)

材料单耗节约使材料总成本节约：

960 000－1 200 000＝－240 000(元)

或　12 000×(8－10)×10＝－240 000(元)

材料单价上升使材料总成本增加：

1 152 000－960 000＝192 000(元)

或　12 000×8×(12－10)＝192 000(元)

(5) 检验分析结果。

产量、单耗和单价三个因素变化对材料总成本的影响为

200 000－240 000＋192 000＝152 000(元)

此结果正好与材料的总差异相等。

连环替代法是在按顺序用某项因素的实际数替代其基数,且其他因素保持替换前状态的条件下,计算确定各项因素的变动对综合指标变动影响程度。应用连环替代法,关键在于正确地排列各项因素的顺序,并按该顺序进行替代计算。确定替代顺序的一般原则是:先数量(绝对)指标,后质量(相对)指标;先实物量指标,后价值量指标;先分子,后分母。

2. 应用连环替代法应注意的问题

连环替代法作为因素分析方法的主要形式,在实践中主要用于分析计算综合经济指标变动的原因及其各因素影响程度。但该方法也有一定的局限性,在应用的过程中必须注意以下几个问题。

(1) 因素分解的相关性。所谓因素分解的相关性,是指分析指标与其影响因素之间必须真正相关,即有实际经济意义,各影响因素的变动确实能说明分析指标差异产生的原因。这就是需要在因素分解时,根据分析的目的和要求,确定合适的因素分解式,以找出分析指标变动的真正原因。

(2) 分析前提的假定性。所谓分析前提的假定性,是指分析某一因素对经济指标差异的影响时,必须假定其他因素不变,否则就不能分清各单一因素对分析对象的影响程

度。在分析数量指标时,质量指标一般固定在基期;分析质量指标时,数量指标固定在报告期。而且,分解的因素并非越多越好,而应具体问题具体分析,尽量减少相互影响较大的因素再分解。

(3) 替换因素的顺序性。因素分解不仅要准确,而且因素排列顺序不能交换,不存在乘法交换率问题。基于分析前提的假定性,按不同顺序计算出的结果是不同的。应用连环替代法时,关键在于正确地排列各项因素的顺序,并按该顺序进行替代计算。确定替代顺序的一般原则是:先数量(绝对)指标,后质量(相对)指标;先实物量指标,后价值量指标;先分子,后分母。

(4) 替代因素的连环性。连环替代法是严格按照各因素排列顺序,逐次以一个因素的实际数替换其基数。除第一次替换外,每个因素的替换都是在前一个因素替换的基础上进行的。只有保持这一连环性,才能使所计算出来的各因素的影响等于所要分析的综合经济指标的总差异。

三、全部产品成本计划完成情况的分析

企业全部产品成本完成情况,可以按产品的类别或按成本项目来进行分析。

(一) 按产品类别分析商品产品成本计划的完成情况

按产品类别分析商品产品成本计划的完成情况时,应通过前面编制的按产品种类反映的生产成本表来进行分析,一般可以从以下两个方面进行。

1. 本期实际成本与计划成本的对比分析

分析时,应根据表中所列全部产品和各种主要产品的本月实际总成本和本年累计实际总成本,分别与其本月计划总成本和本年累计计划总成本进行比较,确定全部产品和各种主要产品的实际成本与计划成本的差异,了解企业成本计划的执行情况。

$$本期计划完成情况=\frac{本期实际数}{本期计划数}\times 100\%$$

2. 本期实际成本与上年实际成本的对比分析

分析时,应根据表中所列全部产品的本期实际成本和上年实际成本相比较,确定全部产品和各种主要产品的本期与历史同期的成本差异,了解企业本期与历史同期的成本管理情况,分析原因,进而为提高成本管理水平提供依据。

在实际分析时,可根据按产品品种类别编制的产品成本表中的相关数据来进行具体分析。

(二) 按成本项目分析商品产品成本计划的完成情况

按成本项目反映的产品生产成本表,一般可以采用比较分析法、构成比率分析和相关比率分析法来进行分析。

在进行具体分析时,可以根据按成本项目编制的产品成本表(表 12-1)中的数字来进行。该表是 12 月份编制的,因而其本年累计实际数、本年计划数和上年实际数都是整个年度的生产费用和产品成本,可以就产品生产成本合计数、生产费用合计数及其各项生产费用进行对比,揭示差异,以便进一步分析、查明原因。例如,表中生产成本合计数,其本

年累计实际数不仅低于上年实际数，还低于本年计划数，这说明企业总成本在该年度是降低的。至于降低的原因，可能是多方面的，可能是由于节约了生产耗费，降低了产品的单位成本；也有可能是由于产品的结构或产量的比重发生了变动造成。对此，应该进一步去分析具体原因，才能做出对产品成本总额降低是否合理的正确评价。

四、可比产品成本计划完成情况分析

在对全部产品进行产品成本分析时，应检查有无“将成本超支的可比产品列为不可比产品，或将成本降低较多的不可比产品列为可比产品，以掩盖可比产品成本超支”的弄虚作假情况，即要注意检查可比产品的正确性。可比产品成本降低计划的完成情况分析，可以按产品的品种进行，也可以按全部可比产品进行。

（一）可比产品成本降低计划的完成情况分析

根据表12-2中所列全部可比产品和各种可比产品的本月实际总成本和本年累计实际总成本，分别与按上年实际平均单位成本核算的本月总成本和本年累计总成本进行比较，确定全部的可比产品，分析可比产品本期实际成本与上年实际成本的差异，了解成本升降程度的情况。

【例12-2】

根据表12-2产品成本表，可以分析得出全部产品成本计划完成情况。现将分析结果编制如表12-9所示。

表12-9 全部产品成本计划完成情况分析表

编制单位：长江管道有限责任公司　　20××年12月　　单位：元

产品名称	计划总成本	实际总成本	降低额	降低率
可比产品合计	560 000	540 000	20 000	3.57%
其中：A产品	320 000	312 000	8 000	2.5%
B产品	240 000	228 000	12 000	5%
不可比产品合计	208 000	213 200	−5 200	−2.5%
C产品	208 000	213 200	−5 200	−2.5%
合　　计	768 000	753 200	14 800	1.93%

从表12-9中分析数据可以看出，长江管道有限责任公司可比产品的实际成本均低于计划成本；虽然不可比产品实际成本较计划有所上升，但从全部的产品成本来看，整个企业的成本还是有所下降的，下降幅度为1.93%。

（二）可比产品成本降低任务完成情况的因素分析

可比产品的成本计划降低额和降低率是根据各种产品的计划产量确定的，实际降低额和降低率是根据实际产量计算的。因此，在产品品种结构、比重及产品单位成本不变的情况下，产量增减会和成本降低额同比例增减；但由于按上年实际平均单位成本核算的本

年累计总成本也发生了同比例的增减，因而不会使成本降低率发生变动。产品单位成本的变动，则会影响成本降低额和降低率同时变动。产品单位成本降低，使成本降低额和降低率增加；反之，则减少。此外，各种产品的成本降低程度不同，因而产品品种结构的变动，也会影响成本降低额和降低率同时变动。成本降低程度大的产品比重增加，会使成本降低额和降低率增加；反之，则会减少。

【例 12-3】

承接例 12-2：

可比产品成本降低额计划执行结果＝84 000－60 000＝24 000(元)

可比产品成本降低率计划执行结果＝13.46％－9.62％＝3.84％

分析得知，可比产成品成本降低额与降低率均超额完成计划。

影响可比产品成本降低额与降低率的因素前面已经说过，即各可比产品的产量、产品品种结构（比重）和产品单位成本三个因素。三因素的变动对可比产品成本降低计划执行结果的影响程度分别如下。

1. 产品产量变动的影响

产品产量因素的变动对成本降低额的影响，可根据下列公式计算：

$$\text{产品产量变动对成本降低额的影响}=\sum(\text{本期实际产量}\times\text{上年实际平均单位成本})\times\text{计划降低率}-\text{计划降低额}$$

$$=624\ 000\times9.62\%-60\ 000=28.8(\text{元})$$

2. 产品品种结构变动的影响

全部可比产品成本降低率实质上是以各种产品的个别降低率为基础的，以各种产品的产量比重（即品种结构）为权数计算的平均成本降低率。各种产品的产量比重不同，因而各种产品成本降低的幅度也不相同。当成本降低幅度大的产品产量在全部可比产品产量中所占的比重比计划提高时，实际可比产品成本降低额和降低率就会比计划提高；反之，就会减少。具体可用下列计算公式来分析：

$$\text{产品品种比重的变动对成本降低额的影响}=\left[\sum(\text{本期实际产量}\times\text{上年实际平均单位成本})-\sum(\text{本期实际产量}\times\text{本年计划单位成本})\right]-\sum(\text{本期实际产量}\times\text{上年实际平均单位成本})\times\text{计划降低率}$$

$$=(624\ 000-560\ 000)-624\ 000\times9.62\%=3\ 971.2(\text{元})$$

$$\text{产品品种比重变动对成本降低率的影响}=\frac{\text{成本降低额的影响}}{\sum(\text{本期实际产量}\times\text{上年实际平均单位成本})}\times100\%$$

$$=\frac{3\ 971.2}{624\ 000}\times100\%\approx0.64\%$$

3. 产品单位成本变动的影响

成本降低计划是本年度计划成本比上年度实际成本的降低数，而实际成本降低额则是本年度实际成本比上年度实际成本的降低数。因此，当本年度可比产品实际单位成本比计划单位成本降低或升高时，就必然会引起降低额和降低率的变动。在其他因素保持不变的前提下，单位产品成本的变动正好与成本降低额和成本降低率相反。产品实际单位成本比计划降低得越多，成本降低额和降低率就越大，反之，就越小。具体可用下列公式计算。

产品单位成本变动对成本降低额的影响

$$=\sum(\text{本期实际产量}\times\text{本年计划单位成本})-\sum(\text{本期实际产量}\times\text{本年实际单位成本})$$

$$=560\ 000-540\ 000=10\ 000(\text{元})$$

$$\text{产品单位成本变动对成本降低率的影响}=\frac{\text{产品单位成本变动对成本降低额的影响}}{\sum(\text{本期实际产量}\times\text{上年实际平均单位成本})}\times100\%$$

$$=\frac{20\ 000}{624\ 000}\times100\%\approx3.2\%$$

汇总上述三因素分析结果，可得

总的成本降低额＝28.8＋3 971.2＋20 000＝24 000(元)

总的成本降低率＝0.64％＋3.2％＝3.84％

从以上计算结果可以看出，产量的减少，使得实际成本降低额增加 28.8 元；产品品种结构变动，使得实际成本降低额增加了 3 971.2 元，降低率上升了 0.64％；在单位产品成本变动影响中，两种产品单位成本的下降幅度较大，使可比产品成本降低了 20 000 元。其中，A 产品(按实际单位成本核算)较计划降低了 8 000 元，B 产品(按实际单位成本核算)较计划降低了 12 000 元，降低率为 3.2％。综合影响结果使总成本降低额为 24 000 元，降低率为 3.84％。

五、主要产品单位成本分析

单位成本是影响全部产品总成本升降的重要因素。为了保证总成本降低任务的完成和超额完成，必须重视对单位成本的分析，找出影响成本升降的具体原因，寻求降低成本的途径，制定有效措施，完善成本管理，促使企业产品成本不断降低。成本的计划完成情况的分析，除了对全部产品成本计划完成情况和可比产品成本降低任务的完成情况进行总括性的分析外，还应对企业主要产品的成本进行具体的分析。这样，才能把成本分析工作从总括的、一般性的分析，逐步引向比较具体的、深入细致的分析。对主要产品单位成本的分析，主要通过对其进行计划完成情况和从项目变动原因进行分析而实现的。

(一) 主要产品单位成本计划完成情况分析

主要产品单位成本计划完成情况分析，不仅要按成本项目逐项对比其计划数与实际数，而且要求列示主要消耗材料和耗用工时的对比资料。

【例 12-4】

长江管道公司生产的主要产品 Y 产品单位成本分析资料，如表 12-10 所示。

表 12-10　主要产品单位成本分析表(Y 产品)

编制单位:长江管道有限责任公司　　　　20××年度

成本项目	计划数/万元		实际数/万元		降低额/万元 (超支用"—"号)		占计划的 百分比/%
直接材料	400		398		2		0.5
直接人工	100		110		—10		—10
制造费用	150		152		—2		—1
小计	750		660		—10		—10.5
主要消耗材料和工时	数量/千克	金额/万元	数量/千克	金额/万元	数量/千克	金额/万元	占计划的 百分比/%
A 材料	260	520	250	500	10	20	3.8

在分析时应当注意以下几个方面事项。①寻求降低成本的具体途径,这是主要产品单位成本分析的目的。因此,一般可以采用简化的办法,即将本年实际成本直接与计划成本进行对比。②在分析时,尽可能先剔除价格变动因素,即实际消耗可按计划单价计算,因为价格因素是外来因素,与产品生产无直接关系。③在分析时,应尽可能分析得具体和细致,使之更能反映出降低成本的方向。

(二) 主要产品单位成本项目变动原因分析

1. 直接材料项目分析

如果企业生产的产品只耗用一种材料,或虽耗用几种材料,但它们之间不存在配比关系,那么对单位材料成本变动情况的分析,应结合单位产品材料消耗量(简称单耗)和材料单价两个因素的变动情况进行深入分析,此种分析也称两因素分析法。如果一种产品耗用几种材料,并且在各种材料之间存在着配比关系,那么除了分析单耗和材料单价因素变动情况之外,还应分析材料配比因素变动的影响,这种分析法称为三因素分析法。

【例 12-5】

长江管道公司生产的某产品 20××年 12 月直接材料计划与实际费用资料,如表 12-11 所示。

表 12-11　直接材料计划与实际费用对比表

编制单位:长江管道有限责任公司　　　　20××年 12 月

项　目	材料消耗量/千克	材料价格/元	直接材料费用/元
本年计划	100	30	3 000
本年实际	90	32	2 880
直接材料费用差异	—	—	—120

单位产品成本中的直接材料费用是材料消耗数量与材料价格的乘积,其影响因素不

外乎材料消耗数量差异和材料价格差异两个方面。从表12-11中可以看出，该种产品单位成本中的直接材料费用本年实际比本年计划节约120元。至于是由于材料消耗量一方面引起的还是材料价格引起的，或是两因素同时引起的，可以采用差额分析法进行分析。

材料消耗量变动的影响额＝(90－100)×30＝－300(元)

材料价格变动的影响额＝(32－30)×90＝180(元)

两因素产生的共同影响额＝－300＋180＝－120(元)

通过以上计算结果可以看出，该种产品单位成本中的直接材料实际比计划节约120元的原因是：由于单位产品的消耗量的降低，使直接材料费用节约了300元；但由于材料价格的上涨，使直接材料费用超支了180元。两者相抵，单位产品成本中直接材料费用节约120元。

通过分析，企业若想降低产品的直接材料费用，可以改进生产工艺，加强成本管理；也可以对材料价格实施监督管理，在保证质量的前提下使材料的买价更加合理化，并通过提高劳动者的素质能力水平来降低材料成本。

2. 直接人工项目分析

如果企业只生产一种产品，则产品单位成本中的人工费用应该是全部的人工费用总额除以产品总量的得数，其计算公式如下。

$$产品单位成本中的人工费用=\frac{人工费用总额}{产品总量}$$

在此种情形下，影响单位产品直接人工的因素有两个：一个是全部的人工费用总额；另一个是产品的产量。

【例12-6】

长江管道公司一车间只生产一种产品A，20××年12月的产量、工时、工资资料如表12-12所示。

表12-12 A产品产量、工时、工资资料

编制单位：长江管道有限责任公司　　20××年12月

项　目	计划	实际	差异
产量/千克	1 000	1 200	200
工资总额/元	28 700	31 200	2 500
单位产品人工费用/元	57.4	52	－5.4

从表12-12中可以看出，A产品12月单位产品中，人工费用实际比计划节约5.4元。而主要影响因素有两个，即A产品的产量和工资总额。具体影响数据分析如下：

$$产量的变动的影响额=\frac{28\ 700}{1\ 200}-\frac{28\ 700}{1\ 000}=-9.56(元)$$

$$工资总额变动的影响额=\frac{31\ 200}{1\ 200}-\frac{28\ 700}{1\ 200}=4.16(元)$$

两因素产生的共同影响＝－9.56＋4.16＝－5.4(元)

但在多数企业中，生产的产品品种可能在两种以上，产品的人工费用一般是按生产工

时进行分配，而后，计入各种产品和生产成本中。所以，单位产品的人工费用取决于单位产品的生产工时和分配计入产品成本的分配率(即小时工资率)这两个因素，即

单位产品人工费用＝单位产品生产工时×分配率

【例 12-7】

假设长江管道公司二车间生产 B、C 两种产品，20××年 12 月 B 产品单位人工费用的资料如表 12-13 所示。

表 12-13　B 产品产量、工时、工资计算表

编制单位：长江管道有限责任公司　　　　20××年 12 月

项　　目	计划	实际	差异
产量/件	400	500	100
总工时/小时	15 320	15 500	180
单位产品工时/小时	38.3	31	－7.3
工资总额/元	20 200	24 500	4 300
分配率	50.5	49	－1.5
单位产品人工费用/元	1 934.15	1 519	－415.15

从表 12-13 中的计算结果可以看出，B 产品单位产品人工费用实际比计划节约 415.15 元。究其节约的原因，可以看出两个影响因素：一是单位产品生产工时，二是分配率。建立分析体系，具体如下：

单位产品人工费用＝单位产品生产工时×分配率

单位产品人工费用差异＝1 519－1 934.15＝－415.15(元)

进行因素分析：

单位产品生产工时变动影响额

＝(实际单位产品工时耗用量－计划单位产品工时耗用量)×计划工资分配率

＝(31－38.3)×50.5＝－368.65(元)

分配率的变动变动影响额

＝(实际工资分配率－计划工资分配率)×实际单位产品工时耗用量

＝(49－50.5)×31＝－46.5(元)

两因素共同影响额＝－368.65＋(－46.5)＝－415.15(元)

从以上的分析结果可以看出，B 产品的单位产品人工费用的下降，是单位产品工时减少和分配率下降这两个因素共同作用的结果。单位产品工时减少，意味着劳动生产率在提高。劳动生产率越高，单位产品的工时就越少，单位产品的人工费用就越低；反之，单位产品的人工费用就越高。因此，提高劳动生产率是降低单位产品人工费用的重要途径。企业要提高劳动生产率，可以从改变生产工艺和产品设计、提高机器设备的性能和工人技术的熟练程度、严肃劳动纪律和端正劳动态度等方面入手。而分配率是企业生产工人的工资总额与生产总工时的比率。生产工人工资总额的变动，主要与企业的工资政策和岗位定员及工人的出勤、缺勤等情况有关。生产总工时的变动，则主要取决于出勤率和出勤工时利用率的高低。所以，在分析时，应结合以上因素的变动情况，进一步分析，找出具体原因。因此，对产品单位成本中的工资费用的分析，应结合生产的组织特点、工艺水平、劳动者的综合素质等进行，重点分析单位产品耗费工时的变化。

3. 制造费用项目分析

制造费用是为组织和管理生产所发生的各项费用，是生产车间的间接费用。在实际产品生产中，制造费用一般是按生产工时经过归集与分配后，计入各种产品和生产成本中。所以，单位产品的制造费用取决于单位产品工时和分配计入产品成本的分配率这两个因素。

【例 12-8】

以长江管道公司的 W 产品为例，相关资料如表 12-14 所示。

表 12-14　W 产品产量、制造费用资料

编制单位：长江管道有限责任公司　　　　20××年 12 月

项　　目	计划	实际	差异
机器工时数/小时	1 000	1 200	200
制造费用总额/元	16 000	15 000	−1 000
单位工时制造费用/元	16	12.5	−3.5

从表 12-14 中可以看出，A 产品制造费用实际比计划节约 1 000 元。

因工时的变动的影响额＝(实际工时－计划工时)×制造费用工时计划分配率

＝(1 200－1 000)×16＝3 200(元)

因工资总额变动的影响额＝(制造费用工时实际分配率－制造费用工时计划分配率)×实际工时

＝(12.5－16) ×1 200＝－4 200

两因素产生的共同影响＝3 200＋(－4 200)＝－1 000

通过以上分析得知，W 产品制造费用节约的原因可能是因为劳动工资率的下降，使得单位产品制造费用在降低，最终实现了制造费用总额的节约。

一般地，对制造费用的分析，应与企业的生产技术特点相联系，一方面要结合制造费用的明细加以分析，另一方面要从动态的角度与近期数相比较，与行业先进水平相比较，分析其差异和增减变化的合理性，从而找到解决问题的方法和改进措施。

复习与思考

1. 什么是成本报表？简述成本报表的作用。
2. 简述编制成本报表的一般要求。
3. 企业成本分析报表有哪几种？
4. 如何理解成本分析中的常用方法。
5. 影响直接材料成本的原因有哪些方面？

项目小结

本项目主要介绍了成本报表的编制与分析，从成本报表的概念、特点、作用、一般编制方法和成本分析方法。成本报表的编制方法中还重点介绍了产品生产成本表和期间费用明细表的编制。成本分析中分别介绍了全部产品成本、可比产品成本以及主要产品单位成本的分析。本项目内容结构如图 12-1 所示。

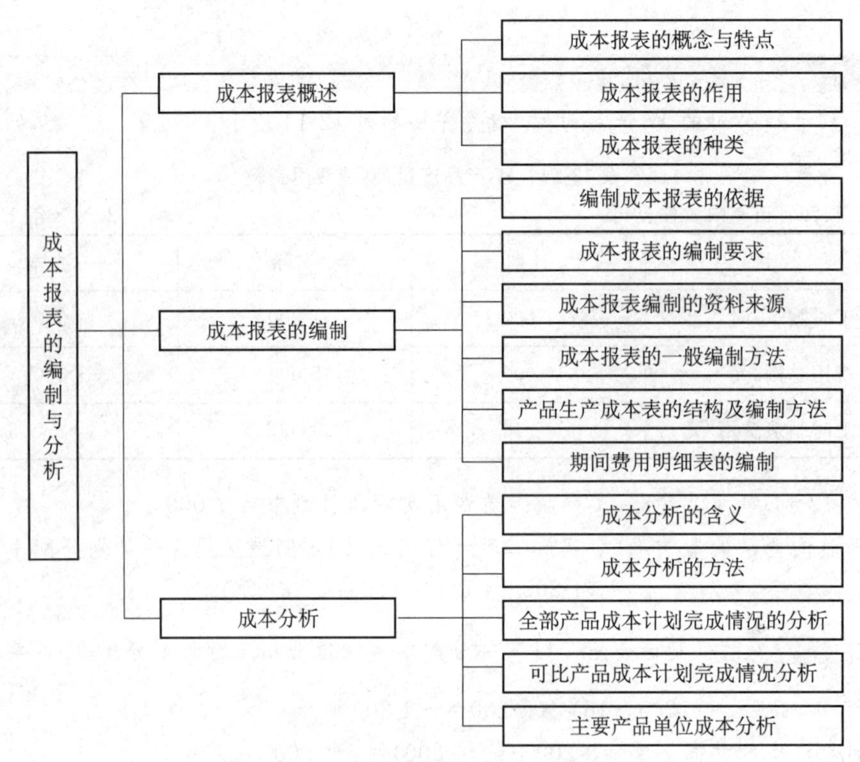

图 12-1 成本报表的编制与分析内容结构

学习笔记

练习与实训

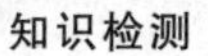

实训操作

评价表

评价项目	评价指标	评价结果			
学习目标评价	知识目标	□优质完成	□良好完成	□基本完成	□未完成
	技能目标	□优质完成	□良好完成	□基本完成	□未完成
	素质目标	□优质完成	□良好完成	□基本完成	□未完成
练习与实训	知识检测	得分：______		正确率：______	
	实训操作	□优质完成	□良好完成	□基本完成	□未完成
自我总结与评价：					

项目十三 Excel在成本核算与管理中的应用

【知识目标】

1. 掌握产品成本核算方法；
2. 掌握 Excel 软件的数据编辑功能；
3. 掌握 Excel 数据透视表和数据透视图功能。

【技能目标】

1. 能够运用 Excel 创建产品成本核算信息系统并进行成本核算；
2. 能够运用 Excel 的数据透视表和数据透视图功能进行数据分析可视化。

【素质目标】

1. 具有使用现代化工具的意识；
2. 具有良好的数据分析意识和能力。

案例与思考

Excel 作为一款聚集数据输入、编辑、管理、计算、分析、可视化的办公软件，广泛运用于职场的各个岗位中，在成本核算与管理中也得到了充分的应用。Excel 可以高效地核算产品成本，提高成本核算的准确性，降低财务人员的工作量；Excel 可以进行成本分析，实时监控企业的产品成本和费用的变化情况，及时发现异常，分析原因，为解决问题提高数据支撑，降低成本，提高利润空间。

作为财务人员，你会如何利用成本核算和成本管理的 Excel 系统？

任务一 Excel 在成本核算中的应用

本书以典型的品种法为例利用 Excel 创建成本核算信息系统。成本核算系统的创建过程与产品成本核算步骤一致，具体如下。

(1) 启动 Excel，创建以“×××”命名的工作簿，录入产品生产过程的已知信息。

(2) 建立要素费用分配工作表。按要素费用分配次序，依次在不同的 Excel 工作表内建立要素费用分配模型，并按分配主题命名。

(3) 建立综合费用分配工作表，分配辅助生产费用、制造费用、废品损失等。先建立辅助生产费用分配工作表，然后根据各项费用明细账和各部门受益情况完成综合费用分配，并分别命名工作表。

(4) 建立产品成本明细账，核算完工产品成本。根据产品成本明细账，依次在不同的Excel工作表内建立产品成本核算模型，并按产品明细名称分别命名工作表。

下面以具体的产品生产为例，说明成本核算信息系统的创建方法。

【例13-1】

长江管道公司设有两个基本生产车间，第一车间生产A、B两种产品，第二车间生产C产品；设有两个辅助车间(动力和运输)。根据该主要产品的生产特点和管理要求，采用品种法计算产品成本。该企业20××年12月的产品成本核算有关资料如表13-1～表13-3所示。

表13-1　产品投产量、在产品完工程度资料表

产品名称	投料方式	完工产品数量/件	月末在产品		生产工时/小时
			数量/件	完工程度	
A产品	一次	6 000	1 500	0.6	4 800
B产品	一次	4 000	1 000	0.5	3 200
C产品	逐步	2 000	1 000	0.5	4 000

表13-2　月初在产品成本

产　　品	直接材料/元	直接人工/元	燃料与动力/元	制造费用元/元	合计/元
A产品	32 025	22 998	5 984	3 981	64 988
B产品	24 000	10 170	4 196	2 786	41 152
C产品	15 000	5 999	2 584	2 000	25 583
合　　计	71 025	39 200	12 800	8 800	131 825

表13-3　本月辅助车间提供劳务量

受益单位	供电车间/千瓦时	运输车间/小时
第一基本生产车间——A	11 000	4 500
——B	8 600	2 800
车间一般耗用	800	—
第二基本生产车间——C	7 800	2 700
车间一般耗用	600	—
企业行政管理部门	400	—
供电车间	—	350
运输车间	200	—
合　　计	29 400	10 350

该企业有关费用分配方法如下。

(1) 产品共耗材类按定额耗用量比例分配。

(2) 生产工人工资按产品生产工时比例分配。

(3) 社会保险费等按工资总额的10%计提。

(4) 辅助生产费用采用直接分配法分配。

(5) 制造费用按产品生产工时比例法分配。

(6) 三种产品按约当产量比例法分配完工产品成本和月末在产品成本。

该企业当月发生的材料、燃料、职工薪酬、固定资产折旧、其他费用等生产要素费用的详细资料见后文。

一、创建成本核算信息系统

成本核算信息系统包含产品成本核算全流程，具体包括初始资料、生产要素费用归集与分配、综合费用的归集与分配、完工产品与月末在产品之间分配、完工产品成本汇总。为使成本核算信息系统的可读性强，且易于理解，需要创建封面和录入初始资料。

(一) 成本核算信息系统封面制作

成本核算系统的封面可包含公司的基本信息、公司的生产结构、相关费用分配的方法、成本核算的流程图等信息。

成本核算信息系统封面制作操作步骤如下。

(1) 新建Excel工作簿，将工作薄命名为“成本核算信息系统”；将工作表Sheet1命名为“封面”。

(2) 单击“插入”工具栏→“插图”→“形状”，如图13-1所示。在工作表F1位置插入一矩形，右击矩形，在弹出的菜单中选择“编辑文字”，在矩形中输入“成本核算信息系统——长江管道公司”，调整字体、字号；在标题下方单元格输入时间和单位。

(3) 录入企业基本情况。在B1单元格输入“企业基本情况”，字体设为宋体、10号、加粗，对齐方式为左对齐，并将单元格底色填充为浅灰色；选择B2:D8单元格区域，单击“开始”工具栏的“合并后居中”按钮，输入企业基本情况。

(4) 录入相关费用分配方法。在M1单元格输入“相关费用分配方法”，在M2:M7区域输入相关费用分配方法，选择M1:R7单元格区域，单击“合并后居中”按钮旁的小三角，选择“跨越合并”，如图13-2所示。

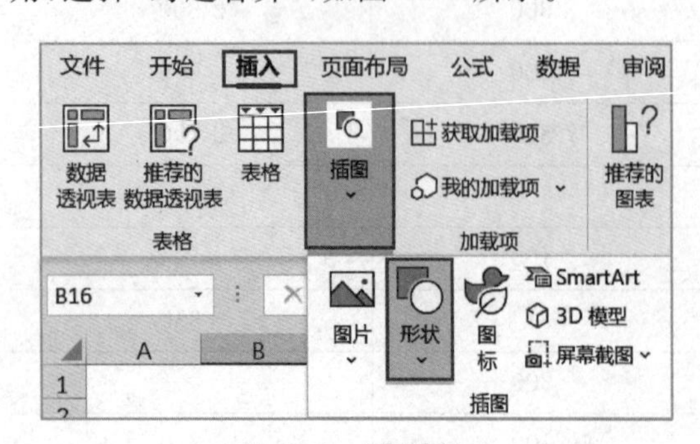

图13-1 图形插入

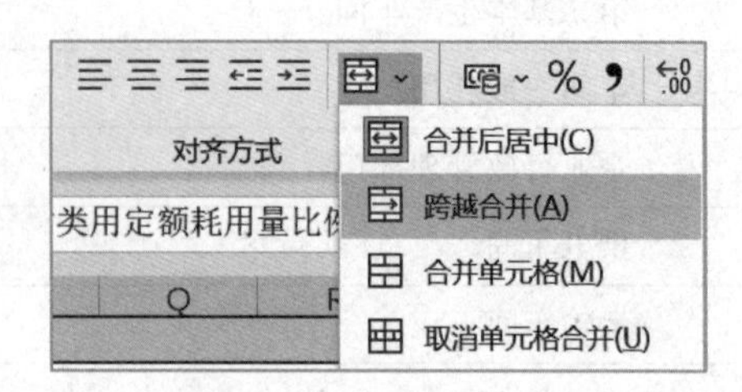

图13-2 跨越合并

(5) 制作成本核算流程图。在 Excel 空白单元格区域插入图形，制作本企业成本核算流程图，如图 13-3 所示。

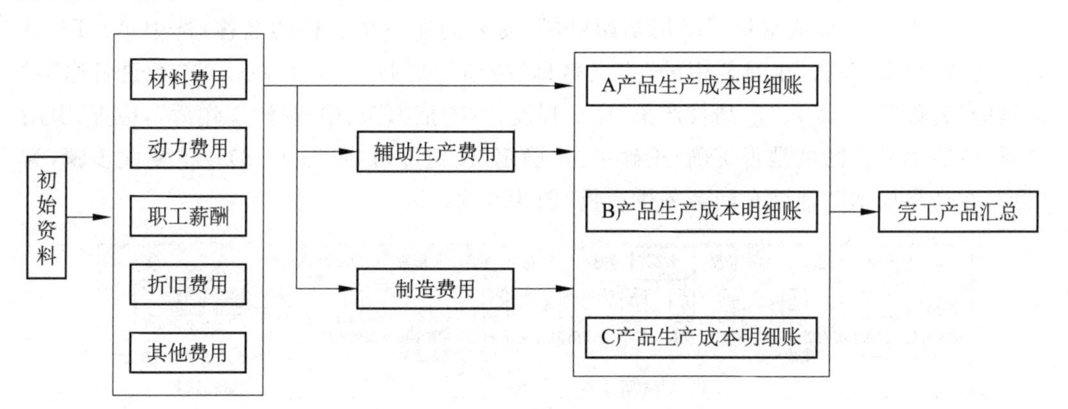

图 13-3　成本核算流程图(品种法)

(二) 录入初始资料

初始资料是产品成本核算所需的产品产量、完工数量、在产品完工程度、月初在产品成本以及辅助车间劳务供应量等信息。

录入初始资料操作步骤如下。

(1) 新增工作表，将工作表命名为“初始资料”。

(2) 在“初始资料”工作表的 A1 单元格输入“产品投产量、在产品完工程度资料表”，在 A2:F3 单元格区域分别输入初始资料的各项目名称，如图 13-4 所示。

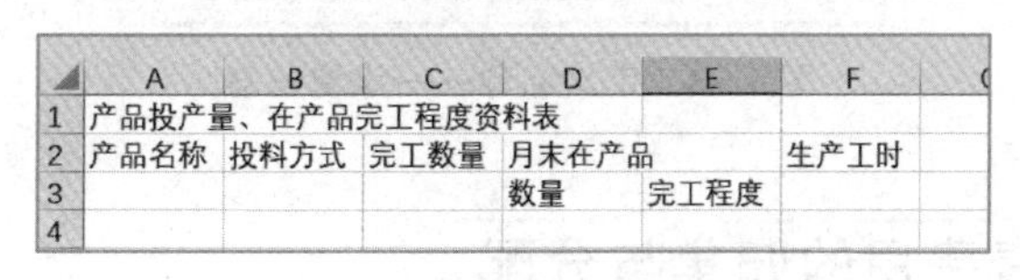

	A	B	C	D	E	F
1	产品投产量、在产品完工程度资料表					
2	产品名称	投料方式	完工数量	月末在产品		生产工时
3				数量	完工程度	
4						

图 13-4　项目名称输入

(3) 分别将 A2:A3、B2:B3、C2:C3、D2:E2、F2:F3 单元格区域合并后居中，分别录入 A、B、C 三种产品的产量和完工程度资料，数据见表 13-1。

(4) 选中 A1:F1 单元格区域，单击“开始”工具栏下的“对齐”中的“合并后居中”按钮，字体设为宋体、12 号、加粗；选中 A2:F6 单元格区域，将该区域字体设为宋体、10 号，对齐方式设为垂直居中、水平居中，如图 13-5 所示；为该区域添加边框，在“边框”栏选择“所有框线”；选中 A2:F2、A4:A6 单元格区域，将单元格底色填充为浅灰色。最终效果如图 13-6 所示。

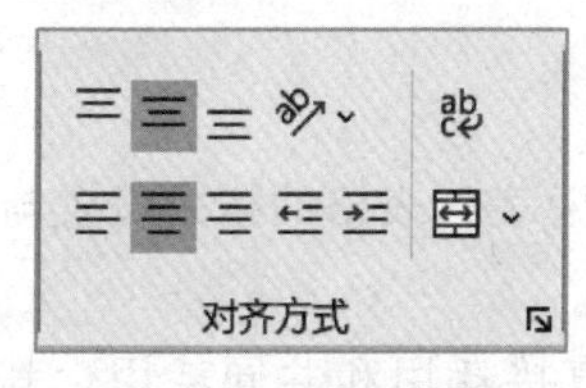

图 13-5　对齐方式

	A	B	C	D	E	F
1	产品投产量、在产品完工程度资料表					
2	产品名称	投料方式	完工数量	月末在产品		生产工时
3				数量	完工程度	
4	A产品	一次	6000	1500	0.6	4800
5	B产品	一次	4000	1000	0.5	3200
6	C产品	逐步	2000	1000	0.5	4000

图 13-6　产品投产量、在产品完工程度资料表

(5) 重复上述步骤，将表 13-2、表 13-3 中的数据分别录入“初始资料”工作表的 A9：F14 和 H1：J11 单元格区域。

(6) 为便于后续成本核算引用初始资料，需要创建三个表格的名称：选中 A2：F6 单元格区域，单击“公式”工具栏中的“定义名称”按钮(见图 13-7)，在跳出的“新建名称”对话框的“名称”栏中输入“产品投产量、完工程度”，在“范围”栏中选择“工作簿”，检查“引用位置”栏的单元格区域是否正确，正确单击“确定”按钮即可(见图 13-8)。重复此步骤，为“月初在产品成本”“辅助车间劳务供应量”创建名称。

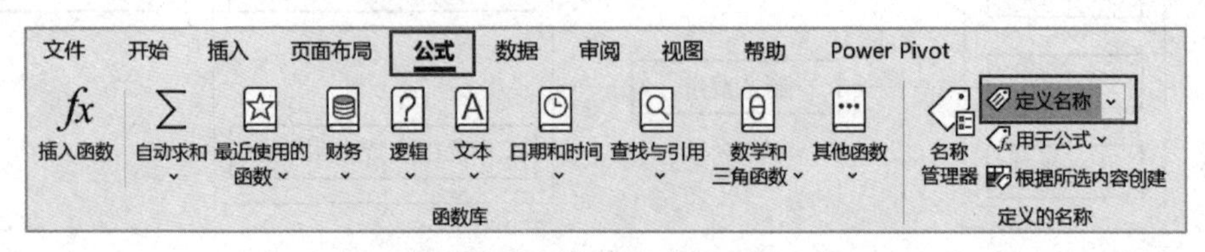

图 13-7　定义名称——命令

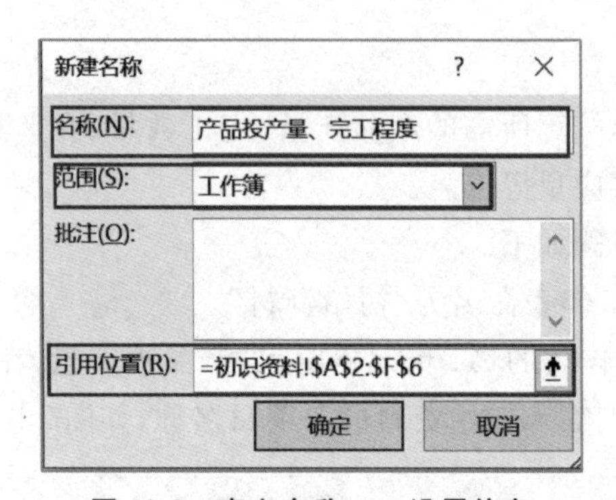

图 13-8　定义名称——设置信息

二、生产要素费用的归集与分配

录入成本核算的初始资料后，进行生产要素费用的归集与分配。生产要素费用一般包括外购材料、外购燃料、外购动力、职工薪酬、固定资产折旧、利息、税金及其他费用。不同企业、不同产品的生产要素存在差异。

本例中要素费用包含外购材料、外购动力、职工薪酬、折旧和其他费用。

(一) 外购材料费用的归集与分配

材料费用的归集核算工作需要根据日常生产领用材料的领料单汇总当月耗用材料情况，再根据各产品和各部门对材料的消耗进行分配。

外购材料费用的归集与分配操作步骤如下。

(1) 新建工作表，命名为“材料费用的归集与分配”。

(2) 编制材料费用汇总表。在 A1 单元格录入“材料费用汇总表”，表格的格式设置与“初始资料”工作表相同，结果如图 13-9 所示。

根据材料费用汇总表，各产品、各部门对材料的消耗分为直接耗用和共同耗用。其中，直接耗用部分直接记入相关成本费用账户，而 A、B 产品共同耗用的丙材料，需要采用

	A	B	C	D	E	F
1	材料费用汇总表					
2	领料用途	直接耗用			共同耗用	
3		甲材料	乙材料	物料消耗	丙材料	定额耗用量/吨
4	A产品	48000	3200		20000	6500
5	B产品	26000	4300			3500
6	C产品	18500	2800			
7	小计	92500	10300		20000	10000
8	一车间一般耗用			2600		
9	二车间一般耗用			1200		
10	运输车间			500		
11	供电车间			2400		
12	合计	92500	10300	6700	20000	10000

图 13-9 材料费用汇总表

定额耗用量比例分配法分配计入 A、B 产品成本。

(3) 编制材料费用分配表。在 H1 单元格编制材料费用分配表,表格设计格式要求同上,结果如图 13-10 所示。为保障后续核算准确,材料费用分配表中的数据要采用引用、公式、函数进行核算。

	H	I	J	K	L	M	N	O
1	材料费用分配表							
2	应借账户		成本或	间接计入			直接	合计
3			费用项目	定额耗用量	费用分配率	分配额	计入	
4	基本生产成本	A产品	直接材料					
5		B产品	直接材料					
6		C产品	直接材料					
7		小计						
8	制造费用	一车间	一般耗用					
9		二车间	一般耗用					
10	辅助生产成本	运输车间	直接材料					
11		供电车间	直接材料					
12		小计						
13	合计							

图 13-10 材料费用分配表

(4) 直接计入材料分配。直接计入的材料费用来自材料费用汇总表的直接耗用,选择 N4 单元格,双击进入编辑状态,输入“=SUM(B4:D4)”,将汇总表中 A 产品直接耗用的各种材料金额求和(见图 13-11),按 Enter 键即可计算出 A 产品的直接耗用材料总额。选中 N4 单元格,将鼠标移至单元格右下角,变成“填充柄”时长按左键,向下拖动至 N11 单元格,完成公式的填充与复制,结果如图 13-12 所示。

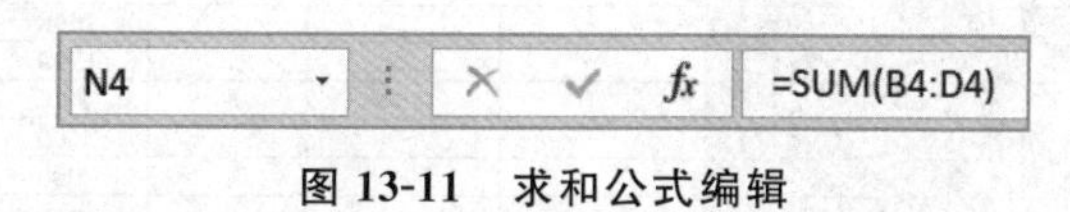

图 13-11 求和公式编辑

	H	I	J	K	L	M	N	O
1	材料费用分配表							
2	应借账户		成本或	间接计入			直接	合计
3			费用项目	定额耗用量	费用分配率	分配额	计入	
4	基本生产成本	A产品	直接材料				51200	
5		B产品	直接材料				30300	
6		C产品	直接材料				21300	
7		小计					102800	
8	制造费用	一车间	一般耗用				2600	
9		二车间	一般耗用				1200	
10	辅助生产成本	运输车间	直接材料				500	
11		供电车间	直接材料				2400	
12		小计						
13	合计							

图 13-12 公式的填充与复制

若不能保证各月的产品或用途在表中的排列顺序一致，也可在输入公式“=VLOOKUP(I4,$A$4:$D$11,2,FALSE)+VLOOKUP(I4,$A$4:$D$11,3,FALSE)+VLOOKUP(I4,$A$4:$D$11,4,FALSE)”，该公式可以通过产品名称在汇总表区域进行查询。

(5) 间接计入材料费用分配。本例中A、B产品共同耗用丙材料，需要采用定额耗用量比例分配法进行分配。在M7单元格中输入“=E7”；在K4单元格中输入“=F4”，复制公式至K5:K7区域；在L7单元格中输入“=M7/K7”，该公式用于计算共同耗用材料费用分配率；在M4单元格中输入“=K4 * $L$7”，计算A产品应承担的丙材料费用，复制公式至M5:M6区域，结果如图13-13所示。

	H	I	J	K	L	M	N	O
1	材料费用分配表							
2	应借账户		成本或费用项目	间接计入			直接计入	合计
3				定额耗用量	费用分配率	分配额		
4	基本生产成本	A产品	直接材料	6500		13000	51200	
5		B产品	直接材料	3500		7000	30300	
6		C产品	直接材料	0		0	21300	
7		小计		10000	2	20000	102800	
8	制造费用	一车间	一般耗用				2600	
9		二车间	一般耗用				1200	
10	辅助生产成本	运输车间	直接材料				500	
11		供电车间	直接材料				2400	
12		小计						
13	合计							

图13-13　材料“间接计入”费用的计算

(6) 计算出表中的小计、合计。在N12单元格中输入“=SUM(N10:N11)”；在M13单元格中输入“=SUM(M4:M6,M8:M11)”；在O4单元格中输入“=SUM(M4:N4)”，复制公式至O5:O13区域。

按上述步骤完成材料费用分配表的编制，结果如图13-14所示。

	H	I	J	K	L	M	N	O
1	材料费用分配表							
2	应借账户		成本或费用项目	间接计入			直接计入	合计
3				定额耗用量	费用分配率	分配额		
4	基本生产成本	A产品	直接材料	6500		13000	51200	64200
5		B产品	直接材料	3500		7000	30300	37300
6		C产品	直接材料	0		0	21300	21300
7		小计		10000	2	20000	102800	122800
8	制造费用	一车间	一般耗用				2600	2600
9		二车间	一般耗用				1200	1200
10	辅助生产成本	运输车间	直接材料				500	500
11		供电车间	直接材料				2400	2400
12		小计					2900	2900
13	合计					20000	109500	129500

图13-14　材料费用分配结果

(二) 外购动力费用的归集与分配

在实务中，对于外购动力费用的归集核算工作，若各部门或产品安装有仪表，根据仪表所显示的耗用动力数量和动力单价计算；若企业没有安装仪表，则需要按一定方法分配到各受益对象账户。

现设定本月共支付动力费用7 200元，动力费用归集与分配的操作步骤如下。

(1) 新建工作表，命名为“动力费用的归集与分配”。

(2) 编制动力费用耗用表。在 A1 单元格录入“动力费用耗用表”，表格的格式设置同上，结果如图 13-15 所示。

	A	B	C
1	动力费用耗用表		
2	受益单位		耗用数量 / 立方米
3	一车间	A产品	6000
4		B产品	5000
5		一般耗用	200
6	二车间	C产品	3500
7		一般耗用	100
8	运输车间		500
9	供电车间		400
10	管理部门		300
11	合计		16000

图 13-15　动力费用耗用表

本例中各部门或产品安装有仪表，仪表记录中有动力费用的消耗数量。所以，可以将各部门或产品应承担的动力费用其消耗数量乘以单价，分配至各相关账户。

(3) 编制动力费用分配表。在 F1 单元格编制动力费用分配表，表格设计格式要求同上，结果如图 13-16 所示。为保障后续核算准确，材料费用分配表中的数据要采用引用、公式、函数进行核算。

	F	G	H	I	J	K
1	动力费用分配表					
2	应借账户		成本或费用项目	间接计入		
3				耗用数量	单价	金额
4	基本生产成本	A产品	燃料及动力			
5		B产品	燃料及动力			
6		C产品	燃料及动力			
7		小计				
8	制造费用	一车间	水电费			
9		二车间	水电费			
10	辅助生产成本	运输车间	水电费			
11		供电车间	水电费			
12		小计				
13	管理费用		水电费			
14	合　　计					

图 13-16　动力费用分配表结构

(4) 动力耗用数据引用。在 I4 单元格中输入“=C3”，I5 单元格中输入“=C4”，I6 单元格中输入“=C6”，I8 单元格中输入“=C5”，I9 单元格中输入“=C7”，I10 单元格中输入“=C8”，I11 单元格中输入“=C9”，I13 单元格中输入“=C10”，此处数据的引用取决于动力费用耗用表的排列；I7 单元格中输入“=SUM(I4:I6)”，I12 单元格中输入“=SUM(I10:I11)”，I14 单元格中输入“=SUM(I4:I6,I8:I11,I13)”。

(5) 动力费用分配。在 K14 单元格输入“7 200”，即本月支付的动力费；计算单价，在 J14 单元格中输入“=K14/I14”；计算分配额，在 K4 单元格中输入“=I4 * $J$14”，复制公式至 K5:K13 区域。按上述步骤完成动力费用分配，结果如图 13-17 所示。

(三) 职工薪酬费用的归集与分配

职工薪酬包含工资总额、社会保险、职工福利费、职工教育经费、工会经费、住房公积金、非货币性福利、因解除与职工的劳动关系给予的补偿以及其他。其中，工资总额主要包含计时工资、计件工资，生产工人的计件工资一般属于直接计入费用，而计时工资则需

应借账户		成本或费用项目	间接计入		
			耗用数量	单价	金额
基本生产成本	A产品	燃料及动力	6000		2700
	B产品	燃料及动力	5000		2250
	C产品	燃料及动力	3500		1575
	小计		14500		6525
制造费用	一车间	水电费	200		90
	二车间	水电费	100		45
辅助生产成本	运输车间	水电费	500		225
	供电车间	水电费	400		180
	小计		900		405
管理费用		水电费	300		135
合　计			16000	0.45	7200

图 13-17　动力费用分配结果

要选择合适的方法在产品之间进行分配。本例中，生产工人工资按产品生产工时进行分配，社会保险费等按工资总额的 10%计提。

薪酬核算是每个月根据每位职工的出勤和工作量情况计算当月工资，按部门进行汇总，编制出工资结算汇总表，再根据汇总表编制工资费用分配表，计提社会保险等费用。

职工薪酬费用的归集与分配操作步骤如下。

(1) 新建工作表，命名为“职工薪酬的归集与分配”。

(2) 编制工资结算汇总表。在 A1 单元格中输入“工资结算汇总表”，表格的格式设置同上，结果如图 13-18 所示。

车间或部门	职工类别	应付计时工资	工资性津贴和补贴		奖金	其他补贴	应付工资
			夜班补贴	视频补贴			
一车间	生产工人	48000	2500	5000	12600	3900	72000
	管理人员	5800		300	700	370	7170
二车间	生产工人	21000	1800	4000	13000	2860	42660
	管理人员	4700		250	550	300	5800
供电车间	全部人员	4500		450	950	360	6260
运输车间	全部人员	3600		400	820	290	5110
销售部门	销售人员	3500		350	750	240	4840
行政部门	管理人员	12500		500	1100	680	14780
合　计		103600	4300	11250	30470	9000	158620

图 13-18　工资结算汇总表

(3) 编制工资及社会保险费用分配表。在 J1 单元格编制工资及社会保险费用分配表，结果如图 13-19 所示。若企业工资核算按规定计提社会保险费用以外的其他薪酬费用，格式一致，按要求增加数据列即可。

应借账户		成本或费用项目	生产工时	分配率	工资费用	计提标准	社会保险	合计
基本生产成本	A产品	直接人工						
	B产品	直接人工						
	小计							
	c产品	直接人工						
辅助生产成本	运输车间	直接人工						
	供电车间	直接人工						
	小计							
制造费用	一车间	工资及福利						
	二车间	工资及福利						
管理费用		工资及福利						
销售费用		工资及福利						
合　计								

图 13-19　工资及社会保险费分配表

(4) 直接计入工资分配。直接计入工资费用不需要进行分配,可直接从工资结算汇总表中引用数据。二车间只生产一种产品 C,因此二车间生产工人工资直接计入 C 产品,在 O6 单元格中输入"=H6";在 O7 单元格中输入"=H9",在 O8 单元格中输入"=H8";在 O10 单元格中输入"=H5",在 O11 单元格中输入"=H7";在 O12 单元格中输入"=H11",在 O13 单元格中输入"=H10"。

(5) 间接计入工资分配。一车间生产两种产品,因此二车间生产工人工资应采用适合方法分配计入 A、B 产品账户。在 O5 单元格中输入"=H4";采用生产工人工时比例分配时,需要引用产品生产工时,在 M3 单元格中输入"=VLOOKUP(K3,产品投产量、完工程度,6,FALSE)",复制该公式至 M4 单元格,在 M5 单元格中输入"=M3+M4";计算分配率,在 N5 单元格中输入"=O5/M5";分配工资费用,在 O3 单元格中输入"=M3 * $N$5",复制公式至 O4 单元格,即完成了间接计入工资的分配。

(6) 结算工资费用的合计和小计。在 O9 单元格中输入"=O7+O8",在 O14 单元格输入"=SUM(O3:O4,O6:O8,O10:O13)"。

(7) 计提社会保险费用。本例中社会保险费用是按工资总额的 10%计提,因此计提标准为 10%。在 P14 单元格中输入"10%",在 Q3 单元格中输入"=O3 * $P$14",复制该公式至 Q4:Q14 单元格区域,完成社会保险费用的计提。

(8) 完成职工薪酬费用的分配。在 R3 单元格中输入"=O3+Q3",复制公式至 R4:R14 单元格区域,完成职工薪酬的分配,结果如图 13-20 所示。

	J	K	L	M	N	O	P	Q	R
1	工资及社会保险费用分配表								
2	应借账户		成本或费用项目	生产工时	分配率	工资费用	计提标准	社会保险	合计
3	基本生产成本	A产品	直接人工	4800		43200		4320	47520
4		B产品	直接人工	3200		28800		2880	31680
5		小计		8000	9	72000		7200	79200
6		c产品	直接人工			42660		4266	46926
7	辅助生产成本	运输车间	直接人工			5110		511	5621
8		供电车间	直接人工			6260		626	6886
9		小计				11370		1137	12507
10	制造费用	一车间	工资及福利			7170		717	7887
11		二车间	工资及福利			5800		580	6380
12	管理费用		工资及福利			14780		1478	16258
13	销售费用		工资及福利			4840		484	5324
14	合　计					158620	10%	15862	174482

图 13-20　工资及社会保险费分配结果

(四) 固定资产折旧费用的归集与分配

固定资产折旧费用一般按固定资产使用用途和所属部门直接计入相关账户。

固定资产折旧费用的归集与分配操作步骤如下。

(1) 新建工作表,命名为"固定资产折旧的归集与分配"。

(2) 编制固定资产折旧计算表。在 A1 单元格中输入"固定资产折旧计算表",表格的格式设置同上,结果如图 13-21 所示。固定资产折旧计算表是根据企业每项资产的月折旧额,按资产类别汇总,各企业固定资产管理存在差异。

(3) 编制固定资产各部门应分摊计提比例表。在 A11 单元格中输入"固定资产各部门应分摊计提比例表",结果如图 13-22 所示。各部门分摊比例应根据实际资产用途和所属部门进行计算并确定。

	A	B	C	D
1	固定资产折旧计算表			
2	固定资产	月折旧率（%）	本月应计提折旧额	
3			原值	折旧额
4	房屋建筑物	0.2	980000	1960
5	机器设备	0.7	2800000	19600
6	专用设备	0.8	450000	3600
7	管理设备	0.9	160000	1440
8	合计		4390000	26600

图 13-21　固定资产折旧计算表

	A	B
11	固定资产各部门应分摊计提比例	
12	车间或门	应分摊折旧例
13	基本生产一车间	30%
14	基本生产二车间	20%
15	供电车间	20%
16	运输车间	12%
17	销售部门	5%
18	行政管理部门	13%
19	合计	100%

图 13-22　固定资产各部门应分摊计提比例

（4）编制折旧费用分配表。在 F1:I9 单元格区域编制折旧费用分配表。

（5）完成固定资产折旧分配。引用分摊比例数据，在 H3 单元格中输入“＝B13”，复制公式至 H4:H9 单元格区域，是否能复制公式取决于分配表中账户顺序是否和分摊比例标中的部门顺序对应；在 I9 单元格中输入“＝D8”，在 I3 单元格中输入“＝$I$9＊H3”，复制公式至 I4:I8 单元格区域，完成固定资产折旧费用分配，结果如图 13-23 所示。

	F	G	H	I
1	折旧费用分配表			
2	应借账户		应分摊折旧比例	应分配折旧额
3	制造费用	一车间	30%	7980
4		二车间	20%	5320
5	辅助生产成本	供电车间	20%	5320
6		运输车间	12%	3192
7	销售费用	销售部门	5%	1330
8	管理费用	行政管理部门	13%	3458
9	合计		100%	26600

图 13-23　折旧费用分配表

（五）其他费用的归集与分配

在企业生产经营过程中，除上述单独核算的费用要素外的费用，皆归为其他费用。本例中，低值易耗品摊销采用一次摊销法，其余以银行存款支付。

其他费用的归集与分配操作步骤如下。

（1）新建工作表，命名为“其他费用的归集与分配”。

（2）编制其他费用汇总表。在 A1 单元格中输入“其他费用汇总表”，表格的格式设置同上，结果如图 13-24 所示。各企业应根据实际费用项目的多少，确定表格的内容。

	A	B	C	D	E	F	G
1	其他费用汇总表						
2	车间名称	费用项目					合计
3		低值易耗品	劳动保护费	保险费	电话费	办公费	
4	基本生产一车间	3200	7000	1000	793	800	12793
5	基本生产二车间	1400	3500	600	450	250	6200
6	运输车间	500	400		162	200	1262
7	供电车间	800	300	1000	274	100	2474
8	合计	5900	11200	2600	1679	1350	22729

图 13-24　其他费用汇总表

（3）编制其他费用分配表。在 I1 单元格编制其他费用分配表，结果如图 13-25 所示。

（4）完成其他费用的分配。在 K5 单元格中输入“＝B4”，将公式复制到 K4:O7 单元

	I	J	K	L	M	N	O	P
1		其他费用分配表						
2	应借账户		费用项目					合计
3			低值易耗品摊销	劳动保护费	保险费	电话费	办公费	
4	制造费用	一车间						
5		二车间						
6	辅助生产成本	运输车间						
7		供电车间						
8	合计							

图 13-25 其他费用分配表

格区域，注意保证汇总表和分配表的账户对应、费用项目顺序一致；在 P4 单元格中输入“＝SUM(K4:O4)”，复制公式至 P5:P7 单元格区域，在 K8 单元格中输入“＝SUM(K4:K7)”，复制公式至 L8:P8 单元格区域，完成其他费用的分配，结果如图 13-26 所示。

	I	J	K	L	M	N	O	P
1		其他费用分配表						
2	应借账户		费用项目					合计
3			低值易耗品摊销	劳动保护费	保险费	电话费	办公费	
4	制造费用	一车间	3200	7000	1000	793	800	12793
5		二车间	1400	3500	600	450	250	6200
6	辅助生产成本	运输车间	500	400	0	162	200	1262
7		供电车间	800	300	1000	274	100	2474
8	合计		5900	11200	2600	1679	1350	22729

图 13-26 其他费用分配结果

三、综合费用的归集与分配

产品生产过程中的综合费用主要有辅助生产费用、制造费用、损失。

(一) 辅助生产费用的归集与分配

企业设置辅助生产车间时，需要核算辅助生产费用，并根据辅助车间提供的劳务量将辅助车间的成本费用分配给各受益对象。

实务中，需根据前述生产要素费用的分配结果，登记辅助生产明细账；根据明细账归集的费用和当月辅助车间提供给各受益对象的劳务量，将成本费用分配至相关成本费用账户。辅助生产费用的分配有多种方法，一经选定，不得随意变更。本例中有供电和运输两个辅助车间，需分别进行辅助生产费用的归集与分配。

辅助生产费用的归集与分配操作步骤如下。

(1) 新建工作表，命名为“辅助生产费用的归集与分配”。

(2) 编制辅助生产成本明细账。在 A1 单元格编制供电车间的辅助生产成本明细账，表格格式同上，结果如图 13-27 所示。在 A13 单元格编制运输车间的辅助生产成本明细账，结构和供电车间一致。

(3) 登记供电车间辅助生产成本明细账。根据生产要素费用分配表登记辅助车间明细账。在 D4 单元格中输入“＝VLOOKUP(＄C＄2,材料费用的归集与分配！＄I＄4:

	A	B	C	D	E	F	G	H	I
1	辅助生产成本明细账								
2	车间：		供电车间						
3	月	日	摘要	原材料	水电费	工资及福利费	折旧费	其他费用	合计
4			据材料分配表						
5			据外购动力分配表						
6			据薪酬费用分配表						
7			据折旧费用分配表						
8			据其他费用分配表						
9			待分配费用小计						
10			分配转出						

图 13-27　辅助生产成本明细账

＄O＄12,7,FALSE)”，可读取供电车间应分担的材料费用；在 E5 单元格中输入“＝VLOOKUP(＄C＄2,动力费用的归集与分配！＄G＄4:＄K＄12,5,FALSE)”，读取供电车间的水电费；在 F6 单元格中输入“＝VLOOKUP(＄C＄2,职工薪酬的归集与分配！＄K＄3:＄R＄11,8,FALSE)”，读取供电车间的工资及福利费；在 G7 单元格中输入“＝VLOOKUP(＄C＄2,固定资产折旧的归集与分配！＄G＄3:＄I＄8,3,FALSE)”，读取供电车间的折旧费；在 H8 单元格中输入“＝VLOOKUP(＄C＄2,其他费用的归集与分配！＄J＄4:＄P.＄7,7,FALSE)”，读取供电车间的其他费用；在 I4 单元格中输入“＝SUM(D4:H4)”，将公式复制至 I5:I8 单元格区域；在 D9 单元格中输入“＝SUM(D4:D8)”，将公式复制到 E9:I9 单元格区域，计算出行合计和待分配费用小计，结果如图 13-28 所示。

	A	B	C	D	E	F	G	H	I
1	辅助生产成本明细账								
2	车间：		供电车间						
3	月	日	摘要	原材料	水电费	工资及福利费	折旧费	其他费用	合计
4			据材料分配表	2400					2400
5			据外购动力分配表		180				180
6			据薪酬费用分配表			6886			6886
7			据折旧费用分配表				5320		5320
8			据其他费用分配表					2474	2474
9			待分配费用小计	2400	180	6886	5320	2474	17260
10			分配转出						

图 13-28　供电车间辅助生产成本明细账

(4) 登记运输车间辅助生产成本明细账。运输车间辅助生产成本明细账的登记方法同供电车间一致。在编辑公式时，注意修改单元格引用，结果如图 13-29 所示。

	A	B	C	D	E	F	G	H	I
13	辅助生产成本明细账								
14	车间：		运输车间						
15	月	日	摘要	原材料	水电费	工资及福利费	折旧费	其他费用	合计
16			据材料分配表	500					500
17			据外购动力分配表		225				225
18			据薪酬费用分配表			5621			5621
19			据折旧费用分配表				3192		3192
20			据其他费用分配表					1262	1262
21			待分配费用小计	500	225	5621	3192	1262	10800
22			分配转出						

图 13-29　运输车间辅助生产成本明细账

(5) 编制辅助生产费用分配表。本例中辅助生产费用的分配采用直接分配法,不同分配方法的分配表结构有所差异。在 L1 单元格编制直接分配法的辅助生产费用分配表,表格格式同上,结果如图 13-30 所示。

	L	M	N	O	P	Q
1	辅助生产费用分配表					
2	(直接分配法)					
3	项目			供电车间	运输车间	合计
4	待分配辅助生产费用					
5	供应辅助生产以外的劳务数量					
6	单位成本(分配率)					
7	基本生产成本	A产品	耗用数量			
8			分配金额			
9		B产品	耗用数量			
10			分配金额			
11		C产品	耗用数量			
12			分配金额			
13	制造费用	一车间	耗用数量			
14			分配金额			
15		二车间	耗用数量			
16			分配金额			
17	管理费用	行政管理部门	耗用数量			
18			分配金额			
19	合计					

图 13-30 辅助生产费用分配表

(6) 辅助生产费用的分配。在 O4 单元格中输入"=I9",P4 单元格中输入"=I21",读取两车间的待分配辅助生产费用;O5 单元格中输入"=初始资料! I11-初始资料! I10",P5 单元格中输入"=初始资料! J11-初始资料! J9"读取两车间的对外提供的劳务量;O6 单元格中输入"=O4/O5",直接复制公式至 P6 单元格,计算分配率;O7 单元格中输入"=初始资料! I3",P7 单元格中输入"=初始资料! J3",从初始资料工作表中引用数据,依次在 O9、P9、O11、P11、O13、P13、O15、P15、O17、P17 单元格读取各产品和部门的受益量,公式相似,单元格引用有所差异;按住 Ctrl 键的同时,依次选中 O8、O10、O12、O14、O16 这些单元格,松开 Ctrl 键和鼠标,在当前活动单元格中输入"=$O$6*O15",按住 Ctrl+Enter 键完成批量计算各产品和部门应承担的电费,O18 单元格中输入"=O4-SUM(O8,O10,O12,O14,O16)",分配各受益对象应承担的供电车间的辅助生产费用;按住 Ctrl 键的同时,依次选中 P8、P10、P12、P14、P16 这些单元格,松开 Ctrl 键和鼠标,在当前活动单元格中输入"=$P$6*P15",按住 Ctrl+Enter 组合键完成批量计算各产品和部门应承担的电费,在 P18 单元格中输入"=P4-SUM(P8,P10,P12,P14,P16)",分配各受益对象应承担的运输车间的辅助生产费用。根据数据,计算合计额,结果如图 13-31 所示。

(7) 结转辅助生产成本明细账。供电车间和运输车间当月发生的所有成本费用全部分配至各受益对象,因此需要结转辅助生产成本明细账。分配转出,应用红字表示。在 D10 单元格中输入"=D9",将公式复制至 E10:I10 单元格区域,选中 D10:I10 区域,将字体颜色设为红色;同样方法结转运输车间"分配转出数",在 D22 单元格中输入"=D21",将公式复制至 E22:I22 单元格区域,选中 D22:I22 区域,将字体颜色设为红色,完成辅助

	L	M	N	O	P	Q
1	辅助生产费用分配表					
2	（直接分配法）					
3	项目			供电车间	运输车间	合计
4	待分配辅助生产费用			17260.00	10800.00	28060.00
5	供应辅助生产以外的劳务数量			29200.00	10000.00	
6	单位成本（分配率）			0.5911	1.0800	
7	基本生产成本	A产品	耗用数量	11000.00	4500.00	
8			分配金额	6502.05	4860.00	11362.05
9		B产品	耗用数量	8600.00	2800.00	
10			分配金额	5083.42	3024.00	8107.42
11		C产品	耗用数量	7800.00	2700.00	
12			分配金额	4610.55	2916.00	7526.55
13	制造费用	一车间	耗用数量	800.00	0.00	
14			分配金额	472.88	0.00	472.88
15		二车间	耗用数量	600.00	0.00	
16			分配金额	354.66	0.00	354.66
17	管理费用	行政管理部门	耗用数量	400.00	0.00	
18			分配金额	236.44	0.00	236.44
19	合计			17260.00	10800.00	28060.00

图 13-31　辅助生产费用分配结果

生产成本明细账的结转。

（二）制造费用的归集与分配

生产车间的一般耗费发生时，应记入“制造费用”账户，待制造费用归集完成后再分配至各车间的产品成本。

在实务中，需根据前述生产要素费用的分配和辅助生产费用的分配，登记制造费用明细账，再根据一定方法将制造费用分配至本车间的产品成本。制造费用明细账按车间设置，本企业有两个基本生产车间（一车间和二车间）。

制造费用的归集与分配操作步骤如下。

（1）新建工作表，命名为“制造费用的归集与分配”。

（2）编制制造费用明细账。在 A1 单元格编制一车间的制造费用明细账，表格格式同上，结果如图 13-32 所示。在 A15 单元格编制二车间的制造费用明细账，结构和一车间一致。

	A	B	C	D	E	F	G	H	I	J
1	制造费用明细账									
2	车间：一车间									
3	月	日	摘要	原材料	水电费	工资及福利费	折旧费	其他费用	辅助费用	合计
4			根据原材料分配表							
5			据外购动力分配表							
6			据薪酬费用分配表							
7			据折旧费用分配表							
8			据其他费用分配表							
9			据辅助费用分配表							
10			待分配费用小计							
11			分配转出							

图 13-32　制造费用明细账

（3）登记一车间制造费用明细账。根据前述的生产要素费用分配表和辅助生产费用分配表登记制造费用明细账。在 D4、E5、F6、G7、H8、I9 单元格分别输入公式，从各种分配表中读取数据，具体公式如图 13-33 所示。利用 SUM 公式计算出行合计、待分配费用小计，一车间制造费用明细账登记结果，如图 13-34 所示。

单元格	公式
D4	=VLOOKUP(C2,材料费用的归集与分配!$I$4:$O$12,7,FALSE)
E5	=VLOOKUP(C2,动力费用的归集与分配!$G$4:$K$11,5,FALSE)
F6	=VLOOKUP(C2,职工薪酬的归集与分配!$K$3:$R$11,8,FALSE)
G7	=VLOOKUP(C2,固定资产折旧的归集与分配!$G$3:$I$8,3,FALSE)
H8	=VLOOKUP(C2,其他费用的归集与分配!$J$4:$P$7,7,FALSE)
I9	=辅助生产费用的归集与分配!Q14

图 13-33 一车间制造费用明细账登记公式

	A	B	C	D	E	F	G	H	I	J
1	制造费用明细账									
2	车间：		一车间							
3	月	日	摘要	原材料	水电费	工资及福利费	折旧费	其他费用	辅助费用	合计
4			根据原材料分配表	2600						2600
5			据外购动力分配表		90					90
6			据薪酬费用分配表			7887				7887
7			据折旧费用分配表				7980			7980
8			据其他费用分配表					12793		12793
9			据辅助费用分配表						472.8767	472.8767
10			待分配费用小计	2600	90	7887	7980	12793	472.8767	31822.8767
11			分配转出							

图 13-34 一车间制造费用明细账

(4) 登记二车间制造费用明细账。根据前述生产要素费用分配表和辅助生产费用分配表，登记二车间的制造费用明细账。表中的公式编制同一车间一致，仅需注意改变单元格引用，结果如图 13-35 所示。

	A	B	C	D	E	F	G	H	I	J
15	制造费用明细账									
16	车间：		二车间							
17	月	日	摘要	原材料	水电费	工资及福利费	折旧费	其他费用	辅助费用	合计
18			根据原材料分配表	1200						1200
19			据外购动力分配表		45					45
20			据薪酬费用分配表			6380				6380
21			据折旧费用分配表				5320			5320
22			据其他费用分配表					6200		6200
23			据辅助费用分配表						354.6575	354.6575
24			待分配费用小计	1200	45	6380	5320	6200	354.6575	19499.6575
25			分配转出							

图 13-35 二车间制造费用明细账

(5) 编制制造费用分配表。各生产车间的制造费用将分配至该车间所生产的产品成本。本例中，一车间生产 A、B 产品，二车间生产 C 产品，因此一车间的制造费用需要分配，二车间的制造费用直接计入 C 产品成本。在 M1 单元格编制一车间的制造费用分配表，表格格式同上。

(6) 分配制造费用。读取 A、B 两种产品的生产工时，在 N4 单元格中输入"=VLOOKUP(M4,初始资料！＄A＄4：＄F＄6,6,FALSE)"，复制公式到 N5 单元格，计算出两产品总工时；读取一车间待分配的制造费用总额，在 P6 单元格中输入"=J10"；计算分配

率，O6单元格中输入“＝P6/N6”；计算A、B产品应承担的制造费用，P4单元格中输入“＝N4＊$O$6”，复制公式至P5单元格，完成一车间制造费用分配，结果如图13-36所示。

	M	N	O	P
1	制造费用分配表			
2	车间：	一车间		
3	分配对象	生产工时	分配率	分配金额
4	A产品	4800		19093.7260
5	B产品	3200		12729.1507
6	合计	8000	3.9779	31822.8767

图13-36　一车间制造费用分配表

(7) 结转制造费用明细账。制造费用全部分配后，需结转制造费用明细账。分配转出，应用红字表示。在D11单元格中输入“＝D10”，向左复制公式至E11:J11单元格区域，选中改行设置字体颜色为红色；在D25单元格中输入“＝D24”，向左复制公式至E25:J25单元格区域，选中该行，设置字体颜色为红色，完成制造费用结转。

四、月末完工产品和在产品的成本分配

完成要素费用和综合费用的分配，月末需核算出每种产品当月的生产成本以及完工产品的成本，即将生产费用在月末完工产品和在产品之间进行分配，最终结算出当月所有完工产品的总成本和单位成本。

在实务中，根据前述各种要素费用分配表、辅助生产费用分配表、制造费用分配表和损失费用分配表，登记各产品明细账，再将总生产费用采用一定方法在完工产品和月末在产品之间进行分配。

月末完工产品和在产品的成本分配操作步骤如下。

(1) 新建工作表，命名为“A产品成本明细账”。

(2) 编制产品生产成本明细账。实务中往往将产品明细账和生产费用在完工产品和月末在产品之间的分配表合二为一。在A1单元格编制A产品成本明细账，格式同上，本例中采用约当产量方法分配，结果如图13-37所示。

	A	B	C	D	E	F	G	H
1	基本生产成本明细账							
2	产品：		A产品					
3	20XX		摘要	直接材料	直接人工	燃料与动力	制造费用	合计
4			月初在产品					
5			领用材料					
6			分配职工薪酬					
7			分配燃料与动力					
8			分配辅助费用					
9			分配制造费用					
10			合　计					
11			完工产品数量					
12			在产品数量					
13			在产品月当量					
14			约当总产量					
15			单位成本					
16			结转完工产品成本					
17			月末在产品成本					

图13-37　基本生成成本明细账

(3) 登记产品生成成本明细账。D4单元格中输入“＝VLOOKUP($C$2,月初在产品成本,2,FALSE)”，E4单元格中输入“＝VLOOKUP($C$2,月初在产品成本,3,FALSE)”，F4单元格输入“＝VLOOKUP($C$2,月初在产品成本,4,FALSE)”，G4单元格中输入“＝VLOOKUP($C$2,月初在产品成本,5,FALSE)”，读取A产品月初在产品成本；D5单元格中输入“＝VLOOKUP(C2,材料费用的归集与分配！$I$4:$O$11,7,FALSE)”，E6单元格中输入“＝VLOOKUP(C2,职工薪酬的归集与分配！$K

$3:$R$11,8,FALSE)”,F7 单元格中输入“=VLOOKUP(C2,动力费用的归集与分配! $G$4:$K$12,5,FALSE)”,G8 单元格中输入“=辅助生产费用的归集与分配! Q8”,G9 单元格中输入“=VLOOKUP(C2,制造费用的归集与分配! $M$4:$P$6,4,FALSE)”,读取 A 产品当月发生的各项要素费用;用 SUM 函数计算生产费用的行合计和列合计,结果如图 13-38 所示。

	A	B	C	D	E	F	G	H
1				基本生产成本明细账				
2	产品:		A产品					
3	20XX		摘要	直接材料	直接人工	燃料与动力	制造费用	合计
4			月初在产品	32025	22998	5984	3981	64988
5			领用材料	64200				64200
6			分配职工薪酬		47520			47520
7			分配燃料与动力			2700		2700
8			分配辅助费用				11362.0548	11362.0548
9			分配制造费用				19093.7260	19093.7260
10			合　计	96225	70518	8684	34436.7808	209863.7808
11			完工产品数量					
12			在产品数量					
13			在产品月当量					
14			约当总产量					
15			单位成本					
16			结转完工产品成本					
17			月末在产品成本					

图 13-38　登记基本生产成本明细账

(4) 生产费用在完工产品和月末在产品之间进行分配。本例采用约当产量法分配完工和在产品成本。D11 单元格中输入“=VLOOKUP($C$2,产品投产量、完工程度,3,FALSE)”,复制公式到 E11:G11 单元格区域,读取 A 产品完工产品数量;D12 单元格中输入“=VLOOKUP($C$2,产品投产量、完工程度,4,FALSE)”,复制公式到 E12:G12 单元格区域,读取 A 产品在产品数量;D13 单元格中输入“=D12 * 100%”,E13 单元格中输入“=E12 * VLOOKUP($C$2,产品投产量、完工程度,5,FALSE)”,复制公式到 F13:G13 单元格区域,计算在产品约当量;D14 单元格中输入“=D11+D13”,复制公式到 E14:G14 单元格区域,计算约当总产量;D15 单元格中输入“=D10/D14”,复制公式到 E15:G15 单元格区域,计算单位成本;D16 单元格中输入“=D11 * D15”,复制公式到 E16:G16 单元格区域,结转完工产品成本;D17 单元格中输入“=D10−D16”,复制公式到 E17:G17 单元格区域,计算月末在产品成本;完成分配,结果如图 13-39 所示。

	A	B	C	D	E	F	G	H
1				基本生产成本明细账				
2	产品:		A产品					
3	20XX		摘要	直接材料	直接人工	燃料与动力	制造费用	合计
4			月初在产品	32025	22998	5984	3981	64988
5			领用材料	64200				64200
6			分配职工薪酬		47520			47520
7			分配燃料与动力			2700		2700
8			分配辅助费用				11362.0548	11362.0548
9			分配制造费用				19093.7260	19093.7260
10			合　计	96225	70518	8684	34436.7808	209863.7808
11			完工产品数量	6000	6000	6000	6000	
12			在产品数量	1500	1500	1500	1500	
13			在产品月当量	1500	900	900	900	
14			约当总产量	7500	6900	6900	6900	
15			单位成本	12.83	10.22	1.2586	4.9908	29.2994
16			结转完工产品成本	76980	61320	7551.3043	29945.0268	175796.3311
17			月末在产品成本	19245	9198	1132.6957	4491.7540	34067.4497

图 13-39　A 产品生成费用在完工产品和月末在产品之间分配

(5) 重复上述步骤创建 B、C 产品的成本明细账，完成明细账登记和分配完工和在产品成本，此处需注意 B、C 产品的投料方式和完工程度，以及单元格引用的变化，结果如图 13-40、图 13-41 所示。

	A	B	C	D	E	F	G	H
1					基本生产成本明细账			
2	产品：	B产品						
3	20XX		摘要	直接材料	直接人工	燃料与动力	制造费用	合计
4			月初在产品	24000	10170	4196	2786	41152
5			领用材料	37300				37300
6			分配职工薪酬		31680			31680
7			分配燃料与动力			2250		2250
8			分配辅助费用				8107.4247	8107.4247
9			分配制造费用				12729.1507	12729.1507
10			合　计	61300	41850	6446	23622.5753	133218.5753
11			完工产品数量	4000	4000	4000	4000	
12			在产品数量	1000	1000	1000	1000	
13			在产品月当量	1000	500	500	500	
14			约当总产量	5000	4500	4500	4500	
15			单位成本	12.26	9.3	1.4324	5.2495	28.2419
16			结转完工产品成本	49040	37200	5729.7778	20997.8447	112967.6225
17			月末在产品成本	12260	4650	716.2222	2624.7306	20250.9528

图 13-40　B 产品生产费用在完工产品和月末在产品之间分配

	A	B	C	D	E	F	G	H
1					基本生产成本明细账			
2	产品：	C产品						
3	20XX		摘要	直接材料	直接人工	燃料与动力	制造费用	合计
4			月初在产品	15000	5999	2584	2000	25583
5			领用材料	21300				21300
6			分配职工薪酬		46926			46926
7			分配燃料与动力			1575		1575
8			分配辅助费用				7526.5479	7526.5479
9			分配制造费用				19499.6575	19499.6575
10			合　计	36300	52925	4159	29026.2055	122410.2055
11			完工产品数量	2000	2000	2000	2000	
12			在产品数量	1000	1000	1000	1000	
13			在产品月当量	500	500	500	500	
14			约当总产量	2500	2500	2500	2500	
15			单位成本	14.52	21.17	1.6636	11.6105	48.9641
16			结转完工产品成本	29040	42340	3327.2	23220.9644	97928.1644
17			月末在产品成本	7260	10585	831.8000	5805.2411	24482.0411

图 13-41　C 产品生产费用在完工产品和月末在产品之间分配

(6) 汇总完工产品成本。新建工作表，命名为“完工产品成本汇总表”。在 A1 单元格编制汇总表，格式同上。在 B3 单元格中输入“＝VLOOKUP(A3,初始资料！＄A＄4:＄F＄6,3,FALSE)”，复制公式至 B4:B5 单元格区域；在 C3 单元格中输入“＝A 产品成本明细账！H16”，C4 单元格中输入“＝B 产品成本明细账！H16”，C5 单元格中输入“＝C 产品成本明细账！H16”；D3 单元格中输入“＝C3/B3”，复制公式至 D4:D5 单元格区域；在 B6 单元格时输入“＝SUM(B3:B5)”，复制公式至 C6:D6 单元格区域，完成完工产品汇总，结果如图 13-42 所示。

	A	B	C	D
1		产品成本汇总表		
2	产品名称	数量	总成本	单位成本
3	A产品	6000	175796.3311	29.2994
4	B产品	4000	112967.6225	28.2419
5	C产品	2000	97928.1644	48.9641
6	合计	12000	386692.1181	106.5054

图 13-42　完工产品汇总表

以上是运用 Excel 创建成本核算信息系统并进行产品成本核算的全过程。因企业中产品特点和生产模式均存在差异，所以相应的成本核算系统也不一致，需根据企业产品实际情况进行设置。

任务二 Excel 在成本管理中的应用

Excel 在成本管理中的应用，主要是进行成本费用分析，分析产品成本构成、变化，找到企业的盈利产品或亏损产品；分析企业的费用构成情况及各部门的费用开支情况，为企业生产决策和部门考核提供数据参考。本书主要学习运用 Excel 进行产品成本分析。

运用 Excel 进行数据分析的一般步骤为如下。

(1) 准备数据，明确分析要求。数据分析时最重要的是数据。企业产品成本分析所需数据主要来源于产品成本明细账或者 Excel 成本核算系统。

(2) 选择数据分析方法。Excel 有排序、筛选、分类汇总、数据透视等多种分析方法。对于不同的数据、不同的分析要求，需要采用不同的分析方法。

(3) 数据分析。

(4) 结果可视化。

(5) 分析结论。

Excel 软件的数据透视表和数据透视图可以方便、快速地分析，并实现数据可视化。

数据透视表是一种快速汇总大量数据的交互式方法。用户可以深入分析数字数据，对数据表进行汇总、分析、浏览和提供摘要数据。之所以称为数据透视表，是因为它可以动态地改变版面布置，以便按照不同方式分析数据；也可以重新安排行号、列标和页字段。每一次改变版面布置时，数据透视表会立即按照新的布置重新计算数据。另外，如果原始数据发生更改，可以更新数据透视表。

数据透视图通过对数据透视表中的汇总数据添加可视化效果来对其进行补充，以便用户查看比较、模式和趋势。借助数据透视表和数据透视图，用户可对企业中的关键数据做出明智决策。

【例 13-2】

长江管道公司主要生产 A、B、C、D 四种产品，四种产品在 20××年全年的成本明细数据如表 13-4 所示。(表中仅部分数据，全部数据请扫描二维码)

成本分析数据

表 13-4 长江管道公司 20××年产品成本明细数据表

产品	月份	成本项目	成本费用/元
A	1月	直接材料	125 000
B	1月	直接材料	180 000
C	1月	直接材料	202 500

续表

产　品	月份	成本项目	成本费用/元
D	1月	直接材料	345 100
A	1月	直接人工	87 500
B	1月	直接人工	118 800
C	1月	直接人工	150 750
D	1月	直接人工	297 500
A	1月	制造费用	67 500
B	1月	制造费用	54 000
C	1月	制造费用	74 250
D	1月	制造费用	166 600
A	1月	其他	13 800
B	1月	其他	7 200
C	1月	其他	22 500
D	1月	其他	40 800
A	2月	直接材料	115 200
B	2月	直接材料	210 700

请根据原始数据，实现以下分析要求：

① 全年各产品总成本；

② 总成本成本项目构成情况；

③ 各产品成本项目构成情况；

④ 各月各产品成本的比较；

⑤ 各产品全年成本趋势。

一、创建数据透视表

数据透视表是从数据库中产生的动态汇总表格。该表的透视和筛选能力使其具有极强的数据分析能力，通过转换行或列即可查看源数据的不同汇总结果，还可以显示不同的页面来筛选数据，根据需要显示区域中的明细数据。

创建数据透视表操作步骤如下。

（1）打开产品成本原始数据 Excel 工作簿。将鼠标定位到数据源中，单击“插入”选项卡，选择“数据透视表”功能，打开“创建数据透视表”对话框。确认数据源区域是否正确，选择放置数据透视表的位置，选择“新工作表”，单击“确定”按钮，如图 13-43 所示。

（2）创建数据透视表。创建的新工作表 Sheet1，该工作表的左侧为一个空的数据透视表区域，右侧为数据透视表字段布局区域，如图 13-44 所示。

（3）分析全年各产品总成本，需要产品和成本费用两类数据。在数据透视表的字段

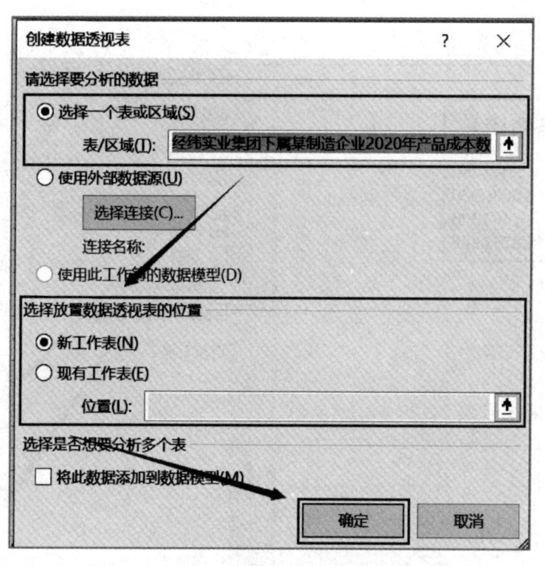

图 13-43 创建数据透视表对话框

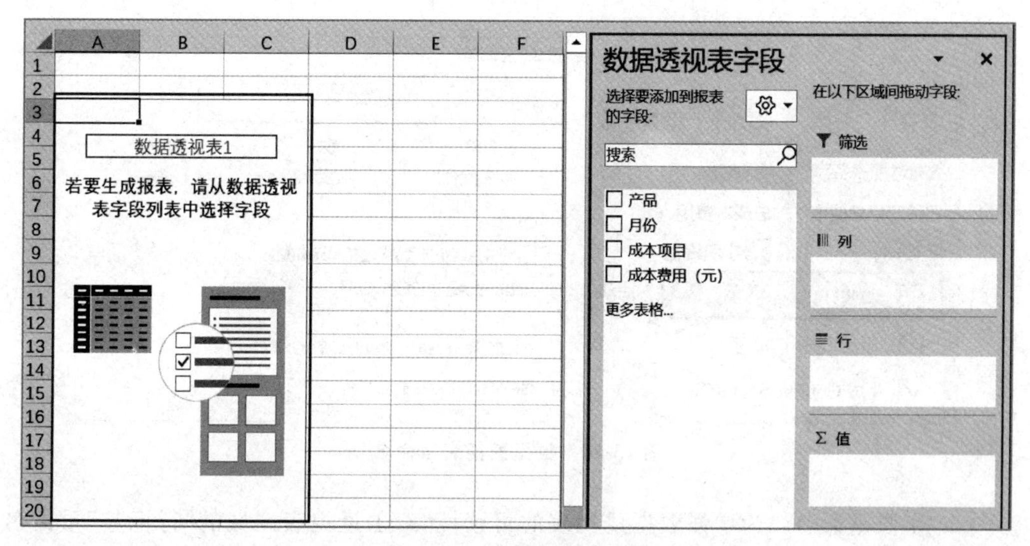

图 13-44 数据透视表框架

布局区域，将“产品”字段拖入“行”区域，将“成本费用(元)”字段拖入“值”区域。在“值”区域字段根据拖入字段的数据类型进行计算，此处采用的是求和计算，即对同一个产品的成本费用数据进行求和，在数据透视表区域会自动生成全年各产品总成本数据，如图 13-45 所示。

(4) 数据透视表命名。默认的数据透视表名称为“1”，为了加以区分，可进行透视表命名。将鼠标定位在透视表区域，单击数据透视表“功能”选项卡下的“选项”按钮，即可调出“数据透视表选项”对话框，在“数据透视表名称”栏输入“四种产品总成本”，如图 13-46 所示。

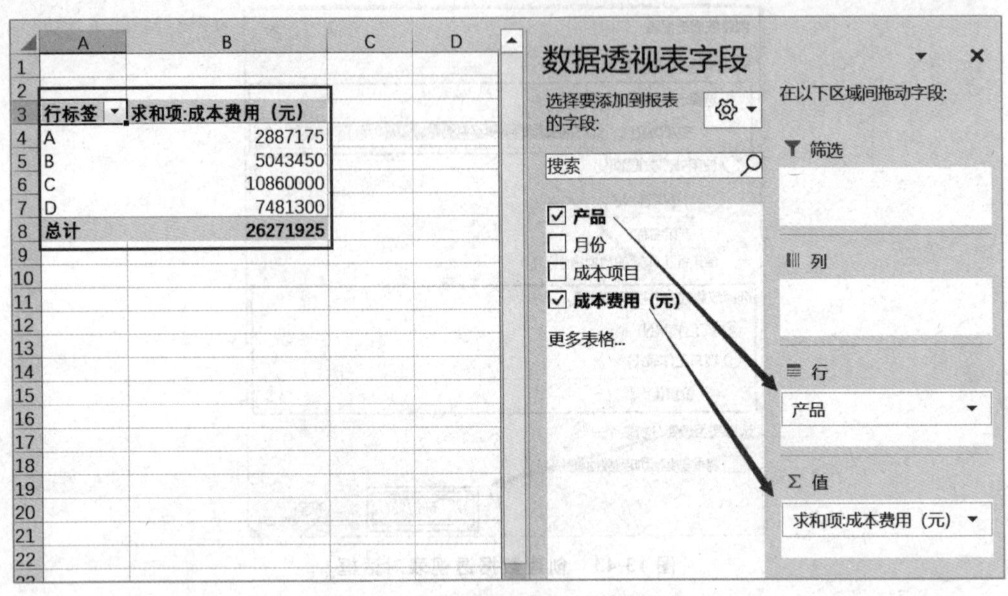

图 13-45　全年各产品总成本数据

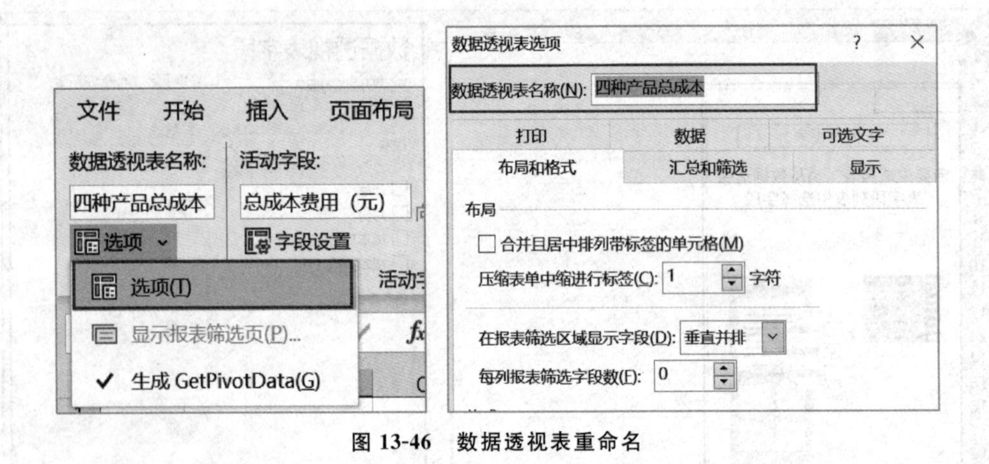

图 13-46　数据透视表重命名

（5）字段重命名。为增强数据透视表的可读性，双击透视表区域的“行标签”重命名为“产品”，双击“求和项:成本费用（元）”重命名为“总成本”，数据透视表创建成功，如图13-47 所示。从数据透视表中，可得出四种产品全年的总成本数据。

（6）分析总成本中成本项目构成情况。复制已创建成功的数据透视表到 A11 单元格，在数据透视表字段布局区域，将“产品”字段拖出“行”区域，将“成本项目”字段拖入“行”区域，“值”区域不变；鼠标定位在第二个透视表，在“选项”中命名数据透视表名称为“总成本成本项目构成”，双击“行标签”将“产品”重命名为“成本项目”，该透视表创建成功，如图 13-48 所示。

产品	总成本
A	2887175
B	5043450
C	10860000
D	7481300
总计	26271925

图 13-47　四种产品的全年总成本

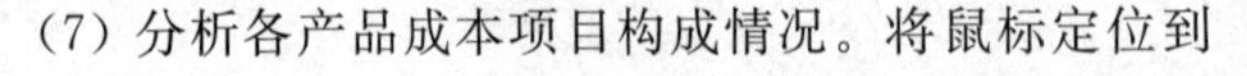

（7）分析各产品成本项目构成情况。将鼠标定位到

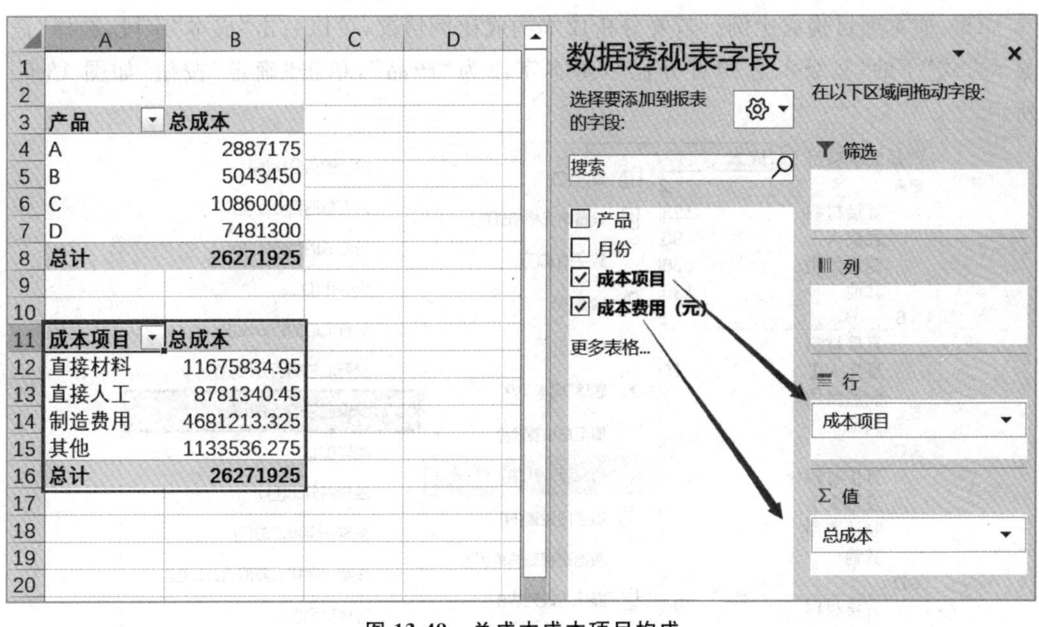

图 13-48　总成本成本项目构成

原数据区域，插入数据透视表，选择现有工作表 Sheet1 表的 A20 单元格，将“产品”“成本项目”两个字段依次拖入“行区域”，将“成本费用(元)”字段拖入“值区域”；在“选项”功能下重命名透视表名称为“各产品成本项目构成”，重命名行标签为“产品成本项目”，重命名“求和项：成本费用(元)”为“成本”，如图 13-49 所示。

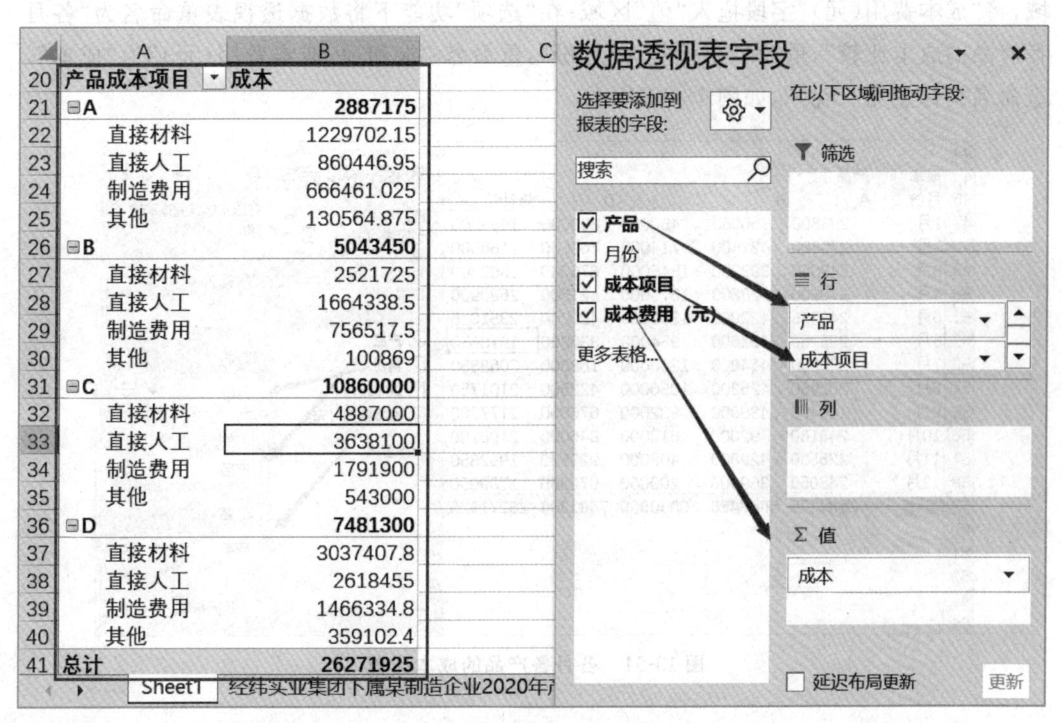

图 13-49　各产品成本项目构成

(8) 成本项目构成比例。若要分析成本构成比例情况，可以右击“成本”字段，选择“值显示方式”下的“父级汇总的百分比”，基本字段为“产品”，单击“确定”按钮，如图 13-50 所示。

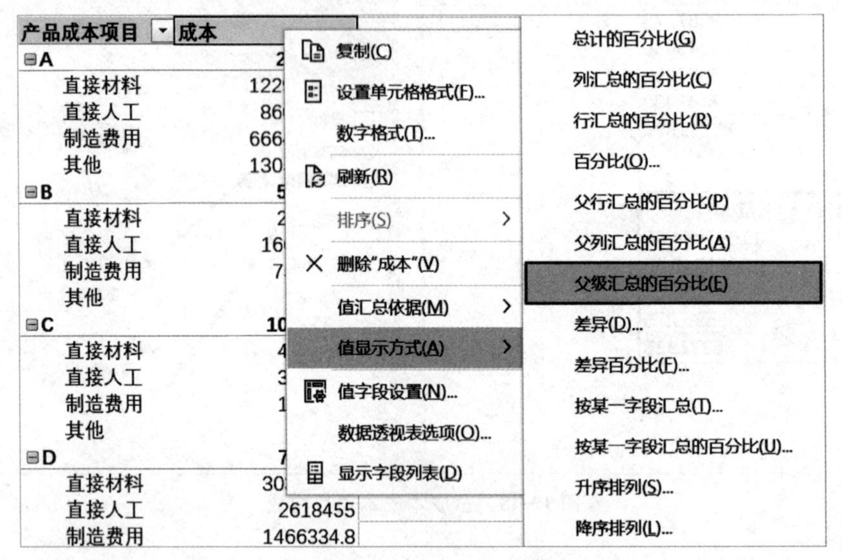

图 13-50　值显示方式设置

(9) 各月各产品成本的比较。将鼠标定位到原数据区域，插入数据透视表，选择现有工作表 Sheet1 表的 A45 单元格，将“月份”字段拖入“行”区域，将“产品”字段拖入“列”区域，将“成本费用(元)”字段拖入“值”区域；在“选项”功能下将数据透视表重命名为“各月各产品的成本比较”，重命名行标签为“月份”，重命名 “求和项:成本费用(元)”为“成本”，重命名列标签为“产品”，如图 13-51 所示。

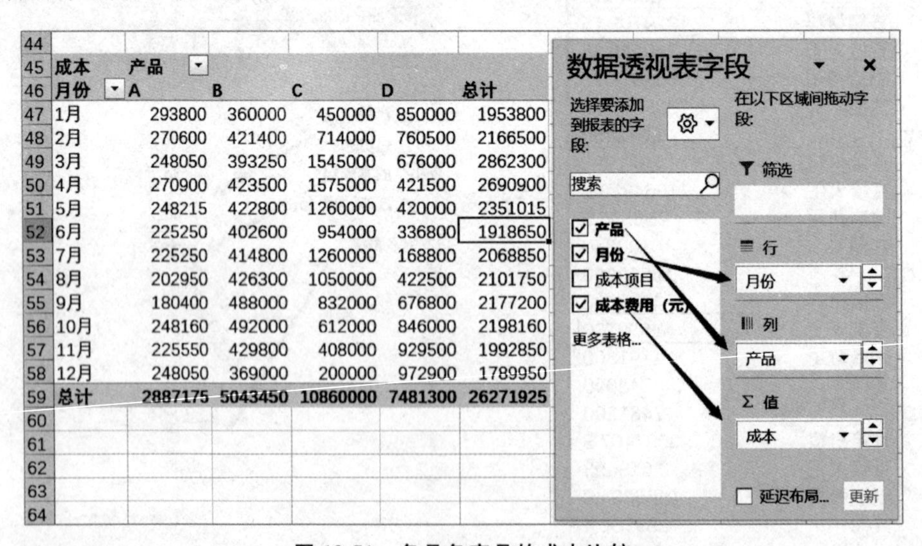

成本	产品				
月份	A	B	C	D	总计
1月	293800	360000	450000	850000	1953800
2月	270600	421400	714000	760500	2166500
3月	248050	393250	1545000	676000	2862300
4月	270900	423500	1575000	421500	2690900
5月	248215	422800	1260000	420000	2351015
6月	225250	402600	954000	336800	1918650
7月	225250	414800	1260000	168800	2068850
8月	202950	426300	1050000	422500	2101750
9月	180400	488000	832000	676800	2177200
10月	248160	492000	612000	846000	2198160
11月	225550	429800	408000	929500	1992850
12月	248050	369000	200000	972900	1789950
总计	2887175	5043450	10860000	7481300	26271925

图 13-51　各月各产品的成本比较

(10) 行列总计。数据透视表中可以设置行和列的总计，进行添加或删除。鼠标定位到透视表区域，选择“设计”选项卡下的“总计”功能，可对如何使用总计进行设置，如

图 13-52 所示。

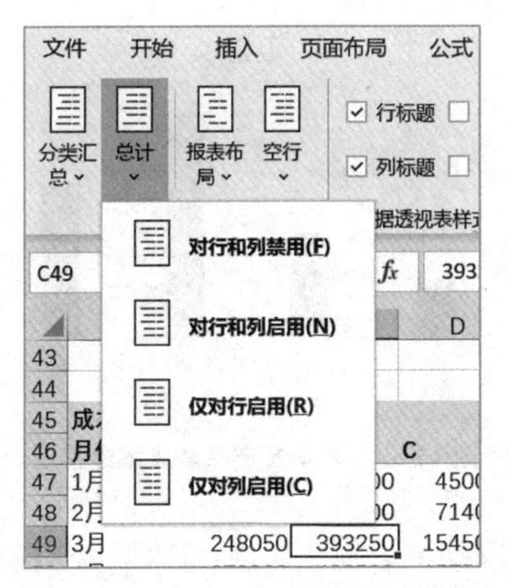

图 13-52 总计设置

(11) 各产品的全年成本分布趋势。复制已创建的“各月各产品成本的比较”数据透视表到 A65 单元格，更改字段布局，将“产品”字段拖至“行”区域，将“月份”字段拖至“列”区域；通过“选项”功能重命名数据透视表为“各产品全年成本分布趋势”，将数据透视表行标签修改为“产品”，列标签修改为“月份”，如图 13-53 所示。

65	成本	月份											
66	产品	1月	2月	3月	4月	5月	6月	7月	8月	9月	10月	11月	12月
67	A	293800	270600	248050	270900	248215	225250	225250	202950	180400	248160	225550	248050
68	B	360000	421400	393250	423500	422800	402600	414800	426300	488000	492000	429800	369000
69	C	450000	714000	1545000	1575000	1260000	954000	1260000	1050000	832000	612000	408000	200000
70	D	850000	760500	676000	421500	420000	336800	168800	422500	676800	846000	929500	972900

图 13-53 各产品全年成本分布趋势

以上是根据分析要求制作的 5 个数据透视表，各透视表可通过更改字段布局满足不同的分析要求。

二、创建数据透视图

在数据分析结果的呈现方面，图的效果优于表的效果。Excel 的数据透视图可根据数据透视表的数据进行相应的可视化。

创建数据透视图操作步骤如下。

(1) 鼠标定位“四种产品总成本”透视表，单击“插入”选项卡下的“数据透视图”按钮，如图 13-54 所示。打开“插入图表”对话框，选择“柱形图”，单击“确定”按钮，结果如图 13-55 所示。

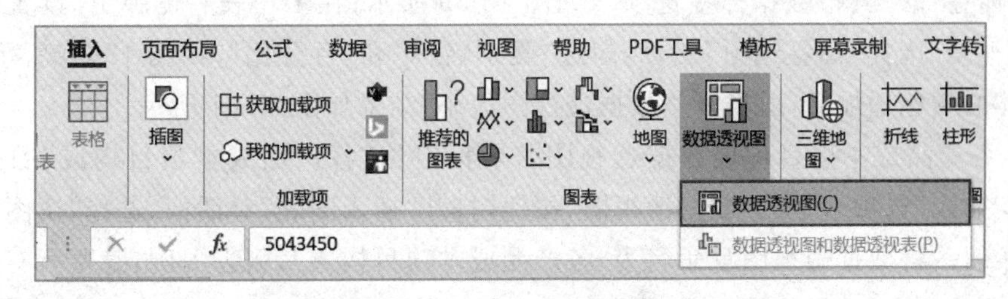

图 13-54 插入数据透视图

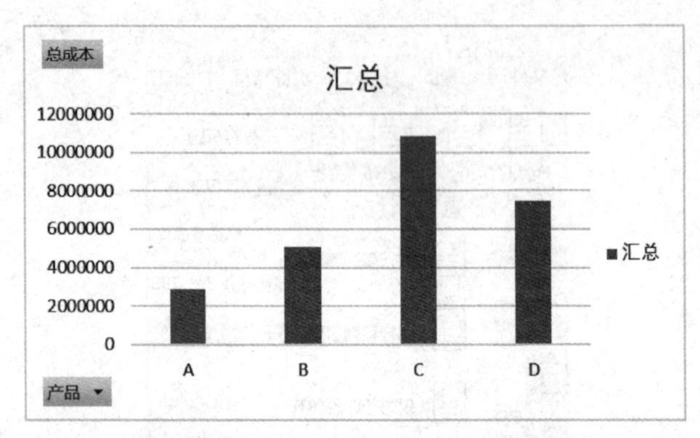

图 13-55　全年各产品总成本透视图

（2）设置数据透视图图表元素。删去图例，将数据透视图重命名为“全年各产品总成本”，右击“总成本”字段，选择“隐藏图表上的所有字段按钮”，如图 13-56 所示。选中数据透视图，单击“设计”选项卡下的“添加图表元素”按钮，设置“网格线”，取消勾选“主轴主要网格线”。透视图最终效果如图 13-57 所示。

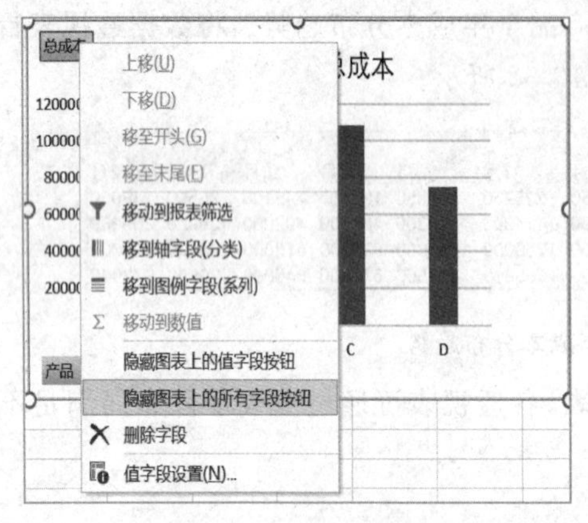

图 13-56　字段按钮隐藏

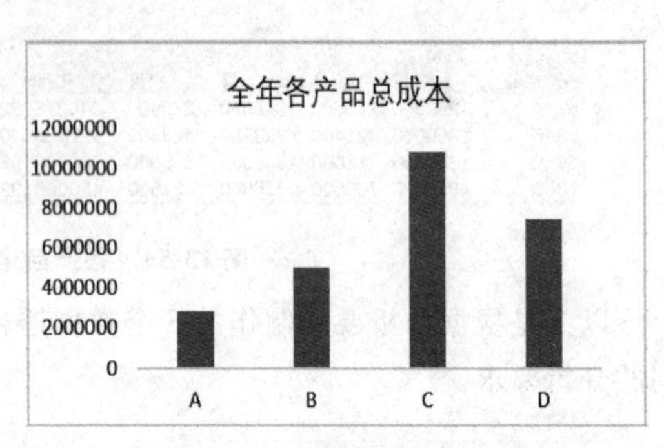

图 13-57　全年各产品总成本

（3）总成本中成本项目构成数据透视图。鼠标定位“总成本项目构成”数据透视表，单击“插入”选项卡下的“数据透视图”按钮，打开“插入图表”对话框，选择“饼图”中的“圆环图”，单击“确定”按钮。将数据透视图重命名为“总成本构成”，删去图例，隐藏所有字段按钮；双击透视图区域的圆环，工作表右侧打开“设置数据系列格式”工具，将“圆环图圆环大小”设置为“50％”，如图 13-58 所示；选中圆环，选择“设计”选项卡下“添加图表元素”中的“数据标签”的“其他数据标签选项”，如图 13-59 所示；在工作表右侧弹出“设置数据标签格式”工具，选择“标签选项”图标，勾选“类别名称”和“百分比”，如图 13-60 所示；设置标签字体的颜色并加粗，适当调整数据透视图大小，结果如图 13-61 所示。

（4）各产品成本项目构成数据透视图。鼠标定位“各产品成本项目构成”数据透视表，单击“插入”选项卡下的“数据透视图”按钮，打开“插入图表”对话框，选择“饼图”，单击“确定”按钮。将数据透视图重命名为“各产品成本项目构成”，删去图例，隐藏所有字段按钮，适当调整大小，结果如图 13-62 所示。

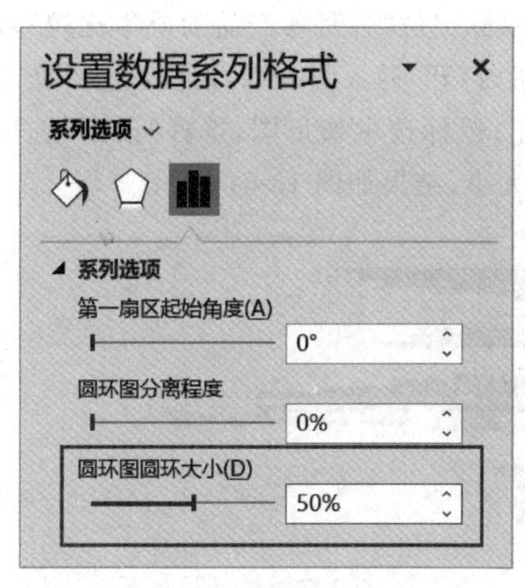

图 13-58 圆环大小设置

图 13-59 数据标签选择

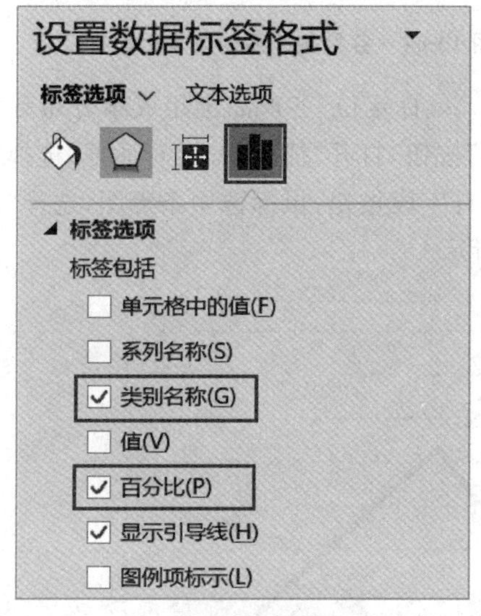

图 13-60 数据标签格式设置

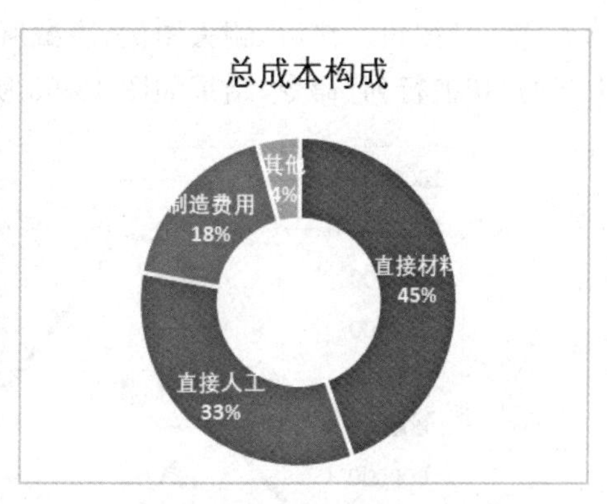

图 13-61 总成本项目构成

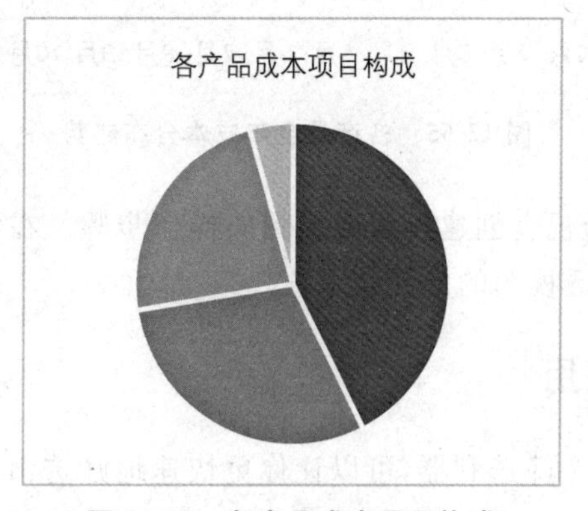

图 13-62 各产品成本项目构成

(5) 各月各产品的成本比较数据透视图。鼠标定位“各月各产品的成本比较”数据透视表,单击“插入”选项卡下的“数据透视图”按钮,打开“插入图表”对话框,选择“条形图”,单击“确定”按钮。删去图例,隐藏所有字段按钮;鼠标选中条形图,选择“设计”选项卡下的“切换行列”命令,如图 13-63 所示;适当调整大小,结果如图 13-64 所示。

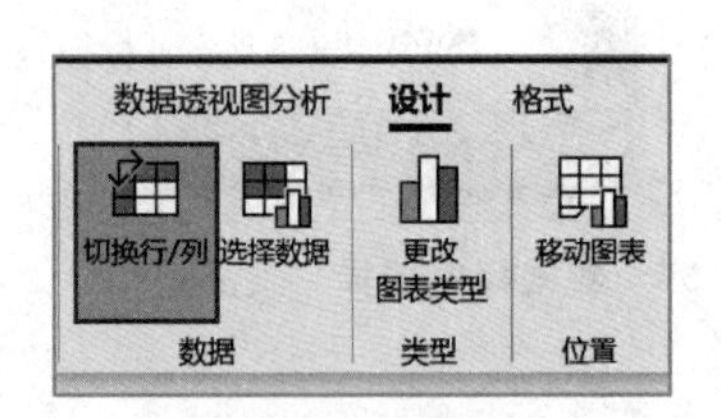

图 13-63 切换行列

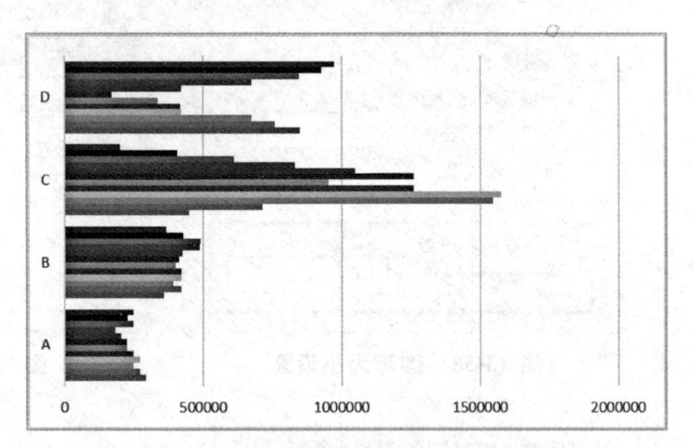

图 13-64 各月各产品的成本比较

(6) 各产品全年成本分布趋势数据透视图。鼠标定位“各产品全年成本分布趋势”数据透视表,单击“插入”选项卡下的“数据透视图”按钮,打开“插入图表”对话框,选择“折线图”,单击“确定”按钮。然后,删去图例,隐藏所有字段按钮;鼠标选中条形图,选择“设计”选项卡下的“切换行列”命令,结果如图 13-65 所示。

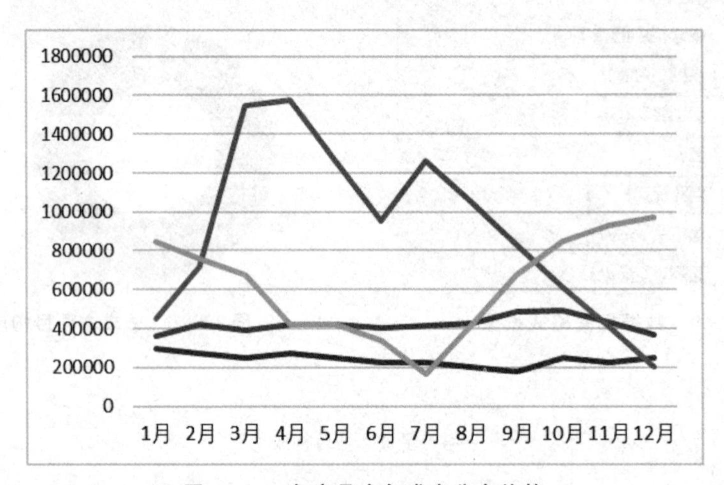

图 13-65 各产品全年成本分布趋势

以上就是根据数据透视表创建数据透视图的操作步骤。在实务中,可通过调整数据透视表的布局,更改数据透视图的呈现效果。

三、切片器的使用

Excel 中的切片器是个筛选利器,可以让你更快速地筛选出多维数据,动态获取数据和动态显示图表。为了使数据分析更加智能化、动态化,接下来给数据透视图插入切片器。

切片器的操作步骤如下。

(1) 将鼠标定位到任意数据透视图中,选择"数据透视图分析"选项下的"插入切片器"按钮,如图 13-66 所示。

图 13-66　插入切片器

(2) 设置筛选字段。在弹出的"插入切片器"对话框中选择需要进行筛选的字段,本例中选择"产品""月份"两个字段,单击"确定"按钮,则可产生两个切片器,如图 13-67 所示。

(3) 设置切片器报表连接。右击"产品"切片器,在弹出的下拉菜单中选中"报表连接",调出"数据透视表连接"对话框,选中需要连接的数据透视表,本例中选择连接"各产品成本项目构成""各产品全年成本分布趋势"两个数据透视表,如图 13-68 所示。

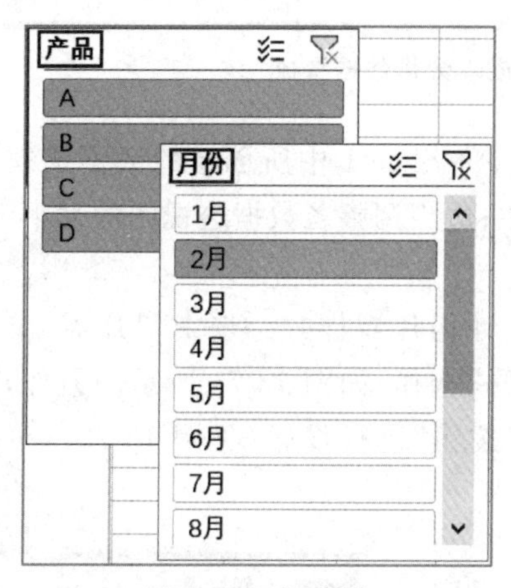

图 13-67　切片器

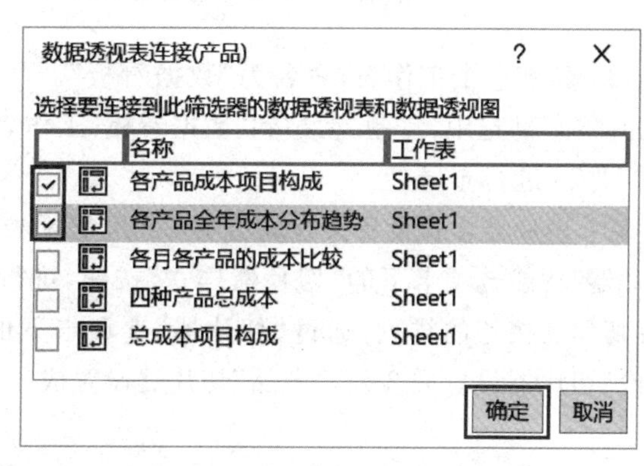

图 13-68　切片器的报表连接设置

重复报表连接操作,以"月份"切片器连接"总成本项目构成""各月各产品的成本比较"两个数据透视表。

(4) 切片器的单选和多选。切片器连接报表后,便可以通过选择切片器中的数据进行筛选。可以通过单击"多选"命令按钮,实现切片器单选或者多选,如图 13-69 所示。

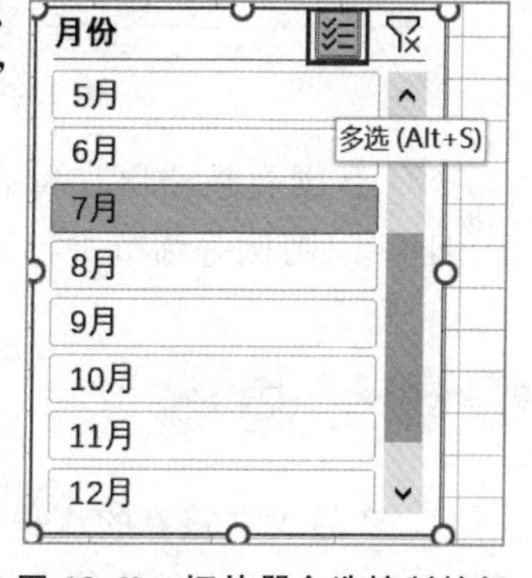

图 13-69　切片器多选控制按钮

四、创建成本分析数据看板

为使分析的成本数据可视化结果得到更好的呈现,可以对多个数据透视图进行规划,组合成一个完整的数据看板,效果如图 13-70 所示。

创建成本分析数据看板操作步骤如下。

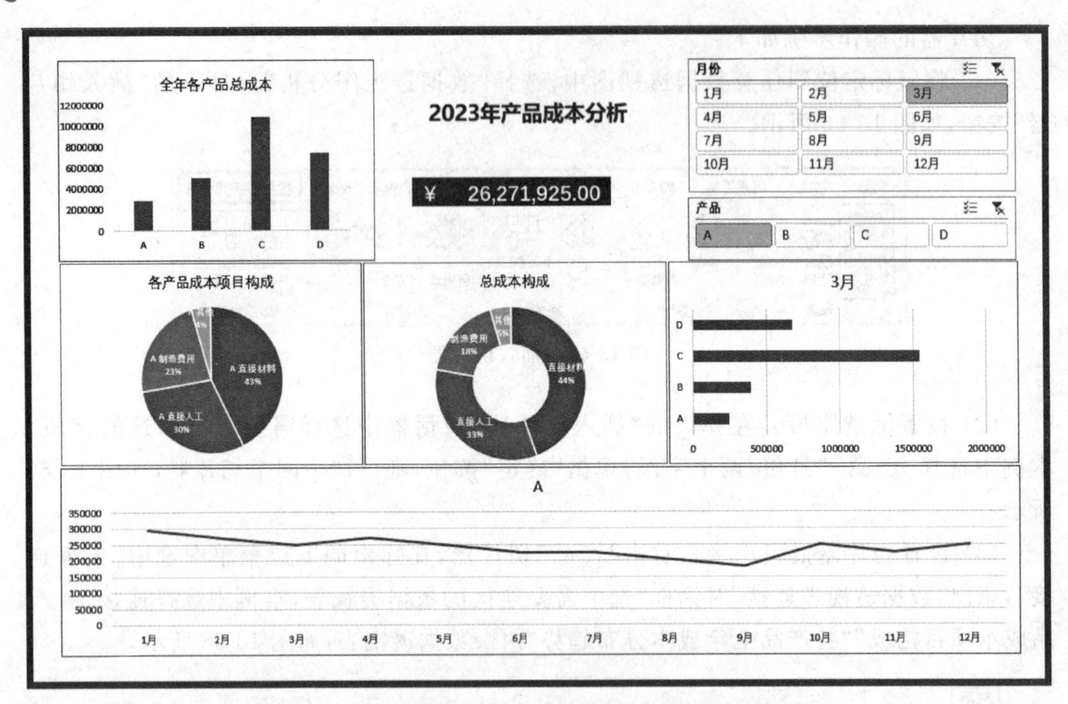

图 13-70　长江管道公司 2023 年产品成本分析数据看板

(1) 新建一个工作表,命名为"数据看板"。然后,将 Sheet1 中所创建的数据透视图和切片器全部选中,复制、粘贴到"数据看板"工作表中;适当调整各数据透视图的大小,并按图 13-70 进行布局。

(2) 切片器样式设置。在实务中,可根据需要设计切片器样式。选中切片器,单击"切片器"功能选项卡下的"切片器样式"按钮,进行样式选择,如图 13-71 所示。另外,可改变切片器按钮的排列,通过"切片器"选项卡下的"按钮"进行设置(见图 13-72),可将"月份"切片器设置成 3 列,"产品"切片器设置成 4 列。

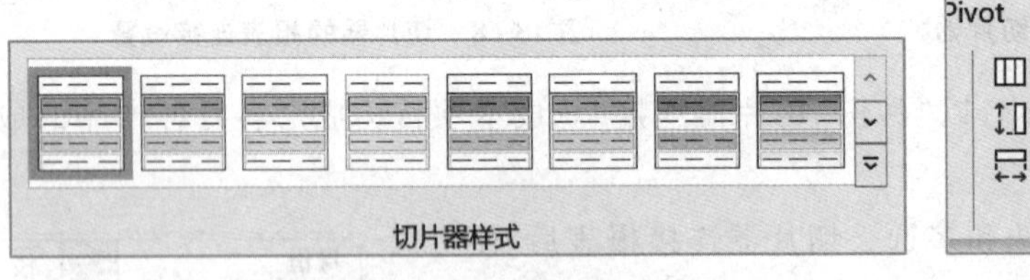

图 13-71　切片器样式设置

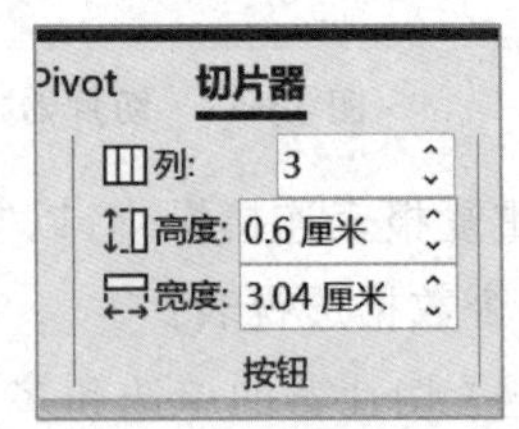

图 13-72　切片器按钮设置

(3) 数据看板美化。为了使数据看板更加清晰、易于理解,可以对字体、颜色、数据标签、网格线、图例等细节进行设置,并添加数据看板标题。

1. 产品成本核算的流程是什么?
2. Excel 成本核算信息系统创建步骤有哪些?

3. Excel 产品成本数据分析步骤有哪些？
4. Excel 表格设计与美化、定义名称的方法有哪些？
5. Excel 常用函数有哪些？可以使用哪些语法格式及方法？
6. Excel 的数据透视表和数据透视图应如何创建，如何设置切片器？

本项目主要介绍了 Excel 在成本核算与管理中的应用。Excel 在成本核算中的应用，介绍了在 Excel 中如何编辑成本核算信息系统，包括系统创建、费用的归集与分配、产品成本的分配、当月产成品成本的汇总。Excel 在成本管理中的应用，介绍了运用 Excel 进行成本数据的分析与管理。本项目内容结构如图 13-73 所示。

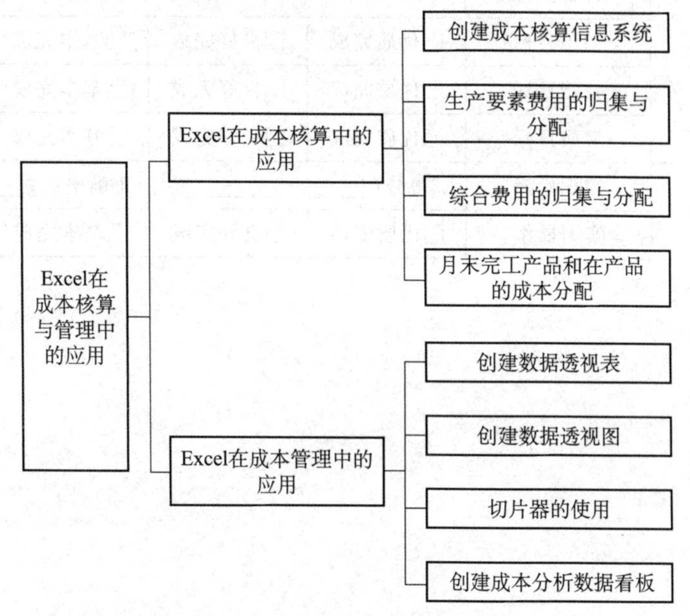

图 13-73 Excel 在成本核算与管理中的应用内容结构

学习笔记

练习与实训

实训操作

评价表

评价项目	评价指标	评价结果			
学习目标评价	知识目标	□优质完成	□良好完成	□基本完成	□未完成
	技能目标	□优质完成	□良好完成	□基本完成	□未完成
	素质目标	□优质完成	□良好完成	□基本完成	□未完成
练习与实训	知识检测	得分：________		正确率：________	
	实训操作	□优质完成	□良好完成	□基本完成	□未完成
自我总结与评价：					

参考文献

[1] 蒋小芸，胡中艾．成本核算与管理[M].3 版．北京：高等教育出版社，2018.
[2] 张桂春．成本核算与管理[M].3 版．北京：高等教育出版社，2023.
[3] 周阅，丁增稳．管理会计实务[M]. 北京：高等教育出版社，2020.
[4] 郝德鸿．成本会计实务[M]. 北京：北京邮电大学出版社，2012.
[5] 蒋小芸，胡中艾．成本核算与管理[M].4 版．北京：高等教育出版社，2022.
[6] 丁增稳，余畅．成本会计实务[M]. 北京：高等教育出版社，2000.
[7] 顾全根，刘洪海．成本核算与管理[M]. 北京：高等教育出版社，2015.
[8] 周国安．成本会计实务[M].3 版．北京：高等教育出版社，2014.
[9] 舒文存，谷小城．成本核算与管理[M].3 版．北京：高等教育出版社，2023.
[10] 赵文静，徐晓敏．成本会计[M].4 版．北京：人民邮电出版社，2023.
[11] 严金凤．成本会计[M]. 北京：清华大学出版社，2020.
[12] 熊筱燕，向有才，张丹丹．成本会计学[M]. 北京：中国财政经济出版社，2023.
[13] 万寿义．成本会计习题与案例[M].5 版．大连：东北财经大学出版社，2019.
[14] 段昌军，陈代堂．成本会计[M]. 北京：中国商业出版社，2016.